教育，静待花开

——陪伴孩子一起成长

JIAOYU JING DAI HUA KAI

PEIBAN HAIZI YIQI CHENGZHANG

武际金　王玉英　著

江蘇鳳凰教育出版社
Phoenix Education Publishing, Ltd

图书在版编目（CIP）数据

教育，静待花开 ：陪伴孩子一起成长 / 武际金，王玉英著. —南京 ：江苏凤凰教育出版社，2018.5（2018.10 重印）

ISBN 978-7-5499-7439-9

Ⅰ.①教… Ⅱ.①武… ②王… Ⅲ.①中小学生—家庭教育 Ⅳ.①G782

中国版本图书馆 CIP 数据核字（2018）第 125351 号

书　　名	教育，静待花开——陪伴孩子一起成长
作　　者	武际金　王玉英
责任编辑	雷利军　张晓兰
出版发行	江苏凤凰教育出版社（南京市湖南路1号A楼　邮编210009）
苏教网址	http：//www.1088.com.cn
照　　排	北京世纪鸿文制版技术有限公司
印　　刷	三河市九洲财鑫印刷有限公司
厂　　址	河北省三河市灵山大口
开　　本	787毫米×1092毫米　1/16
印　　张	16.5
字　　数	296千字
版　　次	2018年6月第1版　2018年10月第2次印刷
书　　号	ISBN 978-7-5499-7439-9
定　　价	40.00元
网店地址	http：//jsfhjycbs.tmall.com
邮购电话	025-85406265,85400774　短信　02585420909
E - mail	jsep@vip.163.com
盗版举报	025-83658579

序

2015 年 5 月，我去辽宁省大连市瓦房店出席中国教育学会家庭教育专业委员会与瓦房店市教育局共同主办的一个研讨会。刚到宾馆房间，就听到有人敲门，来访的是山东省潍坊市高新区清平小学校长武际金。

武校长说是金琰老师介绍找我的。金琰是我的研究生，现在潍坊从事家庭教育研究、推广工作。清平小学是她研究“亲子共成长教育园区”项目的唯一一所基地学校。

武校长向我介绍说，他们的学校地处城乡接合处，既具有农村的特点，也具有城市的特点；家长既不完全是农村的，也不完全是城市的，情况比较复杂。

他说，刚到这所学校的时候，很多家长还固守传统的观念，认为把孩子送到学校读书就万事大吉了，把教育、培养孩子的任务完全扔给了学校，不关心孩子的教育，甚至家长会都懒得参加。

武校长认为，学校应该自觉地承担教育、培养孩子的职责，但全靠学校孤军奋战，终究显得势单力孤。后来他们通过深入、细致的工作，终于把家长的积极性调动了起来。广大家长积极参加家长学校的学习，主动配合学校共同培养孩子，收到了很好的社会效益。在这个过程中，家长的教育意识、教育素养都有不同程度的提高。

武校长告诉我，经过一年多的探索和实践，他收集、积累了一些教育随笔和亲子百日记资料，认为很有价值，想撰写成书，希望得到我的指导和帮助。

我认真地听取了武校长的介绍，对这所学校开展的家长教育工作产生了浓厚的兴趣。

给我的感觉是，武校长站得高、看得远，很有教育家的胸怀、视野。他努力抓好学校内部工作，充分调动教师的积极性，切实提高教师的职业道德和业务水平。在充分发挥校内教育资源功能的同时，也非常重视挖掘、利用社会教育资源，特别是家长群体中潜在的丰厚的教育资源。

他们学校高度重视家庭教育工作，克服重重困难，想方设法调动家长参与学生教育的积极性、自觉性和主动性，工作做得深入、细致且富有成效。学校教师和家长这两股教育力量，拧成一股绳，收到了“一加一大于二”的效果，使一所名不见经传的普通学校成为远近闻名的名校。

我们国家的家庭教育工作发展得很不平衡。这些年来，我们接触到的学校开展家庭教育工作的经验，主要来自大中城市，农村学校家庭教育工作的经验很少。而在我国社会发展过程中出现了一个特殊地域——城乡接合处。关于这一地域学校家庭教育工作的经验，在我的印象中好像从来还没有出现过。

清平小学的家庭教育工作经验具有开拓性和示范性，填补了地处城乡接合处学校开展家庭教育工作经验的空白，很值得总结、推广。

特别让我感动的是，武校长原是区教育局教研室的领导，全国优秀教研员、全国基础教育名师、山东省教学能手、山东省教学成果一等奖获得者、山东省基础教育教师培训专家。他要是继续专门从事基础教育教学研究，本来会前途无量。但他选择到这所城乡接合处的普通学校任职。为了全力以赴、聚精会神地把学校工作做好，他主动辞去区教育局教研室的领导职务。他这种一心为了学校的发展，毅然决然地选择放弃，一下子“沉到底”的务实精神，以及高度的社会责任感和强烈的事业心，令人赞叹、敬佩。

我想，面对这样踏实、务实、肯干的基层学校校长，虽然我的能力有限，但应该尽我所能支持他、帮助他。

2015 年 7 月 6 日，我要去新疆讲学十天，这是在去年就定了的日程。就在 6 月底，武校长邀请我去他们学校讲课，尽管我正在忙着为去新疆做准备，但还是欣然应邀，挤出时间前往。我要将这所学校家庭教育工作的经验推广出去，也想借此机会实地考察一番。

耳听为虚，眼见为实。到这所小学一看，立刻感觉到这是一所很不普通的学校：学校旁边，一边是高高的居民楼，一边是农田果园，是典型的城乡接合处的环境。

学校内部则是另一种氛围。学校很注重校园文化建设，文化气息非常浓厚。一迈进他们学校，就如同进入了一座文化殿堂。楼道墙壁上的经典文化、民俗艺术、科普知识等，内容丰富多彩，形式生动活泼。身临其境，让人有赏心悦目、耳目一新之感。可以想象得出，生活在这样具有浓厚文化气息的校园里，耳濡目染，潜移默化，熏陶浸染，学生一定会成为高文化、高道德素养的公民。

武校长邀请我给家长讲堂课。下午，正是阳光最炙热的时刻，在露天的校园里，全校学生的家长按班级排着整齐的队伍席地而坐，静静地等待我讲课。我非常感动。

学校教师怕我年迈承受不了灼热的阳光，要把我的讲桌挪到阴凉处。我谢绝了他们的好意，没让挪动，我要跟在太阳底下晒着的家长同甘共苦。那天气温很高，我的衣服都湿透了。然而，在整个讲课过程中，没有一位家长离开会场。

这跟武校长在瓦房店向我介绍的学校最初的情况形成了鲜明的对比。当初家长是不关心孩子的家庭教育、不支持学校的工作、拒绝参加家长学校培训的，如今学校为家长开课竟然可以说是座无虚席了。这真是天壤之别，发生了可喜的变化。

在武校长的带领下，学校克服重重困难，因地制宜，努力探索，反复实验，找到了激发家长学习热情的方法和途径，取得了显著的效果。家长对孩子进行家庭教育的积极性以及家长的教育素养都大大提高，在家庭教育实践中，创造出行之有效的教育途径。清平小学的经验，很值得广大家长学习、参考，值得中小学、幼儿园领导借鉴。他们推进的“亲子百日记”工程就是众多经验中浓墨重彩的一笔，很值得品味和研究。

亲眼看到和深入了解后，更增强了我向全国广大家长和中小学、幼儿园教师推介这所学校家长教育工作的决心和信心。

虽然我跟武校长认识的时间并不长，但他那教育家般的胸怀、认真务实的精神和深入细致、踏踏实实的工作作风，深深地感染了我，激励了我。

我深信，清平小学开展家庭教育工作的经验，一定会受到广泛的欢迎。

赵忠心

（赵忠心，中国教育学会家庭教育专业委员会名誉理事长、北京师范大学教授）

目　录

家庭教育篇

教育思考篇

家校合育篇

家庭教育篇

家长也要“富养”自己

一段时间以来，“穷养儿富养女”的说法传遍了大江南北，成为一条教育“名言”，也让许多父母开始重新反思养育儿女的方式。“穷养”也好，“富养”也罢，还是要先搞清楚“穷养”养在哪儿？“富养”养在哪儿？弄明白方为正道，决不能邯郸学步，盲从蛮干，否则不但教育不好孩子，还可能适得其反。

今天我们换一个思考角度，来聊聊“富养”的问题。

先来看看前天晚上一位妈妈发来的亲子日记吧！

下班时就变天了，阴天大风，看来明天真要降温啦，大家要注意添加衣服，多变的天气最容易感冒。我下班到家后孩子已经放学了，我进屋时他正在看电视吃零食，看到我回来后就问我：“除了写字的作业还有什么？”我故意说：“我就看到老师发的背诵和阅读的作业，没看到写字的作业。”孩子说：“老师说了，写今天学过的 11 个字。”我看了看他今天学的课本，上面只有 7 个字。他说：“还有另一本书上的 4 个字。”看来今天课堂上他认真听讲了。今天的背诵和阅读作业，是背诵《十二月歌》，孩子一直背不下来，他爸爸就把全年的节气和节日给孩子讲了一遍，然后让他复述了一遍，又让他多读了几遍，一会儿就背下来了，看来在这件事上爸爸起作用了，我可以“退居幕后”了。晚饭后孩子依旧承包了家务，干得很带劲。干完活后，他就催着我写日记，询问我是否可以把他端盘子、端碗的事写进去。

我觉得“富养”孩子不如“富养”我们自己。

这位妈妈从孩子踏入小学一年级后的第四天，就开始了属于他们这个家的亲子日记旅程，时至今日未曾间断。这虽是一份属于妈妈的坚持，却给整个家庭带来了巨大的改变。

记得她在最初的日记中表达了将孩子送到清平小学时的纠结与压力。家人的质疑是一个方面，另一方面是对自己抉择的怀疑与不安。当时她有多个选择，或公办或私立，或走读或寄宿，但最终还是让孩子成了清平人。当时看到她的内心状态，我就默默地告诫自己：要全身心地爱这些孩子，这是一份信任和嘱托，不能让家长们觉得走进清平小学是错误的选择。

半年来，她从一个急躁易怒、教养粗暴的“虎妈”慢慢转变成善于自控、情绪平和的“柔妈”。当这位家庭“核心人物”的教育方式发生改变后，整个家庭都感到了“不适应”，于是，为了与其实现同步，孩子和爸爸也开始了适应性改变，最终趋于稳定，形成了今天这样的家庭生态：妈妈“退居幕后”，爸爸从“影子”变成孩子的“重要他人”，孩子也从一个懵懂的“小调皮”变成了今天相对独立与懂事的“小大人”，不仅在学习方面走向自主，而且在家务劳动中也摇身变为“顶梁柱”。

这一切，都源于妈妈在亲子日记撰写过程中的不断反思与自悟，而这种力量来自于为了使孩子更好。俗语“头顶三尺有神明”，这原适用于推动人们走向慎独，而今天的亲子日记就是嵌入家庭的一尊“神明”、一双眼睛，它从方方面面关注着这个家庭中的每一个人，而且这样的关注是能够被每一个人所觉察的，这就是亲子日记的核心价值所在。

一句“‘富养’孩子不如‘富养’我们自己”，足以看出妈妈对自己的角色转化是非常满意的。其实，亲子日记就是爸爸妈妈们“富养”自己极好的方式之一。看上去，好像是每天增添了一项额外的任务，让本来就繁忙的生活变得更加紧张。但事实恰恰相反，亲子日记将爸爸妈妈从原来过度焦灼的状态中解脱出来，取而代之的是相对分离的教育状态，将爸爸妈妈从原来固化了的教育模式中解放出来，并引导其从“河东狮吼”走向“清风杨柳”，当从内心真正接受“最好的教育是家长的情绪平和”这一观念后，一切问题都迎刃而解了。

爸爸妈妈“富养”自己，其实就是转念而已，并不复杂，但一定要是发自内心的“我要变”，否则，即使写着亲子日记也会是“穿新鞋走老路”。没有耐心坚持改变自己，却天天期待着孩子及他人改变，这可能吗？父母是孩子成长的空气、水分和土壤，要想使孩子这棵幼苗茁壮成长，他们赖以生存的环境就必须达标，甚至是高标，这样才能保证他们在生长过程中汲取所需的营养。而这个环境就是父母营造的家庭生态环境，家庭生态环境不变，无论你期望孩子如何改变都是枉然。请记住：你自己才是家庭生态环境改变的“轴心”！你就是那个“主动轮”！

以家长之心度孩子之腹

先来说一个苏东坡与佛印禅师的故事。

有一天，佛印禅师教苏东坡坐禅，苏东坡很高兴地穿起大袍，坐在佛印禅师的对面。两个人对坐了一会儿，苏东坡头脑一转，问佛印禅师道："你看我坐着，像个什么？"

"像一尊佛！"佛印禅师心平气和地答道。

苏东坡听了这话，心里很是得意，他想打趣一下："但我看大师你，知道像什么吗？"

佛印禅师静静地问："像什么？"

苏东坡答道："像一堆牛粪。"

苏东坡答后看着佛印禅师，却见佛印禅师岿然不动地端坐着。这时，苏东坡感到飘飘然起来！

苏东坡回家后得意扬扬地在苏小妹面前提起这件事。

苏小妹听后却对苏东坡说："就你这个悟性还参禅呢，你知道参禅的人最讲究的是什么吗？是明心见性，你心中有，眼中就有。佛印禅师说看你像尊佛，说明他心中有佛；你说他像牛粪，想想你心里有什么吧！"苏东坡经苏小妹指点，恍然大悟，惭愧不已！

苏东坡以"小人之心"度佛印禅师的"君子之腹"，上演了一个历史上家喻户晓的笑料故事，流传至今。发生在苏东坡与佛印禅师两人之间的这个故事，是一个典型的心理学投射效应的鲜活案例。投射效应是指以自己为中心，看问题、想事情首先想到的是自己；是指人认为自己具有某种特性时，他人也一定会有与自己相同的特性，觉得自己喜欢的别人也喜欢，自己讨厌的别人也会讨厌，把自己的感情、意志、特性投射到他人身上并强加于人的一种认知障碍。

在家庭教育方面，投射效应也被绝大部分家长发挥得淋漓尽致，我称之为"以家长之心度孩子之腹"。我们先来了解一下有哪些投射方式。

第一类投射方式：有种爱叫家长觉得好。

有些家长认为孩子的习惯爱好应该与自己一样，这样的结果会导致我们从一个成人的角度去看待孩子遇到的问题，很少能从孩子的视角、思维水平去考虑。产生这种投射效应的主要原因是家长将自己与孩子混为一谈，忽视差异，认为孩子就应该和自己一样。

“这么好吃的东西你怎么不吃?”这是不是我们经常说的话？好吃，是谁的感受？当然是我们这些成年人的味觉体验。小时候我们是不是也有很多东西不愿意吃，如香菜、葱、姜、芹菜、茼蒿、韭菜等，但当我们长大成人，这些“怪味”的食材不是也吃得很欢吗？原因很简单，孩子的味蕾敏感，对味道比较重的食材反应强烈，表现出来的就是抗拒。随着年龄的增长，味蕾逐渐钝化，敏感度降低，食用“怪”味时就不再像小时候那样抗拒了。

我们已经忘记了童年的喜厌，仅仅以现在的眼光来评估当下孩子的表现，公平吗?

“这么好玩你怎么不喜欢?”这样的话也常说吧？我们经常带孩子去商场购物、看景区表演，装饰华丽的店铺、琳琅满目的商品、丰富多彩的演出，令人目不暇接。孩子却往往不感兴趣，令我们大失所望。为什么？一是你没有蹲下来与孩子持同等视角看周围的事物，他们看到的与我们大相径庭：一条条大腿和一张张桌台形成的围栏，那些成年人眼中的多彩和美丽孩子是看不到的，这也揭示了孩子总吵着要成年人抱着的缘由。

“这么简单的问题都不会?”这句话也常挂在家长嘴边。一些家长总认为某些事情或问题很简单，觉得孩子应该很容易就能掌握或解决，却恰恰忽视了一个最简单不过的常识：许多事情或问题在家长那里简单易懂，在孩子这里却复杂难懂。由于认知水平与经验、阅历的不对等，导致孩子在做事出现失误时，家长的情绪容易激动，难以控制自己的脾气。

第二类投射方式：长大后你就成了我。

许多家长把自己的主观愿意强加到孩子身上，把自己未实现的理想寄托于孩子，让孩子为自己圆梦，或是把自己的职业喜好强加到孩子身上，其实质就是把孩子当成实现自己愿望的“工具”。产生这种投射效应的主要原因是家长将孩子视为自己的附属，忽视孩子的独立性。

“好好学乐器，将来成为受人尊重的艺术家。”这样的话表达的就是家长的意愿。家长本希望自己成为艺术家，却没有实现，便往往会把这个愿望强加给孩子，强迫孩子去学乐器、学唱歌、学跳舞。于是，给孩子报了各种兴趣班，把孩子的闲暇时间塞得满满的。孩子却往往一事无成，毫无发展，或者发展到一定程度就进入了“高原期”，无法进一步深入。家长没有在某个领域或专业实现梦想，说明在这个方面并没有潜质，遗传了上辈基因的孩子想在这个领域或专业有突出表现似乎也有些勉强。

“我从事的这个职业可以令你衣食无忧，子承父业吧!”这是传统就业观念在作祟。家长是公务员，就想让孩子也做公务员；家长是医生，也要求孩子往医生这个方向发展；家长从商，也希望孩子步入商道，等等。的确，家长在自己“轻车熟路”的领域里能够为子女提供更多的帮助和支持，这无可厚非，但我们关注的是这样的期望和选择是不是孩子想要的、喜欢的、擅长的。何况，当下令人羡慕、热门的职业在十几年后是不是还能像现在一样“吃香”?

第三类投射方式：情人眼里出西施，仇人眼里出小人。

这是属于情绪化的一类家长群体，对孩子的评价全凭自己面对孩子时的情绪状态，是家长判断孩子是否满足自己的需要而产生的态度体验。

“宝贝，你真棒!”这是家长觉得孩子令自己满意时常说的话。如果家长越看孩子越喜欢，就会觉得孩子身上全都是优点和长处，缺点与不足就被掩盖了，即走向了“自己筐里无烂杏”的境地。

“笨蛋，怎么生了你这么个不争气的东西!”这是家长觉得孩子令自己不满时常说的话。如果家长越看孩子越讨厌，就会觉得孩子身上的缺点特别多，其优点、长处就会被掩盖。在这种负面情绪的影响下，家长就会过于严厉地批评孩子，甚至讽刺和诬陷孩子。

请记住：人与人之间既有共性，又有个性，如果投射效应过于严重，总是“以家长之心度孩子之腹”，我们将无法真正读懂孩子，也无法真正认识自己。

家长要学会“得寸进尺”

昨天一位妈妈和我聊天，提出了一个令很多家长都感到头疼的问题——孩子做作业磨蹭。这位妈妈告诉我，本来半个小时就可以完成作业，孩子却用了两个小时才完成，效率极低，出错率却很高。针对这个问题，很多家长想尽了各种办法，可谓是无所不用，甚至到了“威逼利诱”的程度，但孩子磨蹭的情况没有任何好转，有的已经扩展到生活和学习的方方面面，养成了懒散和拖沓的坏习惯。每当有这种情况发生时，家长就开始不耐烦，开始焦虑，感到手足无措。

有没有有效的办法解决孩子磨蹭的问题呢？当然有，但不能心急，改掉不良习惯可不是一蹴而就的事，需要耐心加智慧，才能搬动磨蹭这块阻碍孩子成长的“绊脚石”。

要说如何解决孩子做事磨蹭这个问题，还得从心理学上的登门槛效应谈起。1966 年，美国心理学家弗里德曼与弗雷瑟做过一个实验：派人随机访问一组家庭主妇，要求她们将一个小招牌挂在她们家的窗户上，这些家庭主妇愉快地同意了。过了一段时间，再次访问这组家庭主妇，要求将一个不仅大而且不太美观的招牌放在其庭院里，结果有超过半数的家庭主妇同意了。与此同时，派人随机访问另一组家庭主妇，直接提出将不仅大而且不太美观的招牌放在其庭院里，结果只有不足 20%的家庭主妇同意。这种现象在心理学上被称为登门槛效应。所谓登门槛效应，是指一个人接受了较低层次的要求后，适当引导，往往会逐步接受更高层次的要求。

当然，我们的祖先也深谙登门槛效应，中国历史上留下的“得寸进尺”的故事就是一个例子。故事发生在“战国七雄”争霸时期，当时的秦国最强大，并图谋统一天下。秦昭王准备越过韩、魏两国攻打齐国。但策士范雎说：“现在齐国势力还算强大，而且离秦国很远，我们即使打胜了，也必须越过韩、魏两国才能到达，很难守住。所以，不如慢慢向外扩展，这样所得的每一寸、每一尺土地，都将稳稳当当地为秦国所拥有，这样就能慢慢统一天下了。”秦昭王便采用了这个策略。

那么，如何运用登门槛效应解决孩子做事拖沓、磨蹭的问题呢？就以作业磨蹭这件事为例子，家长们可以尝试下面的方法。

首先，尽可能做到桌面清空，包括墙上视线所及的地方均要进行清理，尤其是摆动的物件、玩具等必须移除。这样做的目的是排除客观因素的干扰，以防孩子为之分心。

其次，开始对孩子提出低层次要求，如原来需要两个小时完成，现在让孩子用一个半小时完成。这个开始改变的过程对孩子来讲有一些难度，家长要尽可能挤出时间陪伴孩子迈出第一步，并在孩子有进步的时候大加赞赏或给予适当奖励。在时间控制方面，可以考虑为孩子配备一个定时器，但不要放在孩子面前，放置在一旁，孩子知道即可。

最后，家长就要“登门槛”了。一段时间后，当孩子能够经常在规定时间内完成作业后，再给孩子提出一个小时完成作业的要求，最终走向半个小时完成作业这一目标。这个时候，家长就要知趣地退出，给孩子自我管理的空间。

当然，每个孩子的情况不同，改变的方法也不能千篇一律。之前我了解过一个孩子做作业磨蹭的原因，竟然是因为妈妈在孩子按时或提前完成作业后觉得“不过瘾”，会额外给孩子布置一些作业。孩子很反感，但也没办法，最后就想出了应对策略——做作业磨蹭。久而久之，习惯成自然，使得一个原本做作业积极的孩子变成了一个不爱写作业的孩子。

控制你的脾气

之前听过一个故事，大意是这样的：一个单身男人带着一个不足 2 岁的孩子生活，他需要外出工作，但没有人帮他照顾孩子，他很纠结。就在这时，他发现家中的狗可以帮他照顾孩子。经过一段时间的观察，他确认了狗的忠诚以后，就把孩子留在家里由狗来看护。

有一天，因为有事耽搁，他很晚了才回家。当他走进家门时，看到狗在院子里，满口是血。他赶快冲进房间里，却没找到孩子，只看到地上有一摊血，他想一定是狗饿了把自己的孩子吃掉了。于是，他愤怒地抄起一根棒子，把狗活活打死了。这个时候孩子的哭声从房间里传出来，男人再次冲进房间，顺着哭声寻去，在床下找到了受到惊吓的孩子，同时还看到床边有一条被咬成两截的毒蛇。原来，在男人未回家之前，有一条蛇进入家中想攻击孩子，被狗发现并咬死了，是狗救了孩子。当听到主人回来的声音，狗赶紧跑出房间到院子里迎接主人，本是想炫耀一下自己的功劳，却被主人误杀了。当这个男人明白这一切的时候，已经太晚了，无法挽回他亲自打死的自家那条狗的生命了。

这一切，都源于愤怒，是愤怒使这个男人丧失了判断力，没有核查事实就做出了错误的判断，造成了不可挽回的后果。心理学研究表明：人在愤怒时容易丧失理智，做出错误的决定。

生活中，我们也经常遇到情绪失控的情况，特别是在教育孩子的过程中，一旦出现这样的情况，后果往往很严重，因为我们面对的是手无缚鸡之力的孩子，他们相对于成年人而言处于弱势。很多家长常常有这样的感受：孩子犯了错或者做法令家长不满意，家长在非常愤怒、恼火的情况下动手打了孩子，但事后甚至是当时就后悔了，孩子身上疼，家长心里痛，最终双方都受到了不同程度的伤害。

家长跟孩子有仇吗？没有！有的只是爱。

但是因为家长太爱孩子了，希望孩子成为人群中最好的那一个，所以当孩子的表现不尽如人意时，家长往往会被愤怒冲昏头脑，失去理智，导致爱极生恨。

如何控制我们的愤怒情绪呢？美国前总统林肯的做法可以给我们提供

一些借鉴。

一天，时任陆军部长的斯坦顿来到林肯那里，气呼呼地说一位少将无视他的尊严，用侮辱的话指责他偏袒一些人。林肯建议他写一封内容尖刻的信回敬那个家伙。

“可以狠狠地骂他一顿。”林肯说。斯坦顿立刻写了一封措辞强烈的信，然后拿给总统看。

“对了，对了。”林肯高声叫好，“要的就是这个！好好训他一顿，真写绝了，斯坦顿。”

然后，林肯的一个举动让斯坦顿疑惑不解——就在说完上面的话后，林肯将斯坦顿的信随手丢进了身后的壁炉里。

“总统，您这是干什么呀？”斯坦顿有些摸不着头脑。

林肯大声说：“这封信不能发！凡是生气时写的信，我都是这么处理的。这封信写得好，写的时候你已经解了气，现在感觉好多了吧，那么就把它烧掉。如果感觉还不解气，那就再写第二封信吧。”

斯坦顿茅塞顿开，情绪平和了许多，并向林肯敬了个军礼，表示了深深的谢意后离开了。

这个故事向我们展示了一个缓解、消除愤怒情绪的流程：离开现场（斯坦顿没有在现场释放自己的愤怒情绪）—找一个愿意倾听的对象发泄情绪（斯坦顿找到了林肯，并把自己内心愤怒的缘由说出来）—把愤怒情绪表达出来（林肯让斯坦顿把自己内心的愤怒写在信纸上）—愤怒情绪得到发泄。

这个故事还告诉我们，简单地发泄愤怒只会将事情搞得更糟。据有关资料显示，激情犯罪在我国刑事犯罪案件中的比例已占到三分之一，而且六成命案祸起激情犯罪，并呈愈演愈烈的趋势，这是值得引起社会特别关注的问题。

把视线转移到孩子教育问题上来。每一位家长，当孩子惹怒你时，请在内心默念三次下面的话：“孩子是我亲生的！他（她）所有的缺点和不足都与我有关，或是因为遗传了我，或是我给他（她）养成的！”说完后，你离开现场，或让孩子离开，然后找一个人（配偶或其他亲人）说说你的不安与愤怒，也可以给一个你信任的朋友打电话，还可以把心情写下来；至少一刻钟后，再面对孩子，跟他（她）聊聊……相信这时孩子能意识到问题和错误，家长也能让自己的愤怒情绪得到释放，这就达到了我们希望的“双赢”局面。

爸爸也可以柔软下来

夜深了，一位爸爸在哄睡了两个孩子之后，坐下来打开电脑，开始写当天的亲子日记。

夜深人静，终于可以写亲子日记了。看完武校长分享的碎思《拿什么爱孩子》，我开始思考怎样去爱孩子……白天，女儿写作业时，想用手机查资料，可我有事需要打电话，于是对女儿吼了一声，女儿委屈地看了我一眼，说："不让查还骂人。"于是女儿写日记时说道："爸爸你说过，家人之间不可以发脾气，不能大吼大叫，要互相尊重。爸爸，是我没做好，对不起。"写好后，拿着红笔让我批，我看后心中五味杂陈。我知道，我把不好的情绪带给了孩子，于是写道："你没错，宝贝，是爸爸做得不好，爸爸一定改正。"女儿将头靠在我身上，说："我想妈妈，我喜欢家里面热热闹闹的，我爱你，爸爸！"（孩子妈妈出差了）日记交流后，女儿开心了。从女儿生下来我们就开始给她写成长日记，上小学后她就带拼音写，到现在她自己查字典写。女儿就喜欢在日记中写心情，我和爱人会在女儿允许的情况下看女儿的日记，帮助她调节心情，处理和女儿的关系。女儿因写日记喜欢上了细心观察一切，喜欢上了阅读，喜欢上了每日写一写，这样写作文也就不困难了。写日记，值得坚持！

儿子和爱人用手机视频后，还抱着我的手机喊妈妈，闹了好一阵，其实他是想要妈妈陪。怎么办？还得小心地哄他，不然他一大声哭闹，就把女儿吵醒了。终于，儿子闹累了，睡了。晚安，宝贝们，爱你们！

当爸爸柔软下来，心就与孩子贴得更近了，也就更能听懂孩子的声音，理解孩子的心意，亲子关系会更加融洽。不过，也有很多爸爸还没有意识到自己缺位给孩子成长带来的遗憾，还是秉承"男主外、女主内"的传统观念，"躲避"自己对家庭、对孩子的责任，更不用说对孩子的亲情陪伴与人格影响了。

父母对孩子的影响不尽相同，各有侧重。只有父母双方都参与到孩子的成长中来，才会更加有效地推动孩子从自然人到社会人的转变。缺少任何一方的教育都是不完整的，对孩子而言都是无法弥补的伤害。

具体来讲，在孩子的成长过程中，父亲对孩子的影响主要有以下几个方面。

一是性别认知方面的影响。对孩子而言，父母是他们最早接触的同性或异性。孩子到性别辨认期时，首先能够区分的对象就是爸爸妈妈，这就成为孩子认知性别的原点。如果缺少了父爱，对男孩而言就会在交友、工作等方面表现出不适应，从而产生一些困扰与麻烦；对女孩而言，就会缺失早期与父亲交往的经验，从而影响成年后与男性交往的质量。

二是情商发展方面的影响。父亲的言行示范、引领对孩子情商的发展起着至关重要的作用，既可以成为孩子积极情绪触发的诱因，又可能成为孩子消极情绪爆发的导火索。因此，父亲在引导、处理孩子的情绪方面起着不可替代的作用。

三是身心健康方面的影响。美国一项调查显示：即使是婴儿，也会因为缺乏父爱而出现诸如焦躁不安、夜哭不眠、食欲减退等所谓“父爱缺乏综合征”的典型症状。美国婚姻问题专家道格拉斯根据这项调查提出：缺乏父爱的孩子年龄越小，罹患“父爱缺乏综合征”的概率越大。男孩患综合征的概率比同龄女孩大1～3倍；而在双亲均在但缺乏父爱的家庭中长大的孩子患综合征的可能性更大。他说：少时患“父爱缺乏综合征”的孩子，与一般孩子相比，中学辍学率高2倍，犯罪率高2倍，如果是女孩，长大后成为单身母亲的可能性要高出3倍……在父亲缺失的家庭中，孩子的情绪变化较大，长大后较冲动，有较多的过失行为和反社会行为，缺乏自我控制能力，有较偏激的人格。

四是个性特征的影响。父亲身上具备勇敢、坚强、独立、自信、果断的个性特征，孩子会在与父亲的相处中慢慢习得这些个性特征。如果孩子在童年时没有或欠缺父亲的陪伴与关爱，那么在成长的过程中，就有可能欠缺一些良好的个性品质，成为孩子一生的缺憾。

缺位的父亲们，趁孩子还没有长大，请赶快回到孩子身边，他们太需要您的陪伴和支持了。

请记住：任何成功都抵消不了孩子教育的失败！

理性处理孩子的问题

在现实的家庭生活中，简单粗暴的教育方式并不罕见，很多孩子经常被打得遍体鳞伤，而比身体的疼痛更难以忍受的是心灵的创伤。孩子，不是用来打的，而是用来爱的。但有多少父母能够看清楚、搞明白呢？

来看看这位外校妈妈的亲子日记吧！

今天除了接送孩子，我一天基本没出门。因为明天有个考试，备战呢。

这几天写日记，都没怎么提儿子，没提并不代表儿子没有什么事，也不是说儿子这段时间表现有多好，而是我在观察儿子。我脾气不好，孩子出现问题时经常不是打，就是吼。有一次我把打孩子这件事写进了日记里，清平小学的一位妈妈看到后给我发来了一组很形象的图片，是“你对孩子发脾气时的样子”。看后心里五味杂陈，很长一段时间都在回味那些图片。因为这么多年来，我一直是那个样子，自己看了都觉得可怕，何况孩子呢。每次孩子犯错误，只要我一抬手，孩子就两手抱住头（因为每次都是打他的脸或头），有时吓得躲到角落里。孩子爸爸打孩子比我还要狠，孩子更怕他。自写日记以来，我把每天关于孩子的事都像记流水账一样写进日记里。在大家的友情提示下，我不再举起那双会打孩子的手了。和孩子爸爸一起分享了那些图片后，他也再没打过孩子。这段时间孩子也经常犯错，但我们改变了策略，好言相劝，多鼓励，少批评，也有了一些成效。现在他每次犯错时，我一说，他就抱着我，妈妈长妈妈短地叫，错误承认得相当诚恳，让我都不好再说什么。以前，他总是支支吾吾地，因为害怕挨打。现在，我不去学校的时候，就看班级群里爱心妈妈们发的视频，看儿子的在校表现。我天天和老师沟通，放学回来也会问他：今天表现怎么样？是不是很乖？有没有和同学发生什么不愉快的事？他就会像放电影一样，把今天发生的事一股脑儿全说出来，毫无隐瞒。我觉得，虽然孩子还不能彻底改掉一切坏习惯，但是我相信他一定会一天胜过一天的。因为我变了，爸爸变了，孩子也一定会变。如武校长所说：只有“原件”变了，“复印件”才会变。我会继续努力，争取让儿子早一天变乖。为我们加油吧！

日记中我们看到了这样的画面“只要我一抬手，孩子就两手抱住头（因为每次都是打他的脸或头），有时吓得躲到角落里”。可怜的孩子，因为长期挨打而被动地学会了自我“防御”方式——抱头。

俗话说：“打人不打脸，骂人不揭短。”先人们为什么说打人不要打脸部呢？一是脸是面子的象征，人人都要面子，其实质就是要做人的尊严，被打后一段时间内脸上会有印记，就像古代在囚犯脸上刺青一样，没脸见人；二是打脸即打头部，而头部是最容易造成恶性伤害的人体部位，有的孩子就因为被打了头部而失去了生命。

一些中国父母仍然信奉“不打不成才”“棍棒之下出孝子”，这是中国传统专制家庭制度的残余，是一种畸形的家庭教育方式，对孩子的身心健康危害极大，是使孩子形成孤僻、冷漠、仇视、攻击、自卑等心理问题的根源之一。而且这些心灵创伤一般不会随着年龄增长而淡化，往往会成为日后不良行为甚至犯罪的根源。

还有甚者，打骂孩子造成终生遗憾的事情时有发生，孩子因被父母打骂离家出走，因不堪忍受煎熬自杀，等等，这些都是不该发生的人间悲剧。

另外，打骂教育有时可以使孩子的行为暂时有所好转，但不能从根本上解决问题，搞不好还会使孩子养成说谎或不与人交流的毛病。

更值得注意的是，如果孩子在这样的教养模式下长大成人，也会将这样的家庭教育方式转嫁到他们的孩子身上，并成为像自己父母一样强势、暴力的父母，这是我们不想看到的。

令人欣喜的是，日记中的父母已经意识到问题所在，开始了改变，并且尝到了改变带来的甜头，而这样的力量又会推动其进一步深度改变自己，整个家庭生态就会得到恢复。

当父母理性处理亲子之间出现的问题时，孩子就会越来越好！

莫让孩子成为那只“惊弓之鸟”

童年时我们就学过《惊弓之鸟》这篇课文，至今记忆犹新，而且这个成语也经常被用在交流时、文章中。

这个故事与古代的一个人物有关，他就是更羸。更羸是魏国有名的射箭能手。有一天，更羸跟魏王到郊外去打猎。一只大雁从远处慢慢地飞来，边飞边鸣。更羸仔细看了看，指着大雁对魏王说：“大王，我不用箭，只要拉一下弓，这只大雁就能掉下来。”

“是吗?”魏王问道，“你有这样的本事?”

更羸说：“请让我试一下。”

更羸并不取箭，他左手拿弓，右手拉弦，只听得“嘣”的一声，那只大雁直往上飞，拍了两下翅膀，忽然从半空中直掉下来。

“啊!”魏王看了，大吃一惊，“真有这样的本事!”

更羸笑笑说：“不是我的本事大，是因为我知道，这是一只受过箭伤的大雁。”

魏王更加奇怪了，问：“你怎么知道的?”

更羸说：“它飞得慢，叫的声音很悲惨。飞得慢，因为它受过箭伤，伤口没有愈合，还在作痛；叫得悲惨，因为它离开同伴，孤单失群，得不到帮助。它一听到弦响，心里很害怕，就会拼命往高处飞。它一使劲，伤口就裂开了，它就掉了下来。”

这就是《惊弓之鸟》的故事。

这只鸟是被谁杀死的?当然是自己！它是被内心的恐惧杀死的。之前还听说过这样一则传说，情节大概是这样的：阎王派小鬼到一个城市去，从那里带走100个人去地狱。小鬼在途中遇到一个大善人，获知情况后先于小鬼抵达那个城市，并告知人们小鬼马上要来带走100个人。然而，到了第二天，大善人发现这座城市有1000人失去了生命。后来，他找小鬼质问为什么多带走了那么多人。小鬼告诉他：“你的通风报信，让很多人担惊受怕，导致他们被恐惧夺走了生命。”大善人恍然大悟，原来自己是好心办了坏事。

其实在现实生活中，也有这样一个真实的案例：英国有个网球明星叫吉姆·吉尔伯特。小的时候，她陪着妈妈去看牙医，这本来是一件生活中的小事，她以为一会儿就可以跟妈妈回家了。没想到，妈妈因为治疗牙齿时引发了心脏病，竟然死在了牙科的手术椅上。

这个阴影在她心中一直存在着。她不能从这个阴影里走出来，她永远记得妈妈是死在了牙科的手术椅上。她一直回避，即使牙很痛，也从来都不去看牙医。

后来她成名了，过上了富足的生活。有一天她被牙痛折磨得实在受不了了，家人都劝她将牙医请到家里来，所有人都陪着她，她不必害怕。于是牙医被请来了。意外的事情发生了，医生整理好器械，准备给她看牙的时候，一回头，发现吉姆已经死了。

吉姆不是因为治疗牙病而死的，而是被一个念头杀死的，被童年时母亲看牙医时心脏病突发而去世的那份巨大的恐惧吓死的。

念头，每个人都会有，而且会有无数个。在这些念头中，有的是因为之前经历的事情而产生的，有的是凭借想象力自生出来的。大部分的念头都会随着岁月的流逝而消逝或被淡忘，但总有一些念头会一直跟随着你，给你的生活和工作带来影响。

2017 年 3 月 20 日，四川泸州一名男子在凌晨留下遗书，勒死了两个年幼的儿子后服毒自杀。这名男子名叫周友章，28 岁，从小被人领养。在遗书中，周友章把自己从小被遗弃一事看成人生最大的不幸，再加上自己的婚姻失败，不希望两个儿子再经历他的遭遇，因此选择把自己最疼爱的两个孩子一起“带走”。

一个糊涂的父亲，用自己过去的经历思考、复制孩子未来的人生，用过去的不如意来推测孩子未来的生活，为了不让两个儿子遭受痛苦的经历，最终选择把他们一并“带走”。多么愚蠢的念头啊！因为自己的胡思乱想而剥夺了两个孩子的生命权，何其悲哉！

由此看来，正确看待过去和自信面对未来对一个人来说是多么重要。那么，如何减轻或消除心中无谓的恐惧呢？其实，最核心的就是要提升自我安全感，正确面对生与死、好与坏、甜与苦、顺与逆。

另外，作为父母，不要把自己的人生观、价值观、世界观强加到孩子身上，把孩子变成自己未实现梦想的执行者，把因安全感缺失而导致的焦虑与恐惧变本加厉地转嫁到孩子身上，这对孩子而言是不公平的。

孩子自有他们的生命轨迹，也有属于他们自己的人生经历，他们不是父母的私有财产，他们只属于自己。所以，要给孩子体验自己生命的权利，尽管未来的人生道路可能坎坷不平、荆棘满路，但那都是他们应该经历的。

每一次绊倒难道不正是爬起来的机会吗？莫让孩子成为那只“惊弓之鸟”！

妈妈不发火了

昨天晚上，群里一位妈妈的亲子日记引起了我的关注。

之所以关注，不是因为她的文笔流畅，而是因为她提到了一个词——坚持。先来看看她写的日记吧！

忙碌了一天刚刚回家，还没来得及关注群里的信息，就忙着写亲子日记了。虽然写得不好，但是我相信只要每天坚持，就会有收获。自从听了专家和武校长的智慧教育课，我改变了很多。以前对孩子没有一点儿耐心，动不动就发火，不但孩子反感，我也生气。现在孩子不听话，我会跟她慢慢沟通，不再以家长的身份，而是以孩子的伙伴、朋友的身份来倾听孩子的心声。孩子开始毫无保留地把心事告诉我，我们之间再也没有了以前的紧张气氛。

就拿今天下午来说，我在工地上干活，她放学后来找我。我告诉她："妈妈现在还不能回家，你在门卫爷爷的屋里学习好吗？"她点了点头。我干完活去接她，门卫大叔告诉我："你家孩子真好，学习很认真，字写得也漂亮。"听到夸奖，她可高兴了。武校长的《校长陪你做父母》这本书使我华丽转身，改变了我，也改变了孩子。从今以后，我要和孩子一起学习，一起成长。

这位妈妈与其他大多数家长一样，每天忙于工作，然而，她有一个与众不同的地方，那就是每天回家的第一件事就是写亲子日记，而且一直坚持，没有间断。为什么会这样坚持？因为她相信"只要每天坚持，就会有收获"。

我一直在给家长们传递一种信念——相信就会看到。这位妈妈相信了我说的话，开始写亲子日记。从提笔的那天起，她就开始了自我改变。

首先是行为上的从不写到写。这个改变看上去很简单，但一天天坚持下来就变得不简单了。那么，谁对妈妈这样的"异动"最为关注呢？当然是女儿。妈妈的改变必然给女儿的生活带来"鲶鱼效应"，原有的家庭生活常态被打破，必然要进行新的重构，而重构的主角变成了女儿。

其次是情绪上的从暴躁到平和。这个改变是需要刻意去控制、调整的，大部分人改变情绪状态需要一定的自控力和时间，而且容易反复。这位妈妈应该是一位自控能力非常强的人，具有较强的自我觉察力，能够比较清晰地认识到问题的症结在自己身上，所以她的改变是高效而稳定的。妈妈的情绪状态发生转变后收获最大的就是女儿。从之前的剑拔弩张到现在的沟通顺畅、心心相通，其改变的原点在哪儿？当然在妈妈身上，孩子只是这个系统改变的“适应者”。

撬动这位妈妈从行为到情绪改变的杠杆就是亲子日记。因为要写日记，并要将其拿出来分享，就逼着执笔人刻意控制自己的情绪状态，并同时生长出另一双观察孩子的“眼睛”。于是，奇迹出现了：孩子的优点被一一挖掘出来，孩子变了。然而，只是孩子变了吗？不尽然，家长审视孩子的视角也变了，这是一个良性循环系统，最终的结果是家长和孩子都踏上了改变之旅。

真正引导孩子改变的动因在哪里呢？还是亲子日记。我们提倡亲子日记尽可能记录孩子每日的良好表现，字里行间要对孩子的进步保持高频率的正向强化，也就是为孩子搭建一个往上走的梯子，助推他们一步步成为最好的自己。

当然，这个家庭教育生态的优化还与妈妈的好学上进有关，她积极参加家长教育课程，主动购买家庭教育书籍进行自学，更重要的是她把听到的和看到的理念、知识、经验等学以致用，为家庭教育理论找到了实践场，并转化、生成为家庭教育经验分享给其他家长，实现了同伴互助式捆绑成长。

再读读另一位妈妈的亲子日记吧！

我每天都会关注家长在群里分享的与孩子在生活学习中的点点滴滴，感触很深。自从听了武校长的讲座后，我觉得自己的转变很大，以前脾气急，对两个孩子都没有耐心，老是觉得他俩应该什么都会，现在想想真是汗颜。“焦虑的母亲，崩溃的孩子”，每次想到这句话，我都感慨万千。所幸，现在改变还不晚！以前孩子犯了错，我会大吼大叫，现在的心态则比较平和。因为工作关系，我几乎没有时间跟孩子一起吃饭。昨天早晨，我一进餐厅，看到他俩正坐在餐桌旁看着姥姥一趟趟地收拾东西。换作以前，我又会大声吼他俩，但我昨天换了比较平和的语气：“来，看看咱们三个能帮姥姥到厨房拿什么东西，以后这样的小事，咱们多帮姥姥干，让姥姥歇歇，好不好？”他俩一听，争先恐后地往厨房跑！我看了，也很高兴，私下又跟姥姥说：“放手让他们干，别把他们当小孩子了，这是一个好的开始。”

其实，我跟儿子一起写了好几篇亲子日记了（但跟闺女没写，我把这个任务分配给了孩子爸爸）。昨晚下班已经九点，儿子困得睁不开眼了，还等着我回来一块写亲子日记，真是执着的小孩。我们俩拿出各自的本子，把想说的话都写在上面，那种感觉真好！

所有的开始，只要是美好的，都不算晚，感谢武校长，感谢蔺校长，感谢咱们的家校合育群，让我有了耐心、细心、恒心，跟孩子一起慢慢地成长！

纸上得来终觉浅，绝知此事要躬行。这样的经验才具有强大的可复制性、可模仿性，因为这些经验都来自于接家庭“地气”的实践。

最好的教育是妈妈的情绪平和！

妈妈改变后……

最近几年，我与心理、家庭教育专家接触较多，从他们那里获得了一些关于问题孩子的典型案例，从中发现了一些共性的问题，其中一个就是问题孩子的背后总有一个问题妈妈或问题爸爸，抑或是两者兼有。也就是说，是问题家庭中的问题父母塑造了问题孩子。因此，我们没有理由不相信：只有家长改变，孩子才会改变！

昨天，一位妈妈在亲子日记中再次用鲜活的事例阐述了这个道理。

今天回到家，看到鑫鑫（哥哥）鼻子有点不对劲儿，红红的，就问："你的鼻子怎么了？"他说："我的鼻子怎么了？很严重吗？弟弟一脚踢过来就成这样了！"我没说什么，只是看着琰琰（弟弟）没说话。看他一点儿道歉的意思都没有，于是我对他说："琰琰，你踢到哥哥的鼻子要怎么做，是不是该给哥哥道歉？"琰琰听到这里就跑了，把自己蒙进被子里一动不动。

弟弟对哥哥造成伤害后，没有主动道歉，虽然妈妈做了提醒，但弟弟仍然没有对自己所犯的错误进行道歉，而是选择了一种逃避的方式——把自己蒙进被子里一动不动。这就是妈妈实施教育前孩子的原始状态。当然，这样的应对方式也是在长期家庭教育影响下形成的，并逐渐固化为一种家庭关系的稳定状态。如果要打破这种状态，靠自制力相对较弱的孩子自然不能现实，父母是关键人物。

我知道琰琰的性格，不管是不是他的错，他都不会轻易向别人道歉。不能再这样下去了，于是我轻轻地把被子掀了起来，对他说："琰琰是不是个乖孩子啊？想想哥哥每天陪你上学，陪你在学校吃饭，陪你做作业，每天都照顾你。你把哥哥的鼻子踢红了，哥哥是不是很疼呢？你是不是该对哥哥说'对不起'呢？"

看他一直保持沉默，我就把他抱了起来，跟他继续交谈。我知道他心里什么都明白，道理也知道，该怎样做也懂得，只是需要一个"台阶"罢了。如果是以前，二话不说，我会抬手就打，开口就骂，先让自己解气再说。可现在的我早就不是以前的我了，我知道了打骂不是解决问题的方法，有时候还会适得其反。从写亲子日记、阅读其他家长的日记的过程中，我学到了很多，改变了很多。我抱着琰琰一直鼓励他，跟他说哥哥对他多亲多照顾，他作为男子汉有错就要去改，要勇于向别人说“对不起”，跟别人说“对不起”不丢人，也没什么不好意思的。在我的一再鼓励下，他终于答应向哥哥道歉了。

他走到哥哥面前说：“哥哥，对不起！我不是故意的，很疼吧？”鑫鑫笑了笑说：“没事儿，现在不怎么疼了。”

妈妈开始了行动。首先，让自己做出改变，一反之前的“抬手就打，开口就骂”，变为“轻轻地把被子掀了起来”，然后动之以情，晓之以理，给孩子搭建了一个“台阶”，使弟弟终于完成了向哥哥道歉这样的第一次。而后，哥哥原谅了他，巩固了弟弟这次改变的成果，相信之后如果再有类似的事情发生，道歉对弟弟而言就不是多么困难的事情了。其次，妈妈开始用另一个视角审视孩子身上出现的问题，并做到了学以致用，将自己参与写亲子日记和阅读他人亲子日记过程中的收获和体验慢慢渗透到教育孩子的实践中，并初见成效。

无论是谁，第一次都很难，只要能够迈出第一步就好。孩子从这件事情中能够得到改变，能够迈出对自己而言很难的第一步，在以后的成长中就会学到很多。孩子需要父母的鼓励和理解，需要父母蹲下来和他交心，这样的父母就是智慧的家长吧！对于我和孩子们的进步，应该跟武校长说声“谢谢”，这些都是您给我们的。

最让人感到欣慰的就是妈妈的教育反思。第一步，鼓励、理解、“蹲下来”，这向我们传达着一个信息：妈妈身上已经具有了教育智慧。我在想，这样的教育方式，对妈妈而言，不也是第一次吗？这仍然在应验着我们常说的那句话：要改变孩子，先改变自己！

快要吃饭时，看到浩楠发的手抄报，我就知道鑫鑫早已忘记做作业了（这两天姑姑和两个表妹在）。我故意问他：“鑫鑫，你作业完成了吗？”他回答道：“做完了，昨天就做完了。”我又问：“你确定你做完了？”于是我就拿着手机让他看同学的手抄报，他恍然大悟，立即去拿纸做手抄报。

做得差不多的时候，小表妹拿着画笔在他手抄报上乱画了一通。孩子都是有好奇心的，所以她才会模仿哥哥画画。鑫鑫很生气，但是他忍了下来，一没哭，二没打，三没闹……看到孩子这样冷静，我想：这就是大家经常说的投射效应吗？假如我今晚对琰琰发火了，现在鑫鑫也一定会发火的，这都是跟我学的吗？真是“言传不如身教”！

我跟他说：“没关系，妈妈和你一起做手抄报。”他听了别提多开心了，又去拿了一张纸，我们一起讨论，一起画画，还互相交流了内心的想法！我也好像回到了自己的童年，和孩子们在一起真幸福。

孩子们，让我们一起加油吧！

这又是一个良性循环，再次让我们看到了家庭教育中的镜子效应，也就是妈妈口中的“言传不如身教”，惊喜于妈妈的敏锐发现和深度思考。不过，更令人惊喜的是，妈妈用了一个词“投射效应”，这是一个心理学术语，说明她已经跨越了浅层次学习的阶段，从“要我学”转变为“我要学”了，以教育好孩子为牵引的家长自我教育也就这样开始了。而这一切最终的价值落脚于家庭关系的温馨和谐，也就是我们最为看重的幸福感，最后那个亲子合做手抄报的画面就是最好的幸福答卷。

妈妈要读《论语》

夕阳西下，夜幕徐徐降临，我得以静下心来梳理一天的工作。

今天上午，三个教育考察团走进清平小学，学校家长委员会核心成员参与接待工作。

大家走进家长委员会办公室后，一位轮值的家长马上站起来迎接大家，她就是家祥妈妈，一位上过中央电视台的农村妇女。在我简单地介绍了学校家长委员会、承诺墙、亲子百日记的情况后，家祥妈妈打开了话匣子。

她操着一口乡音，将自己与儿子在清平小学的成长与收获娓娓道来，完全不见了从前的羞涩与胆怯，俨然成了一位熟练老道的清平小学教育解说者，而这种成长、这种改变，都来自她对儿子教育的期待与自我成长的渴求。

在向考察团介绍的过程中，她拿起了一本《论语》，说："这是学校为家长委员会办公室配备的家长读物，今天我在看这本。我上学不多，有些地方看不太懂，但我还是想好好地读一读，给孩子做个榜样。"

考察团结束上午的考察任务离开后不久，家祥妈妈给我打来电话，她说："武校长，我能不能把《论语》这本书带回家看？在这里时间太短，看不完。我带回家看完了再还回来。"我回复她："完全可以，带回去吧！"

放下电话，我陷入了沉思。一位学历不高的母亲，却要"啃"一本让我们这些所谓学历较高的人都感到有些难度的书，这是一种什么样的精神，又是什么力量驱使她拿起了这本书呢？

她自己已经道出了原因：给孩子做个榜样。这让我想起了之前经常提到的一个案例。一位文盲的母亲为了给儿子做榜样，竟然拿起书有模有样地读起来，而且一读就是三年，从未间断。当儿子拿到大学录取通知书的那一天，给母亲跪下了，感谢母亲这样的陪伴，因为儿子知道妈妈是文盲，他深深懂得和理解母亲的良苦用心。这样的陪伴给了儿子坚持下去的力量。

当然，家祥妈妈不是文盲，她上过学，但她自称"上学不多"，我却一直觉得她很有素养。实际上，我们应该重新审视素养与文化程度的关系。在现实生活中，很多人有较高的学历，但缺少作为合格公民的基本素质；也有很多素质很高的人，却没有较高的学历，有的甚至处于半文盲状态。

今天之所以要浓墨重彩地谈家祥妈妈，还有一个原因，就是她给我打来的这个电话所代表的意义。说实话，那些书放到家长委员会办公室，就是想让家长们驻校轮值的时候能随时看到，并读一读。家祥妈妈把《论语》带回家去读也是很正常的事情，她完全可以不告诉我，但她没有那样做，而是正式地向我提出申请。这不仅是对我和学校的尊重，更重要的是给孩子做了榜样，这就是“欲立儿先立己”。

这样的事在清平小学随处可见。就在今天下午，两个考察团依旧没有离开清平小学，因为他们想深度了解清平小学家长委员会的工作。于是，子睿爸爸、家奕妈妈、经宇妈妈也来到了学校，为考察团做介绍，与考察团座谈交流。

整个下午，学校家长委员会成员成了学校真正的主人，我们这些“打工者”就各忙各的事去了。

是谁导致了孩子的不完美

马上就要期中考试了，这几天儿子班里一直在做小测试。前天因为他考得不好被我惩罚过，看得出来这几天他有点怕我。今天回来后他跟我说："妈妈，班里有个同学考了100分，就一个，也有几个比我考得好的，应该不多。"我拿过卷子看了看，唉，还是老毛病，不该丢的分丢了。我想发脾气，但想起上次冲动之后的后悔，于是深吸口气，闭上眼睛，平静一下，睁开眼睛跟他说："我们一起看看有哪些不会的好不好？""嗯！"

检查时，我发现有道题儿子明明答对了，老师却打了"×"，我再次检查，确实是对的呀，难道是批错了？我拍了张照片发给荆老师，并告诉她这道题是对的。一会儿荆老师就回了信息，说答案是对的，但要求是写序号！我这才恍然大悟，自己竟然犯了这么低级的错误。想想，儿子做事粗心大意，这不就是我的写照嘛！有时候嫌他这也不好、那也不对，还不都是遗传了我的基因。

正像武校长所说的，上帝把人类的种子撒向人间的时候，都是一样的天使，只是进了不一样的人家，接受了不一样的遗传基因才出现了后天的不同。孩子出现错误的时候，我们做父母的是不是应该反思一下：是不是我们的缺点导致了孩子的不完美？

宝贝，妈妈向你道歉：妈妈的缺点影响到了你，我会努力改掉自己的缺点，我们一起来改变好吗？

这是外校家长群里一位妈妈的亲子日记。从字里行间，我们看到了一位自称粗心大意的妈妈的自我觉察与反思悔悟。因为妈妈的转念，终于结束了已经持续很久的打骂教育，这个孩子是幸运的。

然而，在我们身边，还有多少仍然没有转念的家长呢？他们的孩子依然生活在"水深火热"之中，这样的童年记忆不知道还要有多少被复制和传承下去？想想都感到莫名的恐惧，同时我也为无法唤醒家长改变这样的教养方式而深深地自责。

如果孩子因为家长的淫威而屈服、压抑，一般会有以下几种结果：一是变得胆怯怕事，不敢突破自己，缺乏探索精神和创造力，做事唯唯诺诺，惧怕权威，受制于人；二是学会了撒谎、欺骗，经常编造一些虚假事情以取悦父母，引起关注；三是导致易于暴躁，精神失常，产生攻击性倾向。如日记中妈妈感到的“这几天他有点怕我”，是对孩子实施了打骂行为导致的。而后面孩子的解释“妈妈，班里有个同学考了100分，就一个，也有几个比我考得好的，应该不多”，就是在想办法取悦妈妈，孩子描述的真实性有待考量，但无可置疑的是他想“避实就虚”，转移妈妈对自己试卷中出现的错误的注意力。

很庆幸这位妈妈践行了我在培训课程中提到的应对策略：停止行动，离开现场。她的具体做法也很有创意：深吸口气，闭上眼睛。这就是强迫自己回归理智，从暴躁与焦虑中跳出来，最终达成两全其美——自己气消了，孩子也远离了皮肉之苦。

更值得庆幸的是，妈妈从一道批阅“错”了的题目中悟出了一个道理：“儿子做事粗心大意，这不就是我的写照嘛!”面对孩子的不完美，妈妈终于找到了病根——父母不完美。这个发现远比孩子做会几道题重要得多。

有一点需要矫正一下，那就是遗传基因也只是孩子出现问题的一个方面，是个先天影响因素。后天家庭为孩子提供的成长环境也是一个非常重要的因素，这才是孩子成长的那口“大染缸”。正是先天因素与后天因素的相互作用，才造就了孩子今天的样子。

唤醒一个家庭，就是拯救一个孩子！仔细琢磨这句话，还是很有道理的。说实话，我们身边有太多的家长缺少教养孩子的智慧，孩子已经被他们养“歪”了，如若再不狠狠地“敲”醒他们，恐怕孩子早晚要毁在他们手中。当然，这里所说的“毁”并不是平常意义上的“毁灭”，而是不能让孩子成为应然的、最好的自己，这是对孩子的另一种“灭杀”。

要想使孩子变得完美起来，并不难，那就是让自己先完美起来！要改变“复印件”，首先要解决“原件”的问题。

孩子粗心怎么办

武校长，我的孩子粗心怎么办？有什么办法可以改变孩子丢三落四的毛病？孩子脾气暴躁怎么办？人家孩子作业一会儿就完成了，我儿子怎么拖拉两三个小时呢？……

这段时间，有很多家长咨询我类似的问题，想从我这里得到锦囊妙计。我能深深地感受到家长们那种急切而无奈的心情，他们恨不得能从我这里淘到治好孩子问题的绝招，让自己的孩子立马变得非常优秀。

同为父母，家长们的心情我当然感同身受，谁不想让孩子成为最好的人呢？望子成龙、望女成凤的美好期待与强烈渴望驱动着每一位家长多方寻觅让孩子变成“龙”和“凤”的秘籍宝典。然而，心急吃不了热豆腐。孩子之所以有今天的表现，是几年甚至十几年的教育沉淀而成的，大部分的问题已经根深蒂固，成为一个个生活、学习习惯。试想，这些所谓的问题是孩子自身的原因吗？当然不全是！这些令家长不满的性格、习惯倾向大都是在家庭教养之下生长出来的，与家长密切相关。

有几位家长把他们的焦虑与无奈向我倾诉，并请我给予方法指导。我尽可能一一给予回复，但第一句话一般会问他们：“您平时做事情粗心吗？”“您有没有经常丢三落四？”“您的脾气怎么样？”等等。绝大多数家长的回复都是“我也这样”。

看到了吗？问题的根本原因不在孩子那里，而在家长身上。家长是孩子的“模板”，孩子是家长的“影子”，这就是教育的铁律之一——身教重于言传。孩子从呱呱坠地起，就进入了家庭这所学校，开始面对第一任老师——父母。

生、育，不是同一层次的问题。生孩子，是人的本能，绝大多数家庭都会得到老天的恩惠——孩子。随着社会的进步与经济的发展，在当下的中国，养一两个孩子已不是什么问题。在满足了基本的生存、安全需求后，剩下的就是育的问题。

孩子在完成了先天遗传这样的第一次区分后，就开始了后天家庭对他们的第二次区分，而这次区分决定了孩子未来一生的生命姿态和走向。正是家庭中的“育”在孩子成长中的作用，导致有的孩子鹤立鸡群，表现出类拔萃，令人羡慕；有的孩子却表现平平，甚至差强人意，沦为“特殊孩子”。

这就是我为什么要问家长那句话，因为孩子问题的源头在家庭，根子在家长。所以，我想通过这种问的方式，让家长们意识到自身才是解决问题的关键，要进行自我教育和自我改变，用自我改变的示范启动孩子行为方式的调整，最终达成品性的改善和回归。

另外，孩子许多不良习惯的养成还来自家长的过度承揽责任，把本属于孩子的本分异化成了家长的职责，最终走向包办代替。当成长责任缺失，拖沓、粗心、依赖、自卑就慢慢“爬”上孩子的身体，渗入其血液中。

为什么要主动成为孩子的保姆呢？你累，孩子也累，且在未来离开保姆的日子里，孩子会更累！

让自己归位吧，你只是一个示范者。而这个过程，不就是家长的自我教育吗？

看看这位家长的亲子日记吧，她也遇到了关于“马虎”的难题。

今天我发现自己昨天把日记天数写错了，应该是第七十三天，却写成了第七十二天，我真是马虎成习惯了。灿灿别的方面虽不像我，这马虎的毛病倒和我挺像。昨天灿灿看我写的亲子日记，还看出了两个错字，她说：“妈妈，你也有写错的时候。”当时我的脸都红了，我假装镇定地说：“谢谢灿灿发现了妈妈的错误，妈妈以后一定认真检查，你写作业、写日记的时候也要认真检查，知道吗？”灿灿说：“知道了。”下午放学，灿灿的作业质量完成得不错，鹏鹏的就不行了。前几天大于号和小于号鹏鹏学得还挺好，昨天不知道怎么了，老是出错，我压着火给他讲了好一会儿。刚开始心里还有火，在教他的过程中火气越来越小。武校长说得对，要发火的时候，想想孩子的优点，不要老是盯着孩子的缺点……

“不知足”的妈妈

俗语“这山望着那山高”蕴含两层意思：一是追求永无止境，不断确立更大、更远的目标；二是好高骛远，总觉得别的环境更好。对这句话的解释正如硬币的两面一般，看上去对立，实则统一，没有此就不可能有彼。

在教育孩子的过程中，经常会遇到这样的情况。在很多妈妈的眼中，自己的孩子永远做不到最好，永远与“应然”的状态之间存在着一段距离，永远要求孩子“赶”，也就是我们平常所说的“不知足”。

先来看一位家长的亲子日记片段吧！

今天学校就给了一天的假期，大女儿回家了。我又是洗衣服又是做饭，忙得团团转。这时，大女儿提出要帮我，被我拒绝了，因为她马上就要高考了。二女儿说：“妈，我来帮你拖地吧！”我说：“妈来吧，你把各科卷子上的错题再做一遍，看看是不会做还是粗心，找找原因，虽然这次总分第一，但还要继续努力，争取下一次考得更好。”

……

呵呵，这位妈妈就是一位“不知足”的妈妈。看看这俩女儿多么懂事，多么优秀与可爱啊！在妈妈忙碌的时候，她们懂得帮妈妈的忙，这样的言行举止就是对妈妈辛勤付出的最好回馈，这就是孩子身上生长出来的爱与责任，这样的成长是最可贵的，是孩子未来走向社会的立身之本。

然而，在妈妈的眼中，依然觉得还有欠缺，还没有达到自己的预期目标。于是，妈妈拒绝了大女儿的请求，为的是让她有更多的时间去复习功课。当二女儿也提出要帮忙时，妈妈却以“更加重要的事情”作为“挡箭牌”而拒绝了，那就是“争取下一次考得更好”。我想问，更好是第几呢？当然还是第一！因为，二女儿这次就是总分第一。看到这里，我不禁打了一个冷战，“高处不胜寒”这句话瞬间从大脑中闪过。对于一个学习上的“领跑者”来说，背后那种被他人追赶着的压力时刻告诉她不能放慢脚步，当孩子试图用自己的方式释放压力时，妈妈却以“把各科卷子上的错题再做一遍，看看是不会做还是粗心”这样的任务将学业学习和劳动实践隔离开来，要求自己的女儿成为“学霸”。妈妈这样说的潜台词是：“只要你们学习好，妈妈再累也愿意。”然而，这样的处理方式可能会在孩子内心深处滋生这样的判断：只要学习好，就是好孩子，妈妈就会无力不出，无怨无悔。如果学习下滑……真让人不敢往下想。

“身在福中不知福”说的就是这样的情形。身边守着两个聪慧懂事的孩子，对父母而言，就是幸福，是家庭的福气，知足吧！

当父母从“不知足”中跳出来，就是另一种境况了。在女儿的坚持下，妈妈松口了，于是，另一个女儿站到了她面前。

“妈，让姐姐学吧，我下午再做，我还有两天时间呢！”二女儿说。

虽然有些担心她会摔坏东西，可她一再坚持我就撒手让她去做了。想起专家说的：你担心孩子不行，孩子永远也不行。等我把衣服洗完走进客厅一看，女儿早已把茶几擦得干干净净，茶具摆放得整整齐齐，地也拖得干干净净。怪不得老师经常夸她呢！的确，孩子不光要学习好，德智体等各方面更应该发展，让孩子把潜能发挥出来。

忙了一上午我虽然觉得腰酸背痛，可看到这两个乖巧懂事的“小棉袄”心里还是暖暖的。

同一天，另一位妈妈也与女儿之间发生了一些事，一起去看看。

今天下午女儿回家说作业在学校写完了，然后就打开电视一直看到很晚。我不高兴了，女儿似乎看出了我的不高兴，主动干了些家务。我觉得她有两层意思想要表达：一是意识到自己的错误想弥补一下；二是想要安抚一下我的情绪。为什么说是安抚我的情绪呢？因为以前我对她特别严厉，总是希望不论在学习上还是生活上她都能达到我所指定的目标，一旦达不到，她面临的就是一顿训斥，而且我从不考虑她的感受，无形之中给她增加了心理和精神上的压力，所以女儿特别怕我，害怕自己做得不够好。现在想想自己好像对她太过严厉了，因为这就是一种精神上的强迫症。我想告诉女儿：“以前妈妈觉得只有让你变得更优秀、更出色才有成就感。但是现在妈妈明白了，是妈妈错了，那些只不过是妈妈为了满足一下自己的虚荣心。但那绝对不是你想要的结果！所以我决定和你心平气和地交谈，敞开心扉地诉说，把你内心最真实的想法告诉妈妈，错的妈妈改正，对的妈妈继续保留。妈妈希望能和你一起改变，一起进步！”

傍晚，我和女儿聊得很开心，通过沟通，我和女儿的感情又拉近了一些。

知足而后进，才不会有太大的心理压力，才能轻装上阵，才会有足够的心理安全感，这样的生命才会灿烂绽放。

让孩子学会走“弯路”

孩子不服软怎么办？孩子不认错怎么办？孩子脾气倔强怎么办？……家长经常问这样的问题，但每个“问题孩子”的背后都有千差万别的原因，难有“万能药”来医治百病。

一位家长找我诉苦，说儿子很顽皮，经常出错，严重时自己就用皮带、笤帚等工具狠狠地收拾他一顿，但无论怎样打，儿子都咬紧牙关，一声不吭，死不认错。最终孩子被打得遍体鳞伤，父母也很心疼，恨铁不成钢的暴力处理方式最终伤害的是亲子双方。而且，有一个更令人担忧的后遗症——孩子越来越难管。

生活中，这样的孩子虽然不多，但如果摊到了哪个家庭中，都是极其令人头疼的，教育起来颇费周折却不一定有太大成效。

就这样的孩子而言，“硬”的办法已经失效，那就只能选择“软”的策略。不难发现，这些长期在重压环境下成长起来的孩子大部分属于吃软不吃硬的类型，打骂已经不能解决问题，更无法使其认识到自己的错误，只有另辟蹊径，寻找“软”下来的沟通教育方式，方能奏效。

无论采取怎样的策略，产生怎样的结果，有一点是家长必须要面对的，那就是对这些孩子的教育难度远远超过了普通孩子。所以，我们不得不思考如何从根源上解决问题，也就是怎样避免孩子养成这样的性格。

之前看过一个故事，富有哲理，发人深思。

一名禅师把一幅地图展开，问学僧：“这幅图上的河流有什么特点？”

学僧答：“都不是直线，而是曲线。”

“为什么会这样呢？也就是说，河流为什么不走直路，偏偏要走弯路呢？”禅师继续问。

学僧们七嘴八舌地议论开了。有的说，河流走弯路，拉长了河流的流程，河流因此能拥有更大的容量，当夏季洪水来临时，河流就不会水满为患了。还有的说，由于河流的流程拉长，单位河段的流量就相对减少，河水对河床的冲击力也随之减弱，这就起到了保护河床的作用……

“你们说的这些都对。”禅师点了点头，然后缓缓说道，“但在我看来，河流不走直路而走弯路，最根本的原因就是，走弯路是自然界的一种常态，走直路是一种非常态，因为河流在前进的过程中，会遇到各种各样的障碍，有些障碍是无法逾越的。所以，它只有走弯路，绕道而行。也正因为走弯路，它才避开了一道道障碍，最终抵达了遥远的大海。”

说到这里，禅师话题一转：“其实，人生也是如此。当人们遇到坎坷、挫折时，也要把曲折的人生看作一种常态，不悲观失望，不长吁短叹，不停滞不前，把走弯路看成前行的另一种形式、另一条途径，这样你就可以像那些走弯路的河流一样，抵达那遥远的人生大海。”

把走弯路看成一种常态，怀着平常心去看待前进中遇到的坎坷和挫折，你就会像河流一样，抵达人生的目标。

这里所讲的走“弯路”，更多指向经历磨难与挫折，而我更看重的是河流顺势改变流向后的柔美，即水的善变与灵活。如果家长能把这样的故事及道理通过适合孩子的方式讲述出来，并让孩子慢慢地理解蕴含在自然事物中的人生道理，孩子的心就会“软”下来，“活”起来，也就学会了走“弯路”，绕过那些无法逾越的巨石、大山，最终形成健康的生活态度和处世策略，未来也会变得顺风顺水，幸福满满。

这不仅是应对亲子关系的良策，更是孩子面对同伴、朋友、陌生人时坚实的自护铠甲，它可以让孩子在为人处世方面做到游刃有余，既不害人，也不伤己，岂不是两全之策！

我给妈妈争脸了

“你给我听好了!”

“上课给我好好听讲!”

“你给我好好学习!”

……

这些话，已经成了一些父母的口头禅，以至于随口就来却毫无觉察。然而，孩子的心是透明的、思维是简单的，这样的话一直萦绕耳边，久而久之，孩子就会觉得自己是为父母学习，为父母争优秀，为父母成长，这是一件很可怕的事情。如果孩子把自己的成长转化为父母的期待与要求，学习成长的内因就被顺利地转变为外因，“我要学”也就变成了“要我学”。于是，就有了下面母女间的对话。

压力最终不是动力。

今天下班和女儿一起回家。路上，女儿骄傲地对我说：“妈妈，这次考试我给你争脸了吧？而且我也努力得到胸章了，你是不是很开心？”我说：“你开心了我就开心。”女儿接着说：“妈妈，如果我语文学习得再认真些，成绩会更好，反正这次我给你争脸了。”这句话连着说了两次，我问她：“你怎么说是给我争脸了？”猜猜女儿是怎么回答的？“我考得好了，别人就会说，你看谁谁家的孩子，学习就是好，我可不想别人说谁谁家孩子干啥都不行。”说实话，我听完愣住了，瞬间不知道该说什么。我在心里反思，难道我给她的压力过大？随后，我笑着对她说：“无论是学习还是做其他事情，只要你尽心尽力了，无论结果怎么样，妈妈都会很高兴。别人说什么，我并不在乎，只要你开心就好。”听了我的话，女儿笑着说：“我以后还会努力学习，如果偶尔考不好你也不能给我压力。”今天很值得我反思，各方面都好强的我，无意中给孩子也制造了一些压力，压力最终不是动力，时间长了，学习会成为孩子的负担。宝贝，妈妈只希望你快乐、健康地成长！

孩子来到这个世界上，从蹒跚学步到咿呀学语，从拿勺吃饭到执笔绘画，从玩耍游戏到科学探索，无时无刻不在学习，而且这种学习是基于兴趣的学习，是因人的生命本性和认知冲突而起步的学习，也就是“我要学”。记不清从哪一天起，父母开始为自己的孩子不断预设花样繁多、难度各异的目标任务，在孩子面前树起一个个“参照物”，甚至是那些跳一跳也碰触不及的“靶子”，这让孩子感受到巨大的压力，学习的内驱力减弱，外驱力增强，“要我学”就成为孩子成长的主旋律。

孩子的学习是个性化的过程，不同的孩子适合用不同的学习方式，有着不同的学习进度，绝非同一步伐、相同节奏，因此才需要因材施教。现实却大相径庭，有的甚至背道而驰。强压下的教育让本该快乐的学习变成了任务，更成了负担，孩子开始透不过气来。当孩子几经努力也无法达到家长要求的时候，厌学、抵触情绪就会滋生、膨胀，喜欢学习就成了天方夜谭。

要让孩子明确自己不是为父母学习，首先父母要放下传统育人观念和教育方式，从孩子的视角思考和切入孩子的教育，从给孩子“喂饭”到让孩子自己动手“吃饭”，使孩子和父母都发生改变。

令人庆幸的是这位妈妈从女儿的言行中发现了问题，并深度地反省自我，引导孩子改变对学习目的的认识和态度，这是一个好的开端。

期待更多的家长和孩子走出为“争脸”而学的怪圈，让孩子主动把学习“吃”下去！

缺席孩子成长是父母极大的不负责任

前几天接到山东省教师培训中心的通知，要求我参加省培项目专家组会议，会议主题为“留守儿童的教育与指导”。

接到通知后，我心里极不舒服。

父母因为各种原因背井离乡，孩子被扔给爷爷奶奶、姥姥姥爷或其他亲属代养，这些孩子就是所谓的留守儿童。近几年来，留守儿童之所以引起各方关注，主要是因为屡屡发生在他们身上的意外事件。

为什么这些孩子会出现一些较为严重的问题呢？通过近几年对留守儿童教育问题的关注和思考，我认为问题的根源在父母教育责任的缺失，也就是父母缺席了孩子的成长。

那么，父母该不该缺席孩子的成长呢？当然不应该！然而，现实是在孩子的成长过程中有相当一部分父母缺席了。留守儿童仅是父母缺席孩子成长的类型之一，这种缺席被绝大多数父母解读为被生活所迫，有的甚至还美其名曰“都是为了孩子”，结果呢，最受伤害的是孩子。

如果留守儿童的父母的说辞还能得到谅解，那么，那些有条件让孩子守在身边却依然缺席孩子成长的父母们就说不过去了。

一种是经济富裕型。这类父母要么有钱，要么有权，家境殷实、条件优越，所以就很自然地以“上最好的学校，接受最好的教育”为由，把孩子送到寄宿制贵族学校。本应生活在父母身边的孩子就这样被父母推了出去，让教师充当了孩子的“保姆”。这些父母恰恰因为条件太优越而主动缺席了孩子的成长，在孩子最需要父母教育、陪伴的黄金期却将孩子交付给了学校和教师，这就是在推卸作为父母的教育责任。

一种是放任自由型。这类父母要么不够成熟，自己还是个“孩子”，要么单亲家庭，把孩子交由学校或老人带。说实话，这类父母还不具有养育孩子的能力，缺席孩子的成长成为必然。

一种是忙碌忽视型。这类父母要么身兼要职，专注于自己的事业，要么工作压力大，加班加点成为生活常态。孩子已经被他们的工作挤压出了生活，他们成为影子爸爸、影子妈妈，与孩子基本没有高质量的情感交流。

孩子不仅有生理方面的成长需求，还有心理方面的发展需求，两者都不能被忽视，尤其是在生活条件大大提高的今天，孩子的心理成长与发展尤为重要。如果父母没有承担起自己的教育责任，孩子在成长过程中往往会出现这样那样的问题，最终成为“问题孩子”。到那时，再多的金钱、再多的陪伴，也是无济于事的，因为任何人都无法让孩子回到从前。

我们经常看到一些兢兢业业的工作者，他们在工作中积极地发现问题并解决问题，努力使自己在某个领域叱咤风云，成为领军人物或成功人士。不过，当孩子教育出现问题后，任何事业上的成功在孩子面前都显得那样苍白无力。

请记住，孩子总有一天会成长为独立的个体，建立自己的家庭，拥有自己的生活，而这中间，他们只是父母原生家庭的一个“过客”，父母能陪伴的只是他们人生中的一小段，倘若不珍惜，将会成为一辈子的遗憾。

父母们，为了孩子，更为了自己，绝不能缺席孩子的成长！

有一种爱叫放手

所谓父女母子一场，只不过意味着，你和他的缘分就是今生今世不断地在目送他的背影渐行渐远。你站立在小路的这一端，看着他逐渐消失在小路转弯的地方，而且，他用背影默默告诉你：不必追。

——龙应台

这样的一幕在一位妈妈的亲子日记中淋漓尽致地呈现了出来。

吃过早饭，儿子主动提出自己走着去上学，以前也提过好几次，我不放心所以一直没有答应他，总感觉孩子还小，路上不安全。这次他的语气很坚定：“妈妈，我不是小孩子了，我一定能做好的，您就放心吧。”我只好答应了他，不过有个要求，要在他后面远远地跟着，他做出很无奈的样子。出了门，他走得很快，想跟我拉开一段距离，我知道他的想法，便远远地看着，与他保持着一段距离。在过红绿灯的时候，我的心提到了嗓子眼，尽管以前教了他无数次过马路的方法，可这次毕竟是他要独立去面对，我的心慌得不行。灯绿了，儿子左看看，右看看，走了过去。走到安全地带，他回过头来跟我摆了摆手，挺高兴的样子，可能是他感觉自己终于可以独立完成一件事，挺自豪的吧。我也为儿子高兴！

经过无数次的历练才能承受起更大的风浪，该放手时就放手。

其实，很多时候不是孩子不能做到，而是家长不敢放手。家长之所以不敢放手，原因有很多，而聚焦点往往会落在两个方面：一是认为孩子还小，缺乏自理能力，担心孩子做不到，这是低估孩子能力的典型表现，属于主观认识方面的原因；二是认为社会环境恶劣，孩子离开了家长的保护会有较大的安全隐患，这是高估社会风险的典型表现，属于客观环境方面的原因。这两方面的因素，导致家长在养育孩子的过程中战战兢兢、如履薄冰。当家长的心理安全感大大降低时，随之而来的就是行为上的过度保护，直接的后果就是孩子视野变窄、生存本能退化、实践能力不足，对孩子未来适应社会和参与竞争是极其不利的。

那么，在现实的社会环境下，如何做到两全其美呢？这位妈妈在亲子日记中描述的“尾随”方式就是一个折中的策略，既能放开孩子让其自我成长，又能使孩子得到适度的保护，这就是我们提倡的“远远望着孩子走进他的生活”。

这就是有保护的放手！

还有一种放手叫“我相信你能行”。就是给孩子以充分的信任，鼓励其大胆尝试。另外，家长要懂得：放手不是放任，要给予孩子一定的引领和指导。再来看看一位爷爷的亲子日记。

今天是周末，下午我领着两个孙女在广场玩。她们两个每人骑一辆童车。回家的路上，有一段台阶，需要将童车搬上去。大一点的孙女喊：“爷爷，我搬不上去，爷爷给我搬。”呵呵，一枝不动，百枝不摇。小点的孙女也喊了起来，闹着要让我搬。

我沉思片刻，没有答应帮她们。我知道，搬着这样长手柄的童车上台阶，对不足四周岁的孩子来说确实有困难。但是，只要孩子搬动时方位正确，将童车搬上台阶也是可能的。于是我停下脚步问孙女们：“为什么要爷爷帮你们?”她们两个都说“不好搬”。“爷爷示范一下怎么搬，然后你们自己想办法把童车搬上台阶，好不好？看谁第一个搬上去。”听了我的话，她们两个都想试试。

我示范了一下，和孩子们说明了搬的时候要把手放在童车的哪个位置。她俩听得很认真，看得也很仔细。小手摆弄了一番后，两人各自搬着童车一步步地向台阶上走，我在后边喊着：“加油！加油！”她们差不多同时爬上了台阶。

上了台阶，我喊了一声：“孩子们，只要你们努力，就能将童车搬上台阶，看你们多棒！”

孙女们笑着说：“爷爷，爷爷，我们很棒！”

家长适时地鼓励孩子，放手让孩子独立完成力所能及的事情，对培养孩子的自理能力和自信心是大有裨益的。

一位智慧的爷爷，在为孩子们提供了示范之后，鼓励两个孙女搬车上了台阶，并在孩子们完成后及时给予赞赏，让孩子体验到成功感、喜悦感，这不仅锻炼了孩子的自理能力，还让她们自信满满！

这就是有指导的放手！

有保护、有指导，这样的放手才是具有智慧的爱，才是理性的爱。在这样的关爱下，孩子的成长、发展才是健康的、自由的。

爸爸“回家”了

父亲缺位是中国家庭教育的痛！在家庭教育中，大多是母亲在“唱主角”，在教育孩子上的付出远远多于父亲，从而导致家庭教育中父亲缺位，成为家庭中的“影子”。

2016年10月发布的《中国家庭教育现状》白皮书显示，父亲主导教育的家庭不足两成。另据调查显示，60.7%的网友认为现在的孩子缺失父教，40%的人则表示父教缺失的最大原因是父亲不知道该怎样教育孩子。

女主内，男主外，是中国古代社会遗留下来的、根深蒂固的家庭观念。孟母三迁，择善邻而居；岳母刺字，成千古绝唱；孔母教子，育万代师祖……历史上众多母亲用心良苦教育子孙，令世人屡屡击节叹赏。母性教育，是华夏文明生生不息的渊源。然而，正是因为这样的家庭教育观，使得父亲的作用被边缘化，变成了辅助角色，有的直接被忽视。在学校组织的各种需要家长参加的会议、培训、课程中，也很难看到大批爸爸，开会和学习成了妈妈们的专利。爸爸这个角色在家庭教育中的地位和作用得不到应有的重视，这是培育孩子健全人格、促进孩子茁壮成长的一大误区。

完整的家庭由爸爸、妈妈及孩子组成，完整的家庭教育也应该由爸爸、妈妈共同实施。妈妈的角色特点是温柔慈祥、柔软平和、感情细腻，感性重于理性。而爸爸的角色特点是阳刚坚毅、果敢理性、宽严相济、勇于承担责任、勇于挑战、不怕困难等。爸爸的品格是孩子优秀品质和搏击风浪的勇气的源泉。

由此看来，爸爸在家庭教育中的地位是不可忽视的，作用是不可替代的。在一个家庭中，如果爸爸意识到了家庭教育的重要性，并付诸实践，孩子的健康成长就指日可待了。

基于以上思考，我们在推进家校合育工作的过程中，特别提出要关注父亲们的“回家”之路，积极探索引领父亲们走近孩子的方式方法，亲子日记就是这样一个工具。令人欣慰的是，已经有相当一部分父亲开始碰触亲子日记，并开始“回家”。

看了家校交流群里家长们的日记，我的眼眶不由自主地湿润了。

是的，不得不承认自己陪儿子的时间太少了，自他上幼儿园后，基本上就没我什么事了。我真不是一个合格的父亲。现在回想起来，真是愧对孩子，愧对妻子。心里难受极了。

我有时候会因为工作方面的烦恼和压力，把火气带回家，妻子还能理解，可儿子呢？我只看到他脸上的恐慌和委屈。

这个家校交流群真好，让我有了一定的自制力。每次看到其他家长的日记、言论我都有所感触，促使我不断反省。现在儿子不怕我了，如果我下班回来得早，就会陪他打打球、玩玩扑克牌，或带他出去溜达一圈，自己仿佛年轻了十来岁，人也轻松了许多。

许多家长都说要“静待花开”。儿子，如果你是待放的花蕾，爸爸愿意做最最接近你的那片绿叶！

来看看另一位爸爸的改变。

早上，练完瑜伽洗澡出来后，看见儿子在饭桌上安静地吃早餐，老公在书桌上写着什么。凑近一看，咦，太阳从西边出来了！老公居然写起了亲子日记，我心中一阵窃喜。

这真得感谢学校给我们家长提供了亲子日记这个平台，使我们能够每天在这个平台上阅读武校长的教育感想。老公从一开始的好奇，到现在的行动，就是一个很大的转变。

用日记的形式把每天的亲子教育故事记录下来，这个过程也是一个反思的过程！

当“回家”的爸爸越来越多，焦虑的妈妈就会变得情绪平和，家庭也就慢慢恢复了应有的样态。家庭的变化，就是从这一点一滴的改变开始的。爸爸回归家庭，能从根本上解决家庭生态环境“失态”的症结，是家庭之福、孩子之幸！

最好的教育是与孩子一起成长

家奕妈妈是清平小学的“明星家长”之一，在她身上我们看到了相信与坚持的力量。在253天前，她做出了一个决定——写亲子日记。从那天起，她一步一个脚印地走下来，未曾停止，也不曾懈怠，就这样，她成为陪伴我天天写碎思的家长之一。可以说，她与其他坚持写亲子日记的家长们是推动我坚持下来的力量。

今天，是她坚持写亲子日记的第253天，让我们静下心来好好品读一下这篇亲子日记，看看这位妈妈在这一天都经历了什么，想到了什么。

新的一周开始了，又是收获满满的一天，我心里有说不出的喜悦，孩子每天都在进步，每天都有收获，相信一定会越来越好的。

上午王宸妈妈来我家做客。因为忙着工作，没时间跟她聊天，她说不用我陪，有我家大宝陪着就行了。我发自内心地感谢清平小学，让我们相识，让我们结交了很多知己，真的好喜欢我们清平小学的家人们。等我忙完工作差不多11点了，陪王宸妈妈聊了会儿天，说到昨天她们班组织的亲子游，真的很佩服王宸妈妈，她真是太棒了，我一定要好好向她学学。

午饭后，大宝要求我帮她扎个辫子，我毫不犹豫地答应了。给大宝扎好辫子后，我就开始了读书。大宝一看我在读书，立马说“我也要看书去了”，中午的时光就这么过去了。

今天读到了“换个角度看孩子”的内容，是啊，每件事情都有两面性，更何况是我们的孩子。如果只看到孩子的缺点，如做作业拖拉、爱玩、不听话等，却看不到孩子的优点，我们就会放大孩子的缺点，忽视孩子的优点。从现在开始，让我们换个角度去审视孩子，每个孩子都有他的闪光点，多看看孩子的优点，我相信孩子一定会越来越棒的！

下午朋友来我家玩，跟朋友聊了一下午。她说每天都会看我们写的亲子日记，“偷着”学习我们教育孩子的经验。我笑着说：“你只偷着看我们的，啥时候也让我们看看你的？”我知道有很多家长每天都会默默地关注亲子日记，如果我们写的日记可以帮到你，那真的是我们的荣幸。

下午大宝放学回来后就主动写作业，写完作业跟若飞一起去看演出了。现在大宝真的是越来越独立了，趁这个时间先把亲子日记写了，写完日记马上开始工作。最近工作有点忙，明天继续加油！

还记得家奕妈妈日记中写到的王宸妈妈吗？她的亲子日记也积累到了250多篇，与家奕妈妈的日记篇数可谓旗鼓相当，不相上下。一起看看去！

好久没见家奕妈妈了，今天上午决定去家奕家做客。家奕妈妈在忙，婆婆和大宝陪我聊天。家奕妈妈忙完后我们聊了我们组织过的活动、我们参与过的事情、以后我们要如何共同前进……不知不觉到了中午，我就告辞回家了。

中午孩子放学后，我忘记了问今天升旗仪式上武校长讲了什么，孩子也没和我主动说，以后要注意沟通了。午饭后我给孩子读书，他听着，一会儿就睡着了，下午精神饱满地去上学。今天晚上我上班，爸爸有事情，孩子是自己独立完成作业的。生活中处处都有教育，处处都能让自己和孩子进步。

看这两位妈妈的心态，已经阳光得不得了了。喜悦当下，憧憬明天，相信明天会更好，这样的期待和气场一定能影响身边的家人和朋友。

最令我感动的是妈妈忙，孩子也忙，所不同的是各忙各的分内之事，这何尝不是更高层次的陪伴？家长放任，孩子就走向放任，家长自律，孩子就学会自律，就这么简单！

另外，从王宸妈妈的亲子日记中读到了她和家奕妈妈的聊天内容——家校合育工作。这就是清平小学成长起来的家长们，他们已经不再拘泥于教育自己的孩子这个小圈子里，而是看得更远、更广了。

而这一切，源自家长与孩子的一起成长！这就是最好的教育！

妈妈今天不舒服

每次家长课程结束时，我都会给听课的家长们留“作业”，其中常有“让家长在孩子面前‘示弱’，然后静观孩子的表现”这样的“作业”。从反馈结果看，绝大多数家长都会看到不一样的孩子。

这项“作业”要求家长在当天“装”一次“弱”，或听课坐累了，或天热中暑了，或天冷感冒了，也算是一个“善意的谎言”。前天，有位妈妈真的身体不舒服了，我们一起去看看孩子做了什么吧！

今天我身体有点儿不舒服，把小雨接回家就躺下了。小雨说：“妈妈，您生病了，做完作业，我做饭。”

不到20分钟，小雨就把作业做完了，而且没有出错。我说：“小雨，你今天的作业做得特别好。你真棒！”听了我的夸奖，小雨很开心，紧接着对我说：“妈妈，我先蒸上米饭，再做鸡蛋饼。”

鸡蛋饼不好做，于是我把做鸡蛋饼的步骤详细地给她说了几遍。

第一个做得太厚，还弄碎了。第二个、第三个……总算把鸡蛋饼做完了。小雨说：“妈妈，姥姥做的鸡蛋饼又圆又大，还特别薄，为什么我做的不仅厚还不圆？”

我想孩子要多表扬才行，于是对她说：“以后你多做几次就好了，你第一次做就比你爸爸做得好。”小雨高兴得合不拢嘴，还特意夹了一块送到我嘴里，女儿做的鸡蛋饼就是好吃。

“不错，今晚的饭特别香。”爸爸一边吃一边赞叹不已。

家长们，武校长说得不错，对孩子要早点放手，要多表扬，这样孩子才能更优秀。希望小雨继续努力，做个各方面都非常优秀的孩子。

孩子天生具有很强的学习能力，在他们身上有太多“宝藏”了，父母“示弱”就是打开“宝藏”的钥匙。父母强孩子就会弱，强势的父母们可能会给孩子以安全感、助推力，但同时也会使孩子产生依赖性，自视弱小，大大削弱孩子独立面对这个世界的能力，进而导致孩子走向自卑、封闭，未来在社会上、群体中“站”不起来。这样的爱，我们称之为“害”。

今天这位妈妈示的“病态”之弱，因为身体原因不能做饭，这就打破了原来家庭生活的稳态，给孩子制造了展示的机会，于是孩子主动做饭，让妈妈看到了“示弱”后的惊喜。

另外，我想说，在父母“示弱”的过程中，孩子不仅会变得强大起来，更重要的是，对父母的爱也会慢慢孕育生长出来。

那么，作为父母，还有哪些可以示的“弱”呢?

一是示“无能”之弱。作为成年人，人生经历、处世能力、学业基础大都在孩子之上，当孩子遇到问题时，总习惯于求助父母。而父母呢，往往会倾其所有并竭尽全力施以帮助。这便导致孩子一有困难就向父母求助，自理、自立能力得不到培养。智慧的父母应该学会“装聋卖傻”，在孩子面前表现出无能，把解决问题的责任推到孩子身上。例如，孩子在做作业时遇到问题，父母不要简单地把正确答案直接告诉孩子，而要装作自己也搞不懂，和孩子一起寻找解题的方法，并让孩子把正确的解题方法讲给自己听，让孩子获得成功感，体验成功的喜悦，慢慢地，孩子的自信心就会得到提升。

二是示“胆怯”之弱。父母总习惯于保护孩子，却没有想过让孩子保护父母。实际上，父母应培养孩子敢承担的精神和能力，从而培养孩子的勇气。譬如在社区里遇到狗时，妈妈可以在孩子面前表现出紧张、不安，这时候孩子尤其是男孩子就会勇敢地挺身而出，用自己的方式保护妈妈，男孩子所特有的保护欲就会被培养起来。

在与孩子相处的过程中，父母的“示弱”形式多样，不要拘泥于前面谈到的几点。

请记住：善于示弱的父母，会收获意想不到的惊喜！但父母的示弱不是软弱，恰到好处的示弱需要智慧！

莫在孩子伤口上撒盐

昨天晚上，看完一位妈妈的亲子日记，我的心情有些沉重。

在武校长开讲座之前，我家的孩子在学校犯了一些错误，总觉得孩子犯错给父母丢脸了，特别不好意思进校门，有点纠结到底去还是不去。和其他家长沟通和交流了之后，为给自己一个正视孩子犯错的机会，我特地请假参加了。

当孩子成了父母的“脸皮”，他们的所有表现便与父母的“脸面”连接在了一起。“给我好好学!”“怎么这么不争气!”诸如此类的话就成了父母的口头禅。因为觉得孩子犯了错，自己脸上无光，所以不好意思去学校听讲座。这样的现象在许多家长身上存在，归根结底就是虚荣心作祟。

听了武校长的讲座之后，我感到非常惭愧，原来自己是一个不合格的母亲。平常由于上班忙对孩子关心很少，很多事情都是他自己独立完成的，我没有尽到责任，没有多抽出时间辅导孩子，反而经常责骂孩子，孩子心里应该也很委屈，只是尊重我才没有说出来而已。慢慢地，孩子变得沉默寡言，没有以前那么活泼了，在做一些事情之前也不和父母商量沟通了，这才导致了他这次在学校犯了错误。

那天他放学回来后，我没有控制住自己动手打了他，边打边骂孩子不争气，给父母和班级及学校丢脸了。孩子伤心极了，控诉道：“整天就知道骂我，要不就打我，放学回来我都是自己一个人在家，你们都没有时间陪我、带我出去玩，都没有给我讲过道理，没有听听我怎么想的。打我、骂我有什么用？犯错了改过来不就好了嘛，下次我不这样就行了。”听到孩子说出这样的话，我后悔极了，但凡我懂得站在孩子的立场去思考问题，理解孩子犯错的原因，就不会让孩子受这样的委屈了。就像武校长说的那样，孩子犯错后，本来幼小的自尊心已经受到了伤害，而我这个当母亲的还在伤口上撒把盐，更刺痛了孩子的心。回想起自己对孩子的种种行为，我非常自责，一定要郑重地对孩子说一声：“儿子，对不起，是妈妈错了。”……

一次唤醒式家长培训，旨在打破固有的教养孩子的传统观念，使父母树立正确的儿童观、教育观、人才观，重建新型的亲子关系、家校关系，这样的家庭教育观念更新很重要。这位妈妈很认真地参加了培训，并开始

反思自己之前的言行举止与教育方式对孩子成长造成的影响，这就是觉醒，这就是顿悟，更是从“你的原因”到“我的原因”的巨大转变。

当然，促使妈妈观念转变的还有一个更重要的原因，那就是儿子在巨大压力之下的反抗式哭诉，被责罚的痛楚感与缺少陪伴的孤独感把孩子推向了窘境，导致了孩子今天的样子。孩子发自内心的带着怨气的话刺痛了妈妈的心，成为唤醒妈妈教育智慧的最强音。妈妈开始换位思考，看到了自己的不当言行在孩子身上的投射，也发现了解决问题的方法，并在当天的亲子日记中做出了承诺。

接下来我要做的就是尽量抽出时间让孩子来陪陪我，多跟孩子进行一些亲子活动，改变自己对孩子要求过高的教育方式，耐心辅导孩子写作业，总之就是树立一个好妈妈的形象，尽最大努力弥补之前对孩子缺失关心所造成的伤害。

“让孩子来陪陪我”，而不是陪孩子，这就是我在讲座中解读的新型亲子关系之一——孩子是陪伴父母并促使父母走向成熟的那个人。孩子的到来让我们拥有了做父母的权利，并在抚养孩子的过程中学会了如何做父母，更加深刻地理解了家庭对每个人的意义，懂得了人生的价值所在。因此，父母应该换一个角度看孩子，当我们的思维方式转变了，行为方式也就改变了。

同样的境遇也发生在另一对母子身上，看看他们是怎么做的吧！

听了武校长的精彩讲座，我开始反思自己，原来我不懂怎样教育孩子，一不合意，非打即骂。这也许是很多家长的通病，导致孩子很少跟家长分享自己的喜怒哀乐，尤其是在检查作业这方面。儿子常常一回到家就关上门写作业，写完后也不让我检查。我每次与他沟通，要督促和检查他的家庭作业时，他都露出一副不屑的表情，让我又气又恨。每次的家长签名他都会让他爸签（他爸对他的学习不闻不问）。

现在我懂了，要先改变自己，才能去改变儿子。今天好说歹说儿子愿意拿出作业来让我检查了，前提是不准再打骂他。“好的，孩子，妈妈知道错了，妈妈以后一定改正。”听我这样说，他的脸上才绽开了笑容！我已经把他爸也拉进了家校合育群，希望我们能慢慢改变，从而带动孩子改变！期待吧！

我也期待着，希望更多的家庭发生改变！

一个凌晨时分的求助

中国家庭教育问题之一就是焦虑的妈妈。当然，这一问题与缺位的爸爸密切相关。当爸爸或主动或被动地成了家庭中的“影子”时，教育孩子的重任就压在了妈妈身上，身单力薄的妈妈会因孤军奋战而陷入孤独和不安全中，自然也会将这种情绪带入教育孩子的过程中，用让人窒息的爱和焦虑将孩子裹挟起来，造成孩子和妈妈之间的过度依赖。

一位外地学校的妈妈，在凌晨给我留言。

武校长，您好！这么晚，打扰到您了，我实在是没有地方倾诉。我的孩子上三年级，40分钟之前也就是12点才写完作业。针对她写作业慢，我没少想办法，鼓励、表扬、奖励、说教，有时还打两下，但第二天还是如此。您说我该怎么办呢？我每天坐在旁边陪她学习，陪她写作业，她还是那么慢。希望您能帮帮我，我应该怎么做呢？孩子的教育不比其他事情，做不好没有重来的机会，一旦教育方法不当，将会影响孩子的一生。我跟孩子好好聊过，觉得道理孩子都懂，但就是言行不一。

读完留言，抬头看了一眼墙上的钟表，已经一点了。在这个万籁俱寂的凌晨，一丝沉重感袭上心头。

换位思考，如果换作我们，在深夜12点还陪着孩子写作业，会是怎样的心情？一方面担心孩子睡眠不足影响身体发育和心理健康，另一方面又在为孩子的学习而倍感焦急。这位妈妈在这样的时间向我求助，其心情可想而知。

显而易见，这位妈妈正处于极度焦虑与不安之中。试想，在这样的焦灼状态下，妈妈能平心静气地陪伴女儿学习和完成作业吗？

中华文化博大精深，对教育的解读也富含“教化”的内涵与意蕴，特别强调“化育”功能，“化”人于不知不觉，“育”人以潜移默化、润物无声，即不言之教、无为而为的教育境界。

然而，当下的教育现状是不容乐观的，甚至是令人深深担忧的。因为，教育的“化育”功能已经消逝了，没有了“化”的含义，找不见“育”的影子，教育被异化成赤裸裸的竞争与死板的标准化，规范的模式将教育拖拽到机械训练、制度管教的泥潭中不能自拔，最终将教育从随风潜入夜的“温暖”推向你争我斗的“冷酷”境地。

这最终会导致“唯学校是教”的单一化教育模式蔓延到家庭的角角落落，甚至会影响到整个社会，家庭、社会或主动或被动地被捆绑到这驾“战车”上。于是，家庭教育、社会教育阵地“失守”，让位于学校教育，同时倒逼自身变成学校教育的“帮凶”。如此一来，学校教育就被推上了风口浪尖，过度的期待、关注与加倍的责任、负担接踵而至，聚沙成塔下的学校教育已经不堪重负，最终走向“言教育必学校”的怪圈。这样的教育生态之下，过度竞争与厌学成为校园常态；家长成为考试“助推器”，游走于各种培训班、辅导班，为孩子学业的提升奔波，以期让孩子赢在“起跑线”上……作为家庭教育的人性育化的目的与功能几近磨灭，何谈生命灵动与人生幸福！

家庭教育，已经到了回归责任的时候了。令人欣慰的是，很多家长已经开始了改变！

今天孩子班级的“俗语儿歌大王争夺赛”落下了帷幕，孩子们都有了自己的称谓，都得到了奖励。这一次孩子得了“大队长”，相比上次的“大王”而言，这次的成绩并不是很理想，要是放在以前我会劈头盖脸地训他一顿。现在，我发现我真的改变了，我和孩子爸爸都没有训他，而是心平气和地与他共同分析原因。爸爸说比赛前没有和他好好研究、好好切磋，劝他不要气馁，并告诉他：“都要先经历优秀的‘士兵’‘大队长’‘大将军’才能成为一个真正的‘大王’，而一个优秀的‘大王’下面必定有一批更优秀的‘士兵’，这样才是一支优秀的队伍，而这个优秀的‘大王’就好比你们的老师，而你们就是最优秀的‘士兵’，我们家长也是优秀的‘士兵’，所以我们是最优秀的班级！”交流之后，孩子没有了消极态度，说以后要好好和爸爸切磋！当孩子出现问题时，家长一定要与他一起解决。

当父母的情绪平和下来，当家庭教育回归本位，一切都会慢慢好起来的……

让孩子远离手机诱惑

孩子迷恋手机，是困扰众多家长的一个难题。当手机成为现代家庭中的必备品时，也随之成为孩子们触手可及的“高档玩具”，导致部分孩子过多接触手机及手机游戏，这对儿童的身心发展必然会造成一定影响。

如何让迷恋手机尤其是沉迷手机游戏的孩子放下手机，走出诱惑呢？很多家长采取了较为极端的应对措施。然而粗暴的封堵、遏制导致了孩子强烈的逆反情绪，有的孩子甚至采取了“以暴制暴”的极端方式，最终酿成人间惨剧。

今天，一位家长的亲子日记就谈到了孩子迷恋手机的问题，他们摸索出一个行之有效的解决办法，让我们先来看看他们是怎么做的吧！

这几天孩子放假，所以稍微让他自由放松了一下。孩子对手机很迷恋，总是抽空就偷着拿手机去玩。如果他很安静地在一个地方待着，那十有八九就是在玩手机游戏，为了这个我愁得不行。游戏我删了很多次，他也下载了很多次，防不胜防，我手机的功能他比我还清楚。

昨天带孩子去爷爷家，他一直躲在房间里玩手机游戏。让他写作业，他写完一点儿就找我要手机，非要玩会儿，不给就生气不写作业。于是爸爸带他去爷爷的果园摘杏。孩子摘的时候，很开心，摘了不少，也没嫌热。摘完杏在果园旁的小河边洗手时，他和爸爸又发现了很多小鱼，他就和爸爸捉了起来。爷儿俩配合着抓鱼，孩子在水里跑来跑去，很快乐。我就逗他：“给你手机玩游戏吧。”他说：“我才不玩呢。”一直在水里忙活着。

我发现，有好玩的事物或者玩伴以后，孩子是不玩手机的。玩手机，是孩子空虚无聊的表现吧。

想想我们大人，也总是有事没事拿着手机玩，天天离不开手机，孩子是受了我们的影响啊！

让我们放下手机，多陪陪孩子，多一些亲子时光，这样他还会迷恋手机吗？

妈妈口中的儿子对手机特别迷恋，几近上瘾的地步，“总是抽空就偷着拿手机去玩。如果他很安静地在一个地方待着，那十有八九就是在玩手机游戏”足以说明其着迷的程度。而且，儿子对手机的迷恋还成为亲子之间出现摩擦的导火索。

妈妈肯定尝试了很多控制其沉迷手机游戏的办法，其中就有删掉游戏程序，而在“后喻文化时代”大背景下，父母已经不是孩子的对手，他们还会下载。因此，面对孩子迷恋手机游戏的行为，家长们已经是黔驴技穷、束手无策了。

然而，一次与孩子一起回老家的经历——摘杏与捉鱼，让父子来了一次亲密接触的亲子活动，也让母亲看到了改变孩子的机会，恰有柳暗花明又一“招”之感。

那么，是什么引起了儿子的改变呢？当然是孩子兴趣的转移和父母的陪伴。

当下，要么因为孩子是独生子女而缺少玩伴，要么因为父母关注工作而使孩子遭受冷落，导致孩子在生活中成了“孤家寡人”。父母忽视陪伴孩子，很少与之玩乐、分享快乐与烦恼，久而久之，容易导致孩子产生孤独感、无助感。在这样的情况下，很多孩子开始寻找自己的关注点、兴趣点，开始借助其他事物来获得心灵补偿，就这样，手机、网络、电视等就成了“救命稻草”，成为他们最为主要的“伙伴”。当这样的依赖发展为“病态”，“手机控”“电视迷”就一个个被培养了出来。

今天，这对父母因为一次偶然的机会，发现了孩子新的兴趣点，并形成了“用新的兴趣替代原有的兴趣”的有效教育策略。承担孩子教育责任的家长是孩子生命中的“重要他人”，应该毫不吝啬地把爱与陪伴给予孩子，多与孩子交心，了解孩子的所思所想，多站在孩子的角度思考问题，这样才能真正走进孩子的心中，聆听孩子的心声，才能真正把握孩子的兴趣点，进而跟上孩子成长的节奏。

除了兴趣点的转移和父母的陪伴外，这位妈妈还意识到一个问题，那就是榜样的作用。要想让孩子放下手机，父母必须在孩子面前不玩手机，给孩子做好榜样。放下手机，多看看书，多陪陪孩子，多组织一些全体家庭成员参与的亲子活动，会更有利于孩子的成长和家庭的幸福。如果父母能做到这一点，孩子的改变一定会更明显！

当然，要想完全将孩子与手机、网络隔离开来也不现实，更不应该，毕竟他们已经身处这个人类文明阶段，他们必然要掌握与这个时代相适应的各种本领，要不然就会被这个时代所抛弃。

面对这些即将或已经超越了父母的孩子，面对这个瞬息万变的时代，作为父母，要想教育好孩子，没有点智慧是万万不行的！

当孩子摔坏了体温计

一位轮值的妈妈在亲子日记中谈到了同班一位妈妈和女儿之间发生的事。

老师读了晓宽妈妈的日记后，让晓宽同学讲了事情的经过，并让全班孩子们去讨论：假如你们家发生了这样的事情，自己的妈妈会怎样做？请你们回家对自己的妈妈讲讲发生在晓宽和妈妈之间的事，看自己的妈妈会怎样做。通过自己写亲子日记和看别人的亲子日记，我学到了很多。假如事情发生在自己孩子身上，我会如何处理呢？

我这“囫囵吞枣”式的转载，估计让大家丈二和尚摸不着头脑，搞不清楚到底母女间发生了什么吧？那就让晓宽妈妈来复述事情的经过吧！

今天，得到孩子的授权，说我可以把她做的一件错事写进亲子日记！没想到孩子会主动这样说！

事情发生在晚餐快结束的时候！我这几天不舒服，嗓子疼、发烧，打算吃完饭测一下体温，看看要不要去输液。闺女见我不舒服就想学着我照顾她的样子来照顾我，抢着去拿体温计，又学着我的样子甩了甩，这一甩不要紧，甩到了桌边，体温计碎了！更糟糕的是，小宝就在旁边，体温计中的水银落到了小宝身上一点儿。我赶紧让他们离开桌边，然后拿着工具一点一点收集，毕竟水银是危险物品啊！

我趴在地上细细地看了好几遍，开窗通风后才算放心了！这期间我都没说孩子一句，只是在不停地忙着清理。孩子在边上没敢插手，我也不让她插手。快收拾好的时候，孩子跟我说：“妈妈你别这样，我怪害怕的。”

当她好心办了坏事之后，虽然我没说任何责备的话，但孩子从我的反应中知道了事情有多糟糕，或许以后她还会犯错，但我相信她记住这次错误了！

不过这次错误也让她知道了水银的样子和特性，有得有失吧！

晓宽母子间发生的这件事，让我想起了之前看到的一个故事。

一天，小男孩葛雷打开冰箱去拿一大瓶牛奶，由于瓶子很滑，他失手把这瓶牛奶掉到了地上，牛奶溅得满地都是。妈妈闻声赶到厨房，看到眼前这片“触目惊心”的牛奶海洋，大声叫了起来：“哇！我从来没见过这么大的牛奶坑!”令葛雷意想不到的是，妈妈的叫声里没有一丝愤怒，只是充满了惊讶。“反正现在我们没有办法痛饮这瓶冰爽、香浓的牛奶了，如果再不在上面玩一会儿的话，岂不是更可惜?”妈妈不但没有对儿子大发雷霆，反而让他继续“造反”，在牛奶上玩耍。玩清水对一个小男孩来说就已经够有诱惑力了，更何况是玩牛奶?葛雷当然愿意了，他在上面又蹦又跳，痛痛快快地玩了好几分钟，直到他玩累了。

妈妈看儿子玩得差不多了，就问儿子：“好吧，既然这场混乱是你造成的，现在就请你把这里收拾好。清理这里需要一块海绵、一条毛巾或是一只拖把。你想要哪样?”葛雷选择了海绵。在妈妈的帮助下，葛雷将打翻的牛奶清理得干干净净。

妈妈又说：“我们已经在用两只小手去抓一个大牛奶瓶的事情上有了失败的试验，我想我们应该想个办法重新试一次。”于是，妈妈把刚才那个瓶子装满了水，和葛雷一起到院子里练习拿瓶子。最后，葛雷终于可以紧紧地抓住瓶子了，因为他发现了一个秘诀：只要抓住靠近瓶嘴儿的地方就可以了。

在这次事件中，葛雷的妈妈尽管也可能会像大多数家长那样可惜洒掉的牛奶，但在牛奶和儿子之间，她把儿子看得更加重要。“没什么大不了的”是她面对突发事件时的心态，这样的心态让她在孩子出现问题时能够冷静下来，保持情绪平和。这位妈妈深谙“父母的情绪平和是对孩子最好的教育”的道理。

一个原本被我们以为会骂声哭声一片的“疯狂战场”最后竟有如此令人皆大欢喜的结局，这大概是只有善良智慧的母亲才能导演的“剧情”吧。这位善于把精力用在关爱孩子情感、解决孩子问题上的母亲能够成就一个怎样的孩子呢?

后来葛雷成长为一名具有重要医学成就的科学家。葛雷后来回忆这件事时说：“那件事不仅让我以后再没有打翻过牛奶瓶，还使我明白犯错并不可怕，关键要从错误中汲取经验、学到新东西。”

当孩子出现失误或错误导致财物损失时，父母要明白孩子和财物孰轻孰重，孩子的教育与心灵成长比任何财物都重要得多。更重要的是，事情已经发生了，造成的损失已经无法挽回了，再责备孩子也无济于事，我们更不想看到用一个破损的物品再去撞碎孩子美好的心灵。所以，事情发生后，父母要做的就是让孩子在这件事中学会更加合理、科学地处理及应对，最终达到“不贰过”的目的。

今天将亲子日记和葛雷的故事合并起来品读，就是想让更多的家长意识到亲子日记作为“镜子”的价值，因为它让更多的家长、教师开始反思自己的教育方式，这难道不是一个很好的教育参照模板吗？

当孩子摔坏了体温计，教育的契机就出现了……当教师、家长开始关注并撰写亲子日记，家庭教育的深入探索也就开始了……

智慧妈妈培养出优秀的孩子

陶行知先生主张“生活即教育。是好生活即是好教育，是坏生活即是坏教育”。生活中时时处处、事事物物都存在教育元素，生活本身就是教育的训练场，关键是你有没有发现教育元素的眼睛，有没有运用这些教育元素的智慧。

早上睁开眼就看到班级群内孩子们做家务的照片。洗衣服、刷鞋子、做饭，孩子们都太棒了！当妈妈们放手后，就看到了孩子们最棒的一面，超出我们的想象。

一年级的小学生，在清平小学已经不再是“小孩子”，他们已经开始了自理自立能力的培养。家长不要总自以为是地认为孩子做不到，他们已经能够做到很多，只是我们做父母的还没有意识到这一点而已。不要再捧在手里了，那样的溺爱只会成为对孩子无法挽回的伤害！

昨天孩子就把作业做完了，今天是开心玩耍的一天。我与孩子一起看班级群内的信息，孩子看到后说：“我要做什么呢?”然后看了看昨晚泡的衣服，说：“我洗衣服吧!”

为什么要让孩子看班级群内的信息呢？这就是妈妈的教育艺术：让孩子亲眼看到他人的做法，然后激发其“我也要”的内驱力。

吃过早饭后他就开始下手洗了，我负责拍照。孩子洗红裤子的时候对我说：“妈妈你看，水都变成红色的了。”

我问他：“为什么呢?”

他说：“掉颜色了。”

我说：“要是和白色的衣服一起洗会怎样?”

孩子说：“白色的衣服会染上红色。”

我说：“对，深颜色的衣服在洗涤时会掉色，不能和浅颜色的衣服在一起洗，要分开，不然衣服就变成‘大花脸’，不能穿了，这就是昨天晚上妈妈让你把衣服分开泡的原因。”

妈妈给孩子上了一节课。这节课不是在学校课堂上，也不是专设的家庭课堂，而是在生活中、在洗衣服的过程中。这样的生活知识是在动手做的具体情境中学到的，这种多感官、多维度互动的学习方式比单向的讲授式学习更容易被孩子接受和理解，并能深深地印在其脑海中。

孩子边洗衣服边背古诗，有几首不是很熟悉，洗完衣服后，我和孩子一起复习了那几首古诗。孩子说："全部记起来的感觉真好。"接下来就是和孩子打游戏的时间了，我问他武校长让玩多长时间，他说20分钟。那好，来吧，开战！时间到了，孩子主动关了电脑。

教育不是外力束缚，更不是给孩子带上"紧箍咒"，而是让孩子学会自制，学会自我约束。在孩子自我控制能力较弱时，父母要懂得怎样培养孩子的自控能力。这需要父母的智慧，而智慧是需要学习的。

接着我们一同分享美食。昨晚下班时我给孩子买了一个小蛋糕，本来是作为六一儿童节相互赠送的礼物，可那天太忙了，没来得及买，所以今天补上。一打开，孩子说这么漂亮的小蛋糕该如何下嘴呢。我告诉孩子每一样东西都来自一双手，都尽可能要做到巧妙和完美，所以这好比一件艺术品，要好好对待，要吃出艺术，不能这一口那一口，要在同一个地方吃，而且不能挑剔，吃任何东西都一样。好了，我们开始吃吧！最后吃出了我们的艺术。

美食，需要以绅士的姿态来享用它。所谓的"富养"孩子，可不是物质上的富足，而是精神上的"富足"，举手投足，一颦一笑，哪怕是吃一个小小的蛋糕，也要吃出文明、吃出品位，这就是高雅的教育。

本来今天休息，定好下午陪孩子出去玩，但同事的一个求助电话打破了我的计划。

于是，我跟孩子说："阿姨的宝宝生病了，不能上班，阿姨给妈妈打电话求助，妈妈应该怎么做呢?"

孩子说："那妈妈替阿姨去上班吧，我们下周再去玩！互帮互助才是好朋友。"

妈妈是个"老道"的教育者。因为同事的突发请求，打乱了原来出去玩的计划，这个变故对大部分孩子而言是难以接受的。也许是妈妈预估到了这一点，也许是对自己孩子有充分的了解，妈妈采取了把问题抛给孩子的方法，让孩子帮忙想办法。当这个问题被转嫁到孩子身上时，也就很自然地促成了孩子的换位思考，设身处地站在妈妈的角度思考问题，于是说出了妈妈的心里话。这样的过程，这样的结局，难道不也是教育吗?

当妈妈具有这样的教育智慧时，她会把生活中的点滴都转化成教育孩子的素材。不信，我们再来看看这位妈妈两天后又发生了什么吧！

今天我不用上班，真好，又可以睡懒觉了。可能是雨天的原因，孩子醒了不想起床，磨蹭了半天还是不起。我也不说话了，和孩子爸爸边穿衣服边背昨晚背过的古诗。我背一首，爸爸接下一首，孩子一看我俩起来了，也开始穿衣服，还嘟囔着："谁不会啊，我比你们背得都快。"说着就哇啦哇啦地背完了。我和孩子爸爸偷偷笑了，这个起床方式不错，背诵方式也不错。

吃过早饭送走孩子后，我又睡了个回笼觉，一觉睡到了十点半。中午吃饭时孩子说："今天下午老师要去开会，我负责给昨晚写亲子日记的家庭加星，所以妈妈要把名单给我。"

吃完饭后，我把名单写给孩子，问他："你要从谁开始加呢？怎样才能做到不错加，不漏加呢？"孩子说："按顺序来，可以加完一个画掉一个名字。这样可以吗？"我说："可以，别漏掉就好"。

接着和孩子一起练字，巩固学过的成语，然后午睡。下午孩子上学，我去上班。晚上我和孩子爸爸都不在家，我给他打电话，他说："作业已经全部完成了，放心吧妈妈。"

孩子的优秀源自智慧的妈妈！

智慧的爷爷

隔代亲、隔代抚养、隔代教育这些词汇经常萦绕在耳畔，也会在各种场合亲眼见到那一幕幕隔代教育的畸形姿态。然而，并不是所有的隔代教育都存在问题，也有相当一部分懂教育规律并不断学习的爷爷奶奶、姥姥姥爷带出了优秀的孩子。今天，我又发现了一位智慧的爷爷，看他是怎么教育孙子的吧！

昨天下午孙子放学回家，我问他："今天留了什么作业？"他说："没有作业。"怎么会没有作业呢？是不是忘了？还是怎么回事？我想等一会儿看看老师发的信息再说。

一段时间后，我看到群里有一位家长问今天有什么作业，另一位家长说改试卷。孙子怎么没和我说呢？我就大声问他："今天下午到底有没有作业？"孙子吓得眼泪都快掉下来了，承认让改试卷。接着拿出试卷对我说："这次没有考好，只考了 86 分，我怕你不高兴，没敢拿出来。"我说："你今天下午不拿出来，怎么修改呢？"他说："也可以拿到学校改。"我又对他说："如果能在学校改，那还拿回家干什么？"

我很生气，他怎么能这样呢？但我平静了一下心情，对他说："你这次没考好不要紧，重要的是你要仔细地查一下到底是哪里错了，为什么错，要用心地把错误改过来，以后再遇到这样的题就会做了，就不会被扣分了，那分数不就上去了吗！"孙子听到我这一席话，马上正色地说："对不起爷爷，我以后不这样了，我一定改正。"我说："知错能改就是好孩子，以后在学校里要认真听老师讲课，要认真学习。不是有句话叫'世上无难事，只怕有心人'嘛！只要认真听讲和学习，你以后一定能考出一个好成绩的。孙子好好加油！"

品读这位爷爷的亲子日记，我们能感受到什么呢？

首先，爷爷在写亲子日记。一位隔代老人，每天坚持写亲子日记，这本身就是在学习。试想，一位天天写亲子日记的爷爷，会故步自封吗？一位经常关注家校合育群动态的爷爷，会闭门造车吗？不是倚老卖老，而是以学习者的姿态不断提升自己，跟上时代步伐，这难道不是在给孙子做榜样吗？相比这位爷爷，相形见绌的是我们身边太多的爸爸妈妈们，他们已经停止了学习，终日不读书、不听课、不思考，俨然成了生活的奴隶，天天重复着机械的动作和老套的言行，岂不知已经落伍了？“后喻文化时代”已经悄然而至，再不学习就会被时代和孩子抛弃了。

其次，爷爷能理性地处理遇到的问题。当发现孙子因担心被责备而撒谎时，爷爷并没有怒斥或责打孙子，而是“平静了一下心情”，解决了自我情绪问题之后，爷爷一通有理有据的说教将孙子的关注点从分数成功地转移到试卷反馈的问题上，也就是从关注结果转向了关注过程。正因为爷爷的理性疏导，孩子才彻底认识到了自己的错误，并诚恳地向爷爷道歉。相信如果再出现考试分数不理想的情况，这个孩子也不会隐瞒撒谎了。

再次，事件给我们的启示。在处理孩子的问题时，首要的就是平复孩子的情绪。孩子不想把试卷拿出来，说明他已经意识到自身的问题，心中已在深深自责，此时的情绪是压抑的、低落的。这个时候，孩子需要的不是批评呵斥，而是安慰支持。家长应该站在孩子的角度思考问题，以同理心换位思考，走进孩子的心里去“雪中送炭”，与孩子一起迈过这个坎。然而，令人遗憾的是，大部分家长选择了“雪上加霜”，常站在孩子的对立面，把孩子继续推向“火坑”。

要做智慧家长，先向这位智慧的爷爷看齐吧！

孩子不开心，家长怎么办

一位妈妈遇到了一个棘手的问题，她在亲子日记中写道："昨天，孩子怒气冲冲地回到家，把书包往茶几上一扔，一屁股坐在沙发上，嘴里还喘着粗气。我问他怎么了，他就是不说，当我再次问他到底怎么回事时，他腾地站起来，径直走进了自己的房间，关上门不再理我。孩子经常会这样，请武校长和各位老师支支招，遇到这种情况该怎么办?"

我们先来观摩一下这位爸爸是怎样做的吧。

一天，小男孩怒气冲冲地回到家里。他的班级本来打算去野餐，但因为下雨，计划泡汤了。以前他的父亲总是说一些让事情变得更糟糕的话："天气不好，发脾气是没有用的，以后还会有玩的机会的。"或是"又不是我让它下雨的，你冲我发火干什么!"这样的处理方式效果并不好，往往会适得其反，让情况变得更糟糕。

这一次，小男孩的父亲想换一种方式跟孩子沟通，他想：我儿子对错过了野餐反应很强烈，他很失望，他用怒气向我表达他的失望，我可以帮助他的，我要对他的感受表示理解和尊重。

于是父亲对儿子说："你看上去很失望。"

儿子："我当然失望了。"

父亲："你已经准备好了一切，却下雨了。"

"是的，正是这样。"这时小男孩沉默了一会儿，说，"哦，不过，可以以后出去玩。"

小男孩的怒气消失了，在接下来的时间里，他很平静。换作以往，小男孩生气回家，一家人都会心烦，因为他会激怒家中的每一个成员，直到夜里他睡着，家里才得以安宁。

小男孩的父亲用的这个方法有什么特别之处呢？这个方法是怎么产生作用的?

当孩子处于强烈的情感状态中时，他们听不进任何人的话，也不会接受任何人的意见或安慰，更无法接受任何人的建设性批评。这时候，他们希望家长能够理解他们心里在想什么，希望家长明白他们此时的心情。而且，他们希望不用完全说出自己的遭遇，家长也能够理解他们。在与孩子谈话时，如果家长不加选择或不经思考就一吐为快，就会导致本来想说对孩子好的话，结果却伤害了孩子，扼杀了孩子表达的勇气，剥夺了孩子做决定的机会。这就需要我们家长理解孩子，与孩子共情，试着了解孩子的感受和想法，然后用自己的话表达出来，向孩子求证。也就是说，正确地解读孩子语言信息中所传递的情感，再用自己的话说出来。家长需要向孩子表达对他的理解和尊重，表明自己理解孩子的痛楚、尴尬或气愤。当然，最简单的做法是重复孩子所说的话，表达家长对他的重视。这时绝不要加入自己的意思、分析、劝告及任何价值判断，这就是积极倾听法。积极倾听是一种尊重孩子感受的态度，表示愿意真诚地了解孩子的意思。积极倾听也是一种技巧，父母可以用肢体语言表示对孩子的关心及对孩子的话感兴趣，如停下正做的事，转身注视着他。如果自己是站着的，则要弯下腰或蹲下身，平视孩子的眼睛，或者坐下来，注视着孩子。倾听之后，想一想孩子的感觉可能是什么，换位思考："如果我是孩子的话，我的感觉（想法）是……"

很多时候，倾听后就结束了，孩子的问题孩子会自己解决，他说的目的只是发泄一下情绪。切忌等孩子说出心里话后就开始批评指责。

因为过去的沟通模式已经形成了不良的沟通习惯，孩子已经很少说了，怎么办？倾听孩子的肢体语言，从孩子进门开始：观察神态，体会感受；关爱行为，表现亲情；积极反应，引导交流。

关于孩子成长的问题，更多的是主体自我成长的问题，家长需要做到的主要是接纳、理解和支持。80％的家庭教育问题，只要家长懂得倾听就可以解决。倾听是治愈家庭教育问题的一剂良药。

不要把孩子关进“第三只笼子”里

父母与孩子相伴一路走来，这本身就是世界上最惬意的事。在孩子的成长过程中，幸福与快乐如影随形，家庭充满欢声笑语。不过，偶有小小的“战争”也未尝不是生活的调味剂，令父母对教养孩子这项工程平添了几分感悟与反思，更加衬托出温馨和谐的来之不易。这不，一位妈妈又跟儿子“打”起来了。

今天我犯了一个大错误，对孩子发了脾气，吼了一顿，太冲动了。

晚上打了好几次电话，孩子都没在家，他姥姥说和一个同学在外边玩呢。想到九点了他的作业还没做完（要发到班级群里的作业），我挺着急的。九点二十分左右联系上了，我本想控制一下情绪，可没控制住，就吼上了：“几点了才回来？作业做不做啊？整天拿着手机只知道玩游戏啊？群里老师发的信息你知道吗？”孩子说：“我明天做。”一听我更来气了：“这是今天的作业，明天做性质就变了，就相当于没有完成家庭作业，赶紧去做！”孩子说：“我的账号不对，明天我问问同学吧！”我的火气越来越大：“你是怎么回事？又开始犯糊涂吗？老师都发群里了你没看吗？还等明天问同学，今天问不了吗？手机干什么用的？只管玩游戏啊？再玩我摔了它！你仔细看看老师发的账号和作业，快去做。”孩子不吭声了，说这就去做。他很快就做完了，截图发到了群里。

这时我的心情多少平复了点，给孩子发了个信息：“这么简单的小事，等明天去学校再做是不是就是没完成作业啊？”然后又视频了一会儿，也算是安慰孩子吧。我又问他：“作业都写完了吗？”孩子回答：“语文作业还有一些没做完。”我直接疯了：“你到底什么意思啊？今天的作业压根没做啊？你想干什么？”儿子说：“我明天做吧，只有语文了，明天早点去辅导班……”

我顿时恍然大悟：“哦，今天是星期五啊！”孩子说：“你以为呢？要不然我会玩到现在？”我赶紧道歉：“对不起，对不起，是我错了，是我迷糊了，不知道初一、十五了，向你道歉。”

哎，真是惭愧！十来岁的孩子遇到事情都能沉住气，我怎么就不能心平气和地说呢？孩子被冤枉了，他虽不吭声，但还是伤了他的自尊啊，毕竟孩子大了，懂事了。都说人在生气的时候智商归零，一点也不假啊。

儿子，在这里妈妈再次向你道歉，妈妈错了，以后这种情况绝不会出现了，请原谅妈妈的鲁莽，妈妈以后会改掉这个坏毛病的。

看完这位妈妈的亲子日记，一句话瞬间从脑海中跳出来——冲动是魔鬼。是啊，妈妈一时的恼羞成怒令自己刹那间失去了理智，做出了令儿子“蒙冤”的事。发现错怪了儿子后，妈妈立马向儿子道歉。

首先孩子被妈妈追问后遭到一顿训斥，之后妈妈情绪稍微缓和对其进行安慰，后又因为语文作业没完成而被妈妈再度训斥，在妈妈发现错怪了儿子后，又向儿子道歉。“过山车”似的阴晴转换，让儿子亲身体验了什么是“冰火两重天”，让一个心智尚未成熟的孩子情何以堪？

孩子的这次经历让我想起了之前看过的一个心理学实验。

在三个笼子里，分别关着一只老鼠。第一个笼子里有个开关，踩一下就会有食物送进来，老鼠很快就掌握了吃到食物的诀窍。第二个笼子里也有个开关，但是踩一下就会被电击，老鼠肯定不踩了。而第三个笼子里的开关，踩一下会有食物，再踩一下会被电击，如此反复，笼子里的老鼠就纠结死了，不知道是踩还是不踩。

当下的孩子大多都是“第三个笼子里的老鼠”，生活在幸福与压力之中，被父母冷热无常的行为举止搞得晕头转向，要么精神紧张，疲于应付，要么麻木不仁，反应迟钝。他们难以寻觅到真正的自我，最终只能成为父母的附庸，成为完成父母理想与家庭愿景的“牺牲品”，难以活出自我。

对孩子来讲，父母的“肩膀”就是他们的“起点”，孩子的教育拼的是家长的耐心和坚持，在这场漫漫“长跑”中，保持情绪平和与持之以恒才是上策。

父母们，请静下心来内观自我，自检还有哪些引发焦虑与不安全感的因素，先从自我修正上下功夫，不遗余力地培育自我、提升自我，将浮躁与功利从教养孩子的过程中剔除出去，让家庭教育真正起到推动孩子健康成长的作用。

好爸爸之让孩子成为“孵蛋者”

如果母爱如水，那么，父爱就如山；如果说母爱似溪流，那么，父爱就是滚滚江河。

今天，让我们一起走近身边的好爸爸。

因为公司项目的原因，我不能使用智能手机，因此很多信息都不能及时看到。最近比较忙，晚上到家儿子往往已睡熟，每天早上都是匆匆打个照面。

今天周末，小儿子六点多就起来研究他的双曲线电能风力小车，昨天他与哥哥研究了一天也没有组装成功。我睡眼蒙眬，起来看了一眼，告诉他先看说明书再动手，小家伙似懂非懂地点点头。只见他一会儿敲敲打打，一会儿又弄得小马达嗡嗡响，俨然一副科学家的模样。

起来后，我与他俩一起动手组装。我给他们讲解了电能的原理，虽然他们不能明白其中的道理，但也时不时插上一句：“哦，我知道了！原来电池是这样的。”或者抢着说：“我知道这个马达是怎么转的了。”

最终在我的协助下，他俩各自完成了自己的小车。当拨动开关小车跑起来的刹那，他们欣喜若狂。两个小家伙紧紧搂住我说：“这比手机要好玩100倍。老爸，我好崇拜你，你是我们家的科学家！”这种温暖像电流一样涌遍全身，融化了我，而动力来自他们。

每一个孩子都是一名探索家，都是一个“孵蛋者”。没有做过饭可以去尝试，不会骑车可以去训练，没坐过飞机可以想象着画出它的样子。让孩子们好好呵护他们所孵的“蛋”，这些梦想的“蛋”敲开后可能光怪陆离，可能璀璨耀眼。你看，他身后那一串串弯弯的脚印就是成长的足迹。

这位爸爸很忙，为了家，也为了工作，早出晚归，鲜少有与孩子长时间待在一起的时间，但这并不能成为陪伴缺失的理由，更不能成为做“影子爸爸”的借口。当爸爸意识到对孩子的亏欠，心中的不安驱使他利用周末短暂的时间实施了一次高质量的陪伴——一起拼装玩具。

爸爸全身心参与，让哥儿俩拼装玩具的过程富有更加深刻的教育价值和意义。

首先是科学性。绝大多数玩具都具有益智功能，优质的玩具对孩子智力的发展具有极大的助推作用。因为每一种玩具都是科学转化为技术后的产品，都蕴含着一定的科学原理，如果没有懂得并能讲解给孩子听的成年人陪伴，那就只是一个让孩子玩耍的玩具而已，这个玩具的价值就会大打折扣。在家庭中，对于“家庭科学讲师”这个角色而言，爸爸相对于妈妈更具优势，这也是为什么孩子更乐于同爸爸一起摆弄玩具的原因之一。因此，爸爸能否参与到孩子的科学探究活动中来，对孩子科学精神和实践能力的培养至关重要。

其次是示范性。爸爸的指导、参与让哥儿俩看到了爸爸的“能耐”，对爸爸自然产生敬佩、崇拜之情，知识权威形象也就慢慢在孩子心目中树立起来了，也就有了儿子“老爸，我好崇拜你，你是我们家的科学家”这样的赞美之词。这样的赞美是发自内心的，源于对爸爸“什么都懂”的崇拜。当爸爸的形象在孩子心目中变得更加伟岸时，其示范性也就得到了进一步的彰显和强化，也就能更加深刻地影响孩子。

再次是感染性。在陪伴孩子组装玩具的过程中，不仅孩子收获满满，还有一个获益者，那就是爸爸。欣赏着成功组装玩具后哥儿俩的兴奋劲，享受着来自儿子的激情拥抱，爸爸立时感到“这种温暖像电流一样涌遍全身”，融化于亲情中，这难道不是每一位爸爸期许的幸福感吗？这样的氛围，这样的情景，不是每一个家庭梦寐以求的吗？

爸爸，就是引领孩子成为“孵蛋者”的那位“科学家”。

好爸爸之刚柔相济有尺度

前面的碎思聊到了“孵蛋者”，将爸爸的智慧火花一览无余地展现在大家面前，让很多还没有走近孩子的爸爸内心感到局促不安，或许还有些窘迫汗颜。而今天，我想再给大家呈现一位刚柔相济、宽严有度的好爸爸，为那些还没有觉醒的爸爸们再度提供一个可参照的样板。

让我们先走进这位爸爸的亲子日记。

中午放学，孩子妈去接女儿，我在家做午饭。

走进厨房，琢磨着中午做什么饭，总不能千篇一律吧！孩子正是长身体的时候，各种营养要全面。

我决定做土豆饼。选料：土豆、鸡蛋、胡萝卜、洋葱、芹菜、淀粉等。出锅后，五颜六色，可称得上色香味俱全。

女儿放学回家，迎面扑上来。爸爸能在家陪她吃饭，是她最大的愿望。见到放在盘子里刚出锅的土豆饼，女儿激动万分，大声说道：“哇！爸爸的手艺真棒！”

于是，她赶紧去洗手，并不时地诉说着在学校的开心事，然后开始端菜、端饭。欣赏着我精心准备的荤素搭配的营养餐，女儿流露出喜悦之情。

由于女儿正处在乳牙退换期，吃饭有点困难，妈妈自然心疼，不时给她往嘴里夹饭。我也心疼，但还是用批评的口气说道：“这么大了，自己连最基本的事情都不能做，将来还能干什么？”她不干了，嘟囔道：“爸爸不疼我。”

我边吃边给她讲起大道理：“人必须有吃苦耐劳的精神，什么时候都要学会去面对和担当。物竞天择，适者生存，优胜劣汰是社会法则，你必须学会吃苦耐劳，将来才能适应社会……”她似懂非懂却也听得津津有味。不管怎样，也算借题发挥给她灌输了一点小“学问”。无微不至的关怀后面也要“狠心”地让她去面对将来必须面对的事情，这是我对女儿的要求，希望宝贝理解我的良苦用心！

从爸爸的那句“爸爸能在家陪她吃饭，是她最大的愿望”透露出一条信息，那就是爸爸很忙，基本没时间陪女儿在家吃饭。不过，爸爸没有因为忙而冷落女儿，他在用行动——为女儿做“色香味俱全”的营养餐表达着一个父亲对女儿的疼爱之情。女儿呢，也玲珑聪慧，毫不吝啬褒奖之词，夸奖了爸爸的厨艺。这张父慈女欢的“父女照”难道不是我们最希望看到和想要的吗？这就是父爱的柔软与宽松。

而在孩子因换牙期用餐不便时，妈妈的表现是呵护有加——喂饭，爸爸的表现却大相径庭。虽然内心也心疼女儿，却没有像妈妈一样给女儿夹饭，而是对女儿讲大道理。虽然有点“危言耸听”，但爸爸的初衷是好的，这样的“狠心”也是想让女儿在未来经历风雨时不致遍体鳞伤，沦为无能之辈。这就是父爱的刚硬与严格。

几天后，这位爸爸又记录了发生在父女之间的一桩突发事件。

昨天出差因故没有赶回来。上午九点我突然接到家里打来的电话。“爸爸!”啊？怎么会是女儿呢？现在还没有上学？满腹疑问涌上心头。“爸爸！我昨晚吃的东西不好，夜里一直呕吐、发烧，今天上午没有上学。爸爸，您什么时候回来?”我马上答道：“爸爸马上往回赶。”

安排完事情，急忙往回返，到家见女儿躺在床上，她有气无力地说：“爸爸！您可回来了，从早晨二点开始一直吐，到现在一直没有睡觉。”我摸了一下她的额头，有点发热。询问她：“昨晚吃的什么?”她说：“就吃了两个杏。”

根据症状，我判断应该不是食物中毒，于是让她妈妈熬小米粥给她喝，但喝了没多久就又吐了。本来下午要送她上学，发现这样就干脆请假没去。我兑了一碗食盐、蜂蜜水让她强忍着喝下去，以便补充能量，然后便让她上床睡觉。

她熟睡后，我驱车来到医院，找医生咨询。因孩子没来，医生说让多喝水，再观察一下。

下午一个朋友打电话邀请我晚上一起吃饭，我断然拒绝，并告知女儿病了。他一听，让我赶紧给他在北京的爱人打电话咨询。他儿子跟我女儿年龄一般大，也是这个症状，刚去医院检查回来。

于是，我赶紧拨通他爱人的电话，相互问候后，我说出我的困惑。她回答说：“我儿子班里有7个同学出现了这个症状，统一去医院做了检查，确诊为‘诺如病毒感染’。要细心观察，体温别超过38度，多补充水。48至96小时自动痊愈。”

这个“答复”也算给我打了一剂“强心针”。之后我一直陪着女儿，女儿一天一夜没吃饭，看上去有些消瘦，有气无力。于是又是给她补充生理盐水，又是给她冷敷加按摩。同时，我还从网上查找了病因和治疗预防措施，以做到有的放矢……

父女连心，感同身受。一天的折腾，让我们更加看清了这位爸爸的形象。为了女儿，急匆匆赶回家，忙里忙外，喂药熬粥，稍微安顿后急忙驱车咨询，断然拒绝朋友之约，直到知道病因，一颗悬着的心才算放下来……这一切，都在述说着爸爸对女儿的疼爱与体贴，让我们看到了爸爸的另一种柔软。

如何面对孩子的期末考试

学期即将结束，期末考试的脚步越来越近，很多家长也开始紧张起来。本来是学校例行常规的一件平常事，为什么让家长感到如此紧张呢？又是什么让孩子的考试成绩成了家长心情的“晴雨表”呢？

期末考试越来越近了，孩子们都进入了紧张的复习阶段。有家长问我：“孩子越临近考试我越急躁，该怎么办？我每天都督促他抓紧复习，一天能说八百遍，可孩子倒好，不仅不着急，还一副不耐烦的样子，理都不理我。”

在这里，我要提醒各位家长，越是到了这种关键时期，就越要沉住气。孩子本身在这个时候就有不小的压力，也比平时更加敏感一些。所以，家长此时一定要注意自己的说话方式，有些话千万别在这个时候说，否则可能对孩子考试前的心理造成不良的影响。

期末考试前，最忌讳对孩子说这四句话！尤其是最后一句。

（1）你怎么这么笨？平时上课都听什么了？

（2）这次一定得好好考，超过×××。

（3）这阵子你就专心复习，其他的不用你管！

（4）考好了就奖励你，考不好的话，可要惩罚你哦！

成绩只是一时的，成长才是一世的。若孩子通过一次次考试的历练，学习能力能够得到提高的话，那对孩子的一生都有着积极的影响。

那么，家长对考试和成绩的过度焦虑会产生什么后果呢？

一是家长的不安会造成孩子更大的焦虑。家长尤其是母亲的情绪不稳定，会导致整个家庭不得安宁。孩子的心理能量是一定的，单单为了平息自己内心的紧张情绪就要消耗很多心理能量，试想还能留下多少心理能量用于学习和自我成长呢？如果家长只关注孩子的考试成绩和考试排名，就会给孩子的成长带来负面影响，更令人担忧的是，有的家长为了让孩子考出好成绩竟然不惜一切代价——不惜牺牲孩子休息、玩耍的时间，不惜破坏孩子的心情，不惜摧毁孩子对知识的好奇心。因此，家长在考试前后要保持良好的心态，当看到自己孩子的考试分数比较低时，不要激动，不要慌乱，不要生气，要做到处变不惊，这样才能赋予孩子内心的成长动力。

二是家长替代孩子焦虑，使孩子更加缺失责任感。焦虑通常被人们看作负面情绪，但负面情绪也有正面的意义。焦虑、紧张能给人以提醒，提醒人们提前做好相应的准备。如果家长一切都替孩子想了、做了，久而久之孩子就会变得缺乏学习的热情和责任感。家长若真想让孩子拥有持续的学习动力和学习热情，就要给予孩子持续、具体的鼓励与肯定，而不是只盯着孩子的分数。同时，要学会把考试和成绩的责任归还给孩子，适度的焦虑不仅对孩子没有伤害，反而有益处。

三是家长对孩子考试的焦虑实属“不务正业”。孩子的考试与学业成绩本应该是学校教育和孩子自己的“正业”，而家长应该帮助孩子缓解考试焦虑，给予孩子心理安慰，帮助其释放焦虑情绪，而不是“雪上加霜”再度施压。由此看来，家长内心的焦虑与浮躁比孩子存在学习问题更可怕。司马光说过：“为人母者不患不慈，患于知爱不知教也。”他认为，为人母亲不担心她不慈祥，担心的是过于溺爱而不知道教导孩子。这就是母亲的角色，这也是家庭要给予孩子的东西，这才是家庭教育的“正业”。

总体来讲，孩子的问题主要是情绪问题，学习不好多是因为受负面情绪困扰，很少是因为智力低下。因此，要想解决孩子的学习问题，首先要解决其情绪问题。一个母亲真正的力量，是她的慈祥，是她平和的情绪，是她的温柔、温和。母亲，是一个家庭的核心，应该让身处其中的每一个人都感受到大海般的包容、接纳。这样的母亲本身就是规则，言行就是方向，反之，在孩子面前指手画脚，不是叫喊就是唠叨的母亲，会让孩子慢慢觉得这个世界上没有任何一个地方是舒适的、有意思的，孩子会失去心中的方向，走向失控。而母亲呢，因失去了对孩子的教育、引导能力，会变得更加抓狂，更加焦虑。

只有孩子内心平静，才有可能吸收、沉淀、理性思考，才能有远见卓识，才能发现、创造，才能真正走向优秀，成为最好的自己。

孩子任性怎么办

任性，指听凭秉性行事，随心而为，恣意放纵，以求满足自己的欲望或达到自己某种不正当的目标。一个任性的人，轻则难以与人和谐相处，缺少朋友，重则发展成为心理不健康的人。

一位妈妈又因为儿子的任性而焦虑起来，并把这种情绪写到了亲子日记中，以寻求帮助。

> 最近经常接到班主任打来的电话，反映儿子上课不太遵守纪律，小动作不断，而且特别任性。老师提出让我们多关注孩子，配合老师帮助孩子养成良好的学习习惯。
>
> 说实话，孩子任性的问题我们早有觉察，只是总感到束手无策。平时，我们工作都很忙，没有时间守在孩子身边照顾他，只能把他丢给爷爷奶奶带。
>
> 因为没时间陪伴孩子，总觉得有些愧对他，因此，只要他喜欢的玩具、想要的东西，我们都会想办法满足他。偶尔拒绝，他就会哭闹，甚至躺在地上打滚，最终还是我们做出妥协。久而久之，他变得越来越任性。
>
> 现在我们都意识到了这个问题，但不知道怎么办才好，请武校长给支支招吧！

任性不是天生的性格特点。在心理学上，任性是缺乏自控力、意志力薄弱的表现。任性的孩子一般心理发展不成熟，对事情缺乏认识和判断能力。任性，是一种不良品行，不利于孩子的身心健康发展。任性的孩子，习惯于不管不顾、旁若无人地释放自己的情绪，容易无缘无故地发脾气，凭一时之气无理取闹，伤及自身的同时，也会波及周围的人，引发连锁反应。

首先，我们要来一次“寻根”之旅：为什么孩子会任性？

环境是导致孩子产生任性心理的主要原因。既然孩子任性不是天生的，那就是后天教育环境的问题。妈妈在日记中有这样的说法“因为没时间陪伴孩子，总觉得有些愧对他，因此，只要他喜欢的玩具、想要的东西，我们都会想办法满足他”，正是因为内心愧疚，为了弥补陪伴孩子上的缺失，父母采取了无条件满足的应对策略。然而，正是这样的错误思维和行为方式，导致了孩子慢慢走向任性。当父母对其做出一定的约束行为时，孩子就用哭闹、打滚等行为来释放他的不满情绪，表达他的要求。而父母最后的妥协进一步强化了孩子的思维模式——只要我这样做，就能达成目标，就能如愿以偿。当然，还有一点是不容忽视的，那就是过度溺爱的隔代教育，让本就危机四伏的家庭教育环境更加雪上加霜。这样的状态若不加以改变，长此以往，孩子不仅难以管束，而且自制力、责任心、与他人互动能力、理解能力等也会变得很差，最终在群体中成为“孤家寡人”。

由此，我们可以得出这样的结论：孩子的任性是家庭溺爱的结果。

问题的根源找到了，下一步要做的就是“对症下药”——解决家庭溺爱问题。

一是踏上“回家路”。一年级，正是孩子依偎在父母怀抱中撒娇的年龄，也是孩子心智发展的一个黄金期，这个时段如果缺失父母的亲情陪伴，对孩子而言是极具破坏性的，甚至可以说是毁灭性的。教育孩子是父母的责任，孩子才是父母一生中最重要的“客户”。以“工作忙没时间”为借口缺位孩子的成长，是父母在推卸和逃避教育责任。父母，只有回归家庭，回归本位，才能与孩子紧密连接，才能体验到为人父母的快乐和幸福感，才能把握好教育孩子的最佳期。倘若错过最佳成长期再实施教育，已是木已成舟，一切悔之晚矣。

二是打好“反击战”。冰冻三尺非一日之寒，孩子任性不是一朝一夕教育的结果，因此要想解决这个问题，需要“温火慢炖”，心急、焦躁只能让事情变得更糟，最终适得其反。这其中，有一个关键点必须要处理好，那就是必须提升隔代老人的教育意识，要让他们和父母形成“统一战线”，让孩子身处正确、统一的教育要求中。当孩子提出不当或无理要求时，要坚决制止，无论怎样耍赖都坚决拒绝，不予理会，让孩子认识到无理取闹不会有任何结果，弱化其原有的思维模式。

三是学会“另辟蹊径”。即使有的父母因为工作原因无法做到天天陪伴孩子，也要想办法每天挤出时间来与孩子交流对话，一起玩耍游戏，千万不要再以工作忙而忽视、放弃、推卸自己的教育责任。

让我们一起来看看这位家长的反躬自省吧！

每当闲下来看着群里家长的亲子日记，看到老师们对家长与孩子的鼓励和支持，真的很感动。每次打电话，女儿都开心地告诉我她在学校发生的一切：老师怎么鼓励他们学习，怎么教育他们学会感恩身边的人。女儿在日记中写道：“老师就像我的第二个母亲。”

看到女儿写的日记我既开心又伤心，开心的是她有这么负责的老师，伤心的是没能天天陪在孩子身边看她成长。最初女儿打电话说让我每天写日记，我当时心想：跟老师说说，我很忙又不在孩子身边，偶尔写一次就得了。其实自己很清楚：什么忙啊、没时间啊，都是借口。老师说过：即使不在孩子身边，沟通交流也是不可少的。

是呀，老师为了孩子付出了那么多，作为家长的我还有什么理由拒绝呢？我要做一个有责任心的好妈妈，我要时刻鼓励、支持我的女儿。

孩子不是家长的“晴雨表”

中国的父母对孩子的照顾可谓无微不至，相当一部分父母已经走向极端，步入“病态”，而且“病”得不轻。他们天天担忧的就是怕孩子“输在起跑线上”。于是，唯分数论的“独木桥”思维给这些父母套上了沉重的枷锁，而且难以挣脱，更谈不上解放。

当家长过度关注孩子的考试分数时，孩子的考试成绩就顺理成章地成了家长情绪状态的“晴雨表”。孩子考试成绩优异了、被老师夸奖了，家长这一天就非常愉悦；孩子考试考砸了，家长的心情顿时就灰暗下来。让我们先来看看家长们的亲子日记吧。

家长 1：

11 点，我准时做好饭，准备好水果，然后去接孩子。回来的路上，我告诉她，马上要考试了，她需要比平常多付出一点努力，多辛苦一点，多一分努力就会多一分成绩。

饭后，我们各自在卫生间洗衣服，谁也不许帮谁。女儿洗得一点不比我慢，我们几乎是同时洗好的，然后到阳台各自晒好衣服。我与孩子商量：“拿出午休 40 分钟的时间来，妈妈练习字帖，你做两套期末试卷，测试一下你对知识的掌握情况好吗?”

女儿点头，高兴地答应了。这时，国学机里正在播放“宜未雨而绸缪，勿临渴而掘井”（朱子《治家格言》）。女儿马上问：“妈妈，我这也算是未雨绸缪吧?”

通往成功的路没有捷径，一分耕耘一分收获。从昨天开始，我停掉了女儿每天中午的英语练习、字帖练习，增加了 40 分钟的试卷练习，毕竟熟能生巧……

家长 2：

今天中午让她睡午觉。她说睡不着，我训了她一顿就去睡了。她睡不着便起来了，我说：“你不睡了就起来收拾一下，等到了时间就去上学。”下午放学回家孩子说今天的作业很少，我就让她快写。

她拿出一张纸，上面是爸爸与孩子交流感情的。爸爸认真地写着他想说的话，闺女拖拖拉拉地写着作业。每天写作业都让人生气，每一道题都要问，跟她说的时候她还不认真听，老是自己做小动作，我没忍住又训了她。

晚上女儿很晚才睡觉，其他孩子也这样吗？

在我们身边，有许多父母，在成家立业，有了孩子后，就自觉达到了一种所谓的圆满，便放弃了自我修正、自我成长，开始埋头于柴米油盐酱醋茶的生活琐碎中，从此拒绝再次修炼自我。当父母认为自己大势已去，不堪造就，失去了提升自我的信心后，就自然会把成长的任务转移到孩子身上。也正因为父母对自我成长失去了自信，不能接纳自己，对自己的生活和工作不满意，才格外需要一个令人满意的孩子，以消除自我的不安全感。

孩子固然是父母生命的传承，却不是父母梦想的传承。很多父母自己没有能力实现梦想，就把这个梦想压在孩子身上；自己比不过某某，就希望自己的孩子能够超过某某的孩子，而孩子稚嫩的肩膀，如何担负得起大人的成长任务？这肯定是要出问题的。

说实话，教育的方法和技巧，仅仅是技术层面的问题。孩子的教育，拼的是功底，拼的是父母的处世态度和人生领悟。也就是说，父母的整个人生，都会参与到孩子的教育中来，父母的高度才是孩子真正的“起跑线”。

而大多数家长呢，对孩子、对教育，缺乏持久而深入的理解。猛然意识到时，就赶紧管一下；看到孩子不如意的地方时，就开始忧虑孩子 10 年后的高考，15 年后的婚姻，以及 20 年后的事业……而这种焦虑本身，会毁掉孩子的未来。家长之所以焦虑，是因为一直在间歇性地关注孩子：孩子出现问题时，就关注得多一些，焦虑感也就重一些；孩子平稳安定时，就关注得少一些，焦虑感也就轻一些。这样的家长，面对孩子的教育，缺乏宏观的掌控。对于教育孩子，该做什么、不该做什么、做得够不够，自己心里也没底。因此，对孩子未来的发展走向，就缺少一份觉知和预设，自然就导致了不安与慌张。

由此看来，父母决不能放弃自我成长，否则孩子就会成为父母的“晴雨表”。怎么办？请和孩子们一起成长吧！

也许和孩子一起成长的过程会很煎熬，会有痛苦，但只要坚持，就会有好的结果。父母教育孩子的王道，就是执着地栽培自己！最理想的状态应该是孩子懂的，父母懂；孩子不懂的，父母也懂。这个自我成长的过程，既是为自己，也是为孩子。

敬重那些和孩子一起成长的爸爸妈妈们！

最后，让我们来一起走进另一位家长的亲子日记。

说完喜事，再说说我的大宝。经历了昨晚的事情以后，今天宝贝的表现很好，看得出她真的知道错了，知错能改就是好孩子。作为父母，我们也要懂得这个道理。今天在写日记之前看到几位家长的日记，都提到了以前面对孩子考试时的状态以及自己的反省。这就是写日记的好处，能让早就脱离学校的我们开始反思自身，这就是最大的收获！

期末考试就要到来了，希望所有的爸爸妈妈们保持平常心，不要给孩子施加太多的压力，让孩了轻松地面对考试吧！

请不要再伤害孩子

每个人都会遇到各种各样的伤害，有的来自陌生人，有的来自熟悉的人，而在这些形态各异的伤害中，来自最亲近的人的伤害是最令人难以放下的，像一根深入骨髓的钢针一般难以剔除。更值得关注的是，这样的伤害还会穿越岁月复演到子女的生命中，影响两代人、三代人……有些人实在受够了，就去学习提升直至有能力把那根刺拔掉，从而开启新的人生。

认识到伤害来自哪里是学习提升的前提。只有找到病根，才能对症下药。一位家长，在深刻反思童年时自己与父亲间发生的不愉快后，意识到了自身在教育孩子方面的问题。

我非常爱我的爸爸，发自内心地爱他、敬重他！

爸爸是位退伍军人，党龄比我年龄还大。他很细心，经常通过实际行动表达对我的爱。小时候我去邻村上学，印象最深的是下雪的时候，爸爸会把通往学校的路上的雪打扫得干干净净。记得上中学时，如果我放学回到家家里还没做饭，爸爸就会快速打两个鸡蛋给我煎个大饼，从不耽误我上学。晚上做作业时，他会在旁边看报纸陪着我。去比较远的学校复读时，爸爸会把我的自行车打足气，并认真检查一遍：铃铛响不响，车闸灵不灵……我上师范学校时，他买好毛线请堂姑给我织毛衣，又给我买了人生中的第一双皮鞋……爸爸对我的关爱太多了，这些永远都刻在我的心灵深处！

爸爸从没打过我，也从没骂过我，记忆中一次都没有，却因一件事曾经伤害过我，以至于影响到我对女儿的教育方式。

那是在我 8 岁的时候，家里来了客人，给爸爸带来了两瓶像啤酒一样的东西，应该是汽水。我特别好奇，想尝尝是什么味道。当我费了九牛二虎之力打开时，爸爸正好回家，看到我把瓶子打开了，非常生气，拿起扫帚就要打我。我很害怕，就赶快跑，爸爸就追我，追出大门后还不罢休，又追了我好远。我只记得当时拼命地跑啊跑啊，害怕得要命，因为爸爸从来没这样生气过。事后，我一个人在外面溜达了好久不敢回家。每次讲到《挖荠菜》，读到作者偷掰玉米被追赶得无处可逃，跳入水中的情景时，我就会想起小时候爸爸追着打我的情景，这一幕深深地印刻在了我的心里。

爸爸肯定不知道我还记得这件事，我也从没提起过。我想忘却这件事，我怕它影响我对爸爸的爱，但越想忘掉就记得越清晰。

后来我有了女儿，因为受这件事的影响，家里不管有什么好吃的，只要她想吃，就可以打开，甚至是只要女儿想要的东西，我能给的，我都会毫不犹豫地给她。我知道这样做并不对，可自己就是改不了，每每女儿要什么东西，我就想起当年的自己。

今天，看到这句话：来自父母的打击，所造成的伤害效果不只是当下，它贯穿岁月，像一根针一样深扎在子女的心头。我真的深有感触，我希望我们做父母的对孩子多一些理解。当孩子做什么事的时候，一定有他自己的想法，我们不妨多问几个“为什么”。让我们走进孩子的心里，站在孩子的立场上，对孩子多些宽容和理解吧！让孩子远离来自亲人的伤害，让他们心中充盈的都是父母深深的爱吧！

倘若说这样的伤害仅仅是受害人的伤痛记忆，也就没有必要在这里拿出来展览了，问题是，这样的伤害会“传染”。我们看到日记的撰写者有这样的反思和感受：“以至于影响到我对女儿的教育方式……家里不管有什么好吃的，只要她想吃，就可以打开，甚至是只要女儿想要的东西，我能给的，我都会毫不犹豫地给她。”

试想，一个在有求必应环境中长大的孩子会不会走向欲壑难填？在家庭中凡事都能如愿以偿的孩子会不会在走出家庭面对社会时感受到强烈的反差而不能接受？

其实，受到伤害后还有一种倾向，正好与之相反，那就是以父亲伤害自己的方式对待自己的孩子，就这样一代代伤害下去……

那么，如何做才对呢？就拿日记中提及的这件事而言，真正伤害撰写者的，不是父亲追打自己这件事本身，而是他对这件事的看法。正因为心中一直不能释怀，才时时处处担心女儿也会遭受这样的伤害，这样的焦虑自然导致女儿被“包裹”起来，演化成另一种伤害——过度的爱。

与其困扰一生，不如立即放下，以平和的心态对自己、对女儿，这样才是最好的选择！

与4岁小男孩斗智斗勇

与4岁小男孩斗智斗勇，这可是6个成年人干的事，不可思议吧？一起来看看吧！

今晚去朋友家，席间，他4岁的儿子不断把空盘子拿到地上滚着玩，爷爷奶奶“威逼利诱”均无效。于是孩子爷爷支招，6个大人瞬间安静，凑在一起窃窃私语，不再理会孩子。一开始，他还兴致勃勃地玩盘子，几分钟后，他跑过来拉奶奶的衣襟问：“奶奶，你们在干什么呀？”边问边爬上来看。奶奶告诉他：“我们正在讨论一件非常重要的事情，小孩子不可以听。”他一下急了，非要听。奶奶假装想了想，提出一个条件：“必须安安静静地听，不能随便动东西。”小男孩马上高兴地答应了，安静地坐下来。

后来恢复了正常的谈话，小男孩再也没捣乱，一直认真地听，有时还插上几句话，像“小大人”一样……

有时候，孩子淘气，或许只是希望引起他人更多的关注。

对孩子的教育，尤其是儿童期的教育，是需要教育智慧和艺术的。强制会导致逆反，顺应能促成改变！孩子之所以淘气，不仅是儿童天性使然，更重要的是“希望引起他人更多的关注”，让现场的所有人不要忽视他的存在。成年人抓住孩子这样的心理特征，反其道而行之，故意忽视他的存在，反而激起了孩子的好奇心，于是有了后续的行为改变：遵从奶奶的要求，安静地坐下来，不再捣乱。

当下，富有类似教育智慧的家庭越来越多，让我们跟随一位爸爸的亲子日记走进他们的家，去感受一下这一家子的教育智慧吧。

六月的天就像孩子的脸，说变就变，刚才还是艳阳天，一会儿就乌云密布，哗啦啦地下起了雨。

今天我和爱人一起陪儿子做作业，帮他梳理各门功课，学累了就出去看看绿油油的大杨树，缓解一下视觉疲劳。

作业写完后，儿子建议我写一下印度的概况，我照办了。儿子仔细地看了一遍，然后一边看地图一边嘟囔着……

吃完晚饭，我们三个人出去散步，放松一下心情。在路灯下，爱人给儿子演示了光和影子长短的关系，并用手势做出各种动物的影子，逗得儿子笑得合不拢嘴。

爸爸执笔的日记，字里行间流淌着亲子和谐的画面，笔端展现了学习型家庭的样板，其家庭俨然变成了亲子共成长的温馨港湾。

这里有亲情之爱：父母陪伴儿子一起学习，帮助儿子梳理所学知识，并一起观赏绿油油的大杨树以劳逸结合。

这里有教育智慧：爸爸遵照儿子的建议书写印度的概况，并交由儿子“审阅”，父子之间教学相长；路灯下，妈妈与儿子开始了科学探究活动，母子研究光的直线传播和影子的秘密，逗得儿子笑得合不拢嘴，这样的“教学”活动就是最好的寓教于乐。

这个家庭更值得推崇的，在于其还原了家庭生活应然的样态，这样的家庭教育生态才是回归教育本真且自然平和的。身处这样的家庭中的孩子，身心一定是舒展的，成长也一定是丰富且饱满的。我们无法保证这个孩子未来是不是幸福快乐，但可以肯定的是，当下的他一定是幸福快乐的。而这一切，都源自于父母的教育智慧。

电梯里的小男孩

今天周末，和朋友约好了去她家玩。女儿欣欣和朋友的女儿同龄，每次在一起玩两个孩子都很开心，总是不舍得分开。欣欣听说今天能去和朋友的女儿玩高兴得不得了。我们来到朋友住的小区楼下，在等电梯时旁边也有一位母亲带着一个5岁左右的小男孩在等电梯，随后我们一起乘电梯上楼。他家住9楼，朋友家住10楼。当电梯到9楼，电梯门马上要打开时，小男孩调皮地去按电梯里每一个楼层的按键，看到这个情形他妈妈一句话也没说就拉着他的手出去了。我和女儿睁大眼睛对视着，唉！这孩子怎么这么“熊”呀。其实家有“熊孩子”并不可怕，可怕的是孩子的父母竟然对孩子不加教导，任由孩子去做不应该做的事情。真应了那句话，孩子就是父母的一面镜子，从孩子身上就能看到他的父母是什么样的人。

一次电梯里的偶遇，让母女俩见识了一个“熊孩子”的顽劣行为，同时也给我们提供了一个鲜活的教育案例。

一个小男孩能旁若无人地将电梯内的楼层按钮全部按下，说明这样的行为已经成为他的一种习惯、一种常态，相信这部电梯也已是“饱受折磨”，其遭受的无谓磨损导致的结果就是电梯的维修费提高和使用寿命减短。对于这一点，孩子是没有任何理性认知的，他只会把这样的顽劣行为当作一种好玩的游戏，因此怪不得孩子。然而，小男孩的妈妈的行为就让人感到有些匪夷所思了。这个过程是在妈妈的眼皮底下发生的，自始至终，妈妈没有阻止孩子这种不正确的行为，只是在电梯门打开后拉着孩子扬长而去。很显然妈妈的这种无声的语言是在默许、纵容孩子的这种不良行为。于是，我们不得不担心这部电梯仍然要经常性地面对这样的“折磨”，除非随着年龄的增长孩子自我觉悟，或是妈妈改变自己的教养方式。

对电梯这种公共服务设施的损害，我们可以通过日常维护和电梯更新而“亡羊补牢”，但这样的教育对孩子造成的伤害是难以修复的。孩子，顽皮不羁是他们的天性，本无可厚非。小男孩第一次碰触电梯楼层按钮，那是处于好奇基础上的学习，属于生活能力提升的实践操作。而后，他在好奇心驱使下去触动不属于他家楼层的按钮，结果电梯很“听话”地遵照他的指令运行，于是，控制欲驱使他不断地重复这样的动作，最终变成了一件“好玩”的事。作为父母，在孩子第一次尝试按动其他楼层按钮时的反应就成为孩子是否养成不良习惯的“节点”。

试想，在孩子有了因好奇、好玩而产生的第一次“恶作剧”行为后，父母很认真、郑重地提醒孩子不能乱按按钮，并告知其可能造成的后果，相信孩子的这种顽劣行为就会戛然而止，也就不会有上面家长亲子日记中叙述的那一幕。

孩子的很多不良习惯都是因为不良行为在第一次出现时没有得到正确的引导而形成的，父母的纵容、放任是罪魁祸首。在孩子成长的道路上，会有不计其数的“第一次”，如第一次说脏话、第一次敲碗筷、第一次打架、第一次考试失利、第一次骑车摔倒，等等。这每一个“第一次”，都是对家长的一次考验，都是对家长教育智慧的考量。不一样的应对方式，最终决定了孩子不一样的成长，之所以出现千差万别，根不在孩子身上，而在家长那里。

这个案例就是“活教材”，每一位经历者、浏览者都会有自己的观点和判断，而不同的观点和判断都源自每个人的价值观。每个人的价值观不同，投射到孩子教育中的言行举止也就迥然不同，孩子也就变得优劣各异了。

孩子是父母的一面镜子，从孩子身上能看到父母的影子；孩子的教育不是教育孩子，而是家长的自我教育！

养育孩子不是牺牲自我

今天，一位妈妈给我发来一个链接，题目是《为孩子牺牲自我值得吗?》同时给我留言：“武校长，这是我在网上看到的一篇文章，发现自己跟文中的妈妈特别相似，只是还没有发展到那样令人不堪的境地。您能给我一些建议吗?”

我们先来看看她发给我的案例吧!

哈尔滨有一位单亲母亲，从儿子中考一直陪读到考研。孩子两次考研两次失败，为了母亲他还想再考，但严重的抑郁症使他再也考不下去了。孩子持刀自残，母亲夺刀相救，结果误刺母亲，险些要了母亲的性命。

这位母亲本来是一个性格开朗、工作干练的基层干部。当她下决心进城陪读的时候，刚刚 40 岁出头。她拒绝再婚，辞掉工作，卖掉房子，把自己生命的全部都押在儿子身上，就像一场赌博。母亲为儿子做出了巨大的牺牲，使自己的生命黯淡了，没有了光和热。母亲所做的牺牲使孩子背负了巨大的精神压力，没有了自我选择的空间。结果换来的是什么呢? 不仅是孩子考研的失败，也毁了孩子的人生。

为了孩子的学业，竟然放弃自己稳定的工作，拒绝重组家庭，并卖掉房子，把自己的全部精力和人生希望全部押在孩子身上，这位单亲妈妈已经没有了自我，也可以说是迷失了自我。这样的想法、做法存在于为数不少的父母身上，他们宁可牺牲自己也要不遗余力地助推孩子在“独木桥”上艰难地行走，还美其名曰“爱孩子”。然而，这样的爱是以牺牲自我为前提的，貌似伟大与无私，却在无形中给孩子造成了巨大的心理压力，会让孩子感到深深的负罪感，甚至把父母窘迫的境遇归咎于自己的不争气、不优秀，这样的情绪长久得不到释放，焦虑、抑郁就成为必然。

在这样的处境下，父母累，孩子更累，双方都积聚了许多负能量，待无法控制时就会被动地释放出来，从而发生矛盾冲突，严重的还会发展为肢体冲突，导致伤害事件发生。

为了孩子牺牲自我，这是众多家长最容易犯的错。这些家长在潜意识中认为，有了孩子之后，自己的全部人生目标都在孩子身上，于是放弃了自己的成长，更不用谈属于自己的生活了。为了孩子能“鹤立鸡群”，不惜重金为他们报各种类型的辅导班、兴趣班，也不管孩子喜不喜欢、需不需要；为了孩子能与众不同，竭尽所能为他们提供各种各样的研学旅行机会，自己却从来没有出去开阔一下自己的眼界；为了孩子能锦衣玉食，倾其所有为他们定制美食和购置品牌衣服，自己却节衣缩食地艰苦度日……

这样的父母内心有一个逻辑：只要我对孩子好，孩子就会感恩，就会快乐。但事实恰恰相反，在这样的“大爱”压迫之下，孩子反而不懂得感恩，也享受不到这个年龄应有的快乐，因为他们感受到的不是爱，而是控制、监督，有的还会产生深深的愧疚感。

父母真正的角色定位绝不单单是孩子成长的助推者、督促者，更应该是孩子成长的引路者、示范者，而引路、示范的前提就是父母要活好自己，给孩子做好榜样。这样的示范的影响是潜移默化的，是润物细无声的。因此，作为父母，要想让子女成为最好的自己，活出精彩人生，最有效的途径就是做好自己，活出精彩，这才是对子女最好的教育和成全。

一个真实的生活案例，反映出一种较为普遍的“错爱”现象，希望天下所有的父母，能够从这个事件中汲取教训，以“前车之鉴”为“后事之师”，也不枉为一件好事。

父母对孩子的爱要掌握好一个度，一旦过度，爱就会变为害，得不偿失。因此，父母在无私奉献的同时，一定要关注自己的成长，先让自己靓丽光鲜、阳光灿烂、能量满满起来，才能给孩子提供一个有模有样的“模板”，才能引领孩子快乐地生活与学习。

请记住：你快乐，孩子才快乐；你阳光，孩子才阳光；你自信，孩子才自信；你成长，孩子才成长！养育孩子，就这么简单！

不要小看自己

在生活和工作中，有很多人把很多事“想死”了。大部分人之所以不成功，不是因为能力不足，而是因为心理不够强大，对自己认识不足，不够自信，让“我做不到”“我不行”“我没这本事”给扼杀了。

我们先来看一位家长的亲子日记。

自从加入校家长委员会，成为班级家长小组长以来，心情不免有些忐忑和矛盾：曾经是“问题学生”的我，文化水平不高、管理经验为零，能否胜任一职务？但这是一个难得的学习机会，我难道不应该去努力吗？

带着这样的心情，我今天重新梳理了武校长说的每一句话和每一篇日记及碎思，从中得知清平小学能取得今天的成绩，是不分年龄、不分文化层次的家人们共同努力的结果。家人们也是在武校长打开校门后，从零开始慢慢变得如此优秀的。是呀！从牙牙学语到跨出第一步，从第一天背起书包走进校门到走上工作岗位，从第一次谈恋爱再到为人父母，哪一步我们不是从零开始呢！现在有武校长和麦校长引领我跨出第一步，还有那么多家人的支持，我又有什么理由不去努力跨出第二步、第三步……一直走下去呢？

相信自己吧！努力就会有收获的。加油！！！

起初，这位家长内心的恐惧几乎阻止了他后续的行动，他认为自己没有文化、没有经验，还把自己圈定在“问题学生”的框架中，从而导致了不自信，不敢开始行动和改变。好在，他突破了，因为他看到与自己同等水平甚至不及自己的人都有了改变。在这样的影响下，他的潜能被唤醒，自信心也慢慢建立起来。于是，他开始了行动！

人，要自信，要相信自己的实力，尤其是在自己的专业领域和长项上。

小泽征尔是世界著名的交响乐指挥家。在一次世界优秀指挥家大赛的决赛中，他按照评委会给的乐谱指挥演奏，敏锐地发现了其不和谐的声音。起初，他以为是乐队演奏出了错误，就停下来重新演奏，但还是不对。他觉得是乐谱有问题。这时，在场的作曲家和评委会的权威人士坚持说乐谱绝对没有问题，是他错了。面对一大批音乐大师和权威人士，他思考再三，最后斩钉截铁地大声说：“不！一定是乐谱错了！”话音刚落，评委席上的评委们立即站起来，报以热烈的掌声，祝贺他大赛夺魁。

原来，这是评委们精心设计的圈套，以此来检验指挥家在发现乐谱错误并遭到权威人士否定的情况下，能否坚持自己的正确主张。前两位参加决赛的指挥家虽然也发现了错误，但终因随声附和权威们的意见而被淘汰。小泽征尔却因充满自信而摘取了世界指挥家大赛的桂冠。

小泽征尔成功了，他成功的秘诀就是相信自我，相信自己的专业性，相信自己的实力。

不要把事情看得高不可攀，也不要小看自己，要相信自己，这样才有可能成为那个成功者。

再谈家长的“人样”

昨天晚上，清平小学家校合育群里依然重复着每天的热闹景象，一篇篇来自不同家庭的亲子日记接连传递上来，偶尔分享出来的教育链接及家长们的评论、点赞点缀其中，为这个家校合育群平添了更多智慧与灵动的元素。

这个群已经组建两年多，进入了相对平缓的“稳定期”，按照常理是不需要特别关注的。那为什么今天要特别提及它呢？这要从昨天晚上一位家长的质疑说起。

昨天晚上 11 点多，群成员“本善”的一条微信留言引起了我的注意，他这样说：“我上学的时候，老师就告诉我们写日记不是记流水账。写我今天吃的啥、喝的啥、上哪要，有意思吗？看你们的亲子日记都差不多的水平，千篇一律！”

这个质疑随后也引起了其他群成员的关注，第一个回应的是佳玲妈妈，她说：“那你把有深度的亲子日记给大家瞧瞧呗！”

他回道：“我不会写，但我会读。”

“哦，评论家。”佳玲妈妈紧随其后。

他开始回应了，语气有些生硬：“上学你也没这么用功吧！你上学时会一天写一篇日记？”

另一位家长有些看不下去了：“做比说更重要，非常佩服敢于把亲子日记发在群里分享的家长，给孩子做了最好的榜样，致敬点赞！”

看见这种态势，我正好也想针对亲子日记这个家庭教育工具做一些解释，让更多家长意识到它的价值和意义，当即决定来一次线上的“微课”。

我：亲子日记，不是写优秀的文章，而是让家长从不同的视角发现原来看不到的东西。另外，家长的坚持更是孩子的榜样，教育就是示范。请记住：时时处处皆教育，包括我们每一天的言行！身教重于言传，家长是孩子一生的“人样”！

本善：人样？

我：养育孩子，实质上是父母的二次修炼。做鞋有“鞋样”，做人也要有“人样”。

看来他没有看我的每日分享，在每日分享中我已经多次提到和解读过“人样”了，而且有一篇分享直击“人样”——《教育者就要有个“人样”》。

那篇分享是从“鞋样”切入的：“鞋样”就是鞋匠做鞋用的模子，即使是工业化流水线的鞋厂，做鞋也需要有个板型。所以，不同的人因为脚型原因逐渐对某些品牌的鞋子有了依赖性，也就是所谓的情有独钟。于是，在人和鞋子品牌之间也有了一种相互适应的默契，自然也就有了“忠实顾客”之说。而导致这个结果的根源在鞋子的模板，即鞋样。

育人和做鞋一样，做鞋有“鞋样”，做人也要有“人样”。每一位教育者，包括专家、校长、教师、家长都要为身边的受教育者做出一个“人样”，也就是学习者学习的榜样。教育就是示范，作为专家、校长如果做不好自己，就会影响身边的教师和家长；如果教师和家长做不好自己，就会直接影响所教、所养的孩子。因此，不管是在微信群、QQ 群等网络平台上，还是在校园里、家庭中，作为年长者，都应该为晚辈做出榜样，而不可为所欲为、信口雌黄，逞一时之快，忘记了自己本是教育者的身份。

每一个成年人都是孩子的“人样”，每一个成年人都是“长歪”了的孩子，需要不断修正自我，端正“板型”，我称之为“修炼”。

家长们正在撰写的亲子日记是一面镜子，它的价值在于不断照出家庭中每个成员身上的不足，同时也投射出发生在每个人身上的微变化；亲子日记是一把“标尺”，它的意义在于用他律的方式约束家庭中每个成员的言行举止，引导这个家庭逐渐走向自律。因此，写什么、写得怎样已不是最重要的，它的价值与意义本不在此。

哪怕是只言片语，哪怕是平平淡淡，哪怕是有些蹩脚，都是次要的。只要动笔写，只要开始行动，就是在为孩子树立另一面镜子、第二把标尺，懂了，就不会再有质疑。

您难道不想心平气和地处理好夫妻关系、婆媳关系、翁婿关系、亲子关系吗？您难道不想成为孩子模仿的优秀“人样”吗？那就赶快行动起来吧！

让孩子学会说“不”

孩子在成长过程中，经常会遇到一些由鸡毛蒜皮的小事引起的同学间的矛盾冲突，有时甚至大打出手，导致一方受到伤害。这不仅令同学间的关系紧张，而且会影响到孩子的心理状态和情绪状态。面对这样的问题，家长们一般有两种应对方式：一种是以牙还牙，以暴制暴，要求孩子还手“打”回来，即“人若犯我，我必犯人”；另一种是基本漠视，认为小孩子之间打打闹闹是正常的，过一段时间就和好了。

相信每个人都有自己的应对方式。有一位爸爸也遇到了类似的问题，看看他是怎么应对的吧！

在孩子成长的过程中总会遇到这样那样的问题，遇到问题并不可怕，家长要做的是引导沟通，把自己的观点说明，作为孩子处理问题的参考，而不是强加干涉。之前在群里看到一篇亲子日记《好朋友不理我了》，今天在儿子身上惊人雷同版重演了。

儿子是一个非常宽厚仁爱、阳光快乐的小“男神”（这是班主任和老师们共同的评价）。这几天我发现孩子的笔袋、书包上有许多口子，于是追问他怎么弄的。孩子委屈地把事情的经过跟我讲了出来。

美术课上，美术老师让孩子们每人必须准备一把美工刀。儿子的好朋友的美工刀不锋利了，于是儿子把自己新买的美工刀借给了这位好朋友。好朋友用完也不还给他，儿子没有用的了，就用零用钱又买了一把新的。几天后，儿子向这位好朋友要美工刀，这位好朋友非但不还，还把儿子的笔袋、书包用美工刀划烂了，用的就是儿子借给他的美工刀……儿子很委屈，也不敢再向这位好朋友要他的美工刀了，怕失去这位好朋友。儿子说到这里我已经明白了事情的来龙去脉。儿子这位好朋友的所作所为，在我看来已经是以怨报德，太不像话了。我把同学、朋友、好朋友之间的关系慢慢解释给儿子听：“这位好朋友的表现说明你们已经不是好朋友了，因为你们之间连最基本的互相尊重都没有了。对方已经不把你当朋友，如果你还一味谦让，就会失去做人最基本的尊严和自信。”

考虑到这件事会影响孩子今后的人格发展，我果断地让孩子根据以上所述做出判断——不要怕失去这位“好朋友”，并教给儿子一些交朋友的小方法。

这样的事放在以前，我肯定会大发雷霆训斥孩子软弱，告诉他："别人把你的东西弄坏了，必须双倍要回来！"而今天，我没有这样做。在这里要感谢德开小学，感谢家长委员会让我学到很多教育孩子及亲子共成长的方法。之所以要感谢，是因为通过德开小学这个平台，我有幸认识了清平小学的武校长，清平小学的家长们更是无私地分享自己的亲子日记。如果不是之前有家长处理类似问题的"模板"，我在儿子"怕好朋友不理我"的问题上不会处理得如此恰当得力，感谢！

这位爸爸处理问题的方式对大家有没有启发呢？让孩子理性面对矛盾冲突，既不能以其人之道还治其人之身，也不能委曲求全纵容对方的错误，那样对己对人都是不负责任的表现。因此，要让孩子敢于拒绝对方，敢于说"不"！

当然，并不是所有发生在孩子之间的矛盾冲突都要采取这样的处理方式，还是应该因人而异、因事而异。如果对方导致的伤害属于无意而为，或者后果很轻微，对方确有悔改或道歉之意，那就要引导孩子以和为贵，原谅对方，大家言归于好，继续交往下去。

不管是相互谅解的握手言和，还是义正词严地说"不"，都可以看成孩子成长过程中必然经历的挫折，即我们常说的"挫折教育"或"逆商教育"，它是助力孩子走向成熟的强大"推手"。而该"推手"的打造者就是孩子的父母，所以我们常说"父母才是孩子生命中最重要的'贵人'"。

家长好好学习，孩子才能天天向上！只有家长的教育素养提升了，孩子的路才会越走越宽！

女儿令我刮目相看

生活中，我们经常会听到家长说自己的孩子这也不会，那也不行。当然，随之看到的就是家长帮着做这做那，孩子真变成了“无能儿”，什么也不会，衣来伸手，饭来张口，家长这样做最终累了自己，害了孩子。爱孩子，既需要理念，也需要技术，两者加起来就是教育智慧。作为家长，要理智地面对孩子的成长，体面地远离孩子的世界；要学会慢慢放手，给孩子成长的空间，让他们有机会面对阳光雨露与狂风暴雨，经受磨炼与挫折，推动孩子学会和勇于“自己来”，这就是大智慧。就像蹒跚学步的幼儿，只有我们慢慢放手，他才能学会走路。要相信，孩子总有一天会长大，他们有能力完成自己的事情。从这个角度讲，放手也是爱！

一位妈妈，因为偶然的一次放手与示弱，意外地发现了女儿的另一面，这个意外发现着实令妈妈吃了一惊，真是“一次购物当刮目相看”啊！走，去看看到底发生了什么吧！

今天下班后，带孩子去了趟超市，有几件必需品要买。因为我担心忘记其中的一两样，于是就把这个艰巨的任务交给女儿，告诉她需要买什么东西，让她帮我记着点儿。

到了超市，女儿就开始一样一样地念叨，生怕漏下什么东西。我们转了一圈也没找到香油，于是女儿向周围扫了一眼，找到一位售货员阿姨询问香油摆放的位置，然后带着我过去找！这真是出乎我的意料，因为女儿的性格并不是那么开朗外向，甚至有时还有些怕人，没想到今天她能做到这样！在超市里也从一开始我要求她自己去称重到现在自取自称了，而且不再多要零食，买上一两样就主动说不要了！不得不说这是一大进步啊！

晚上，带她一起参加了一个小聚会。由于要照顾小宝，我得先回家。女儿不跟我走，说要留下看着爸爸，不让爸爸多喝酒，不让爸爸酒后开车！真是个细心的女儿！“小棉袄”的特质开始体现了哦！

妈妈发现的“新大陆”只是女儿最近改变的“冰山一角”而已。前段时间，一年级（1）班家长委员会自发搞了一次班级会餐，当时这对母女也在现场。就在那一天，女儿已经让妈妈感到了意外。

妈妈在当天的日记结束部分是这样写的：“会餐进行到一半，孩子奶奶打电话说小宝哭闹该睡觉了，我得提前回去！走之前跟女儿说了声，原本以为她会黏着我不让我走，我都做好耐心劝说的准备了，结果出人意料，她直接摆摆手说：‘快走吧！快走吧！’丝毫不在意我的离开！看来女儿长大了，是我自己自作多情了！”

这次妈妈又带女儿参加聚会，同样因为有事要提前离开时，女儿选择留下来继续陪爸爸，估计妈妈心里还有点酸酸的，不过，那可是眼见着“小棉袄”的出现而滋生的幸福感啊！

女儿的不“黏”身和懂事说明她在慢慢地长大，妈妈的失落感正是女儿走向独立的最有力证明。

最近这段时间，女儿确实给了妈妈一些意想不到的惊喜，为何有这样的改变？我想这里面一定有一些诀窍。在哪呢？来看看妈妈和女儿的假期轮值日记吧，答案就在里面。

今天我要去学校值班。一早起来，孩子就坐不住了，她记着这事呢！可惜她上午要去学古筝，不能全程陪我值班了！吃过早饭，我先把她送到了学校门口的琴行，结果古筝老师还没来，她乐得先陪我进校园逛一圈！女儿自告奋勇要推小宝，只是门口修路，让她的“逞能”之举没能得逞！路不好走，她非常贴心地帮我扶着车子，好让我轻松一点！进入校园，报到，签名，就带孩子在校园里转起来！一改前几天的闷热，今天特别舒适凉爽，天公作美，正好可以带着孩子到处转转。无论室内室外，到处都弥漫着浓浓的校园文化，这是学校所特有的一种气息，我特别喜欢在校园里这样闲逛，宁静而舒适！闲逛之余竟然又发现了之前未曾注意到的刻字，我很好奇校园里一共有几个刻字，都是什么字，有什么意义，于是女儿拿着手机满校园跑，帮我寻找所有的刻字。

下午，女儿带着作业来陪我值班，作业主要是读故事和英语，女儿完成得还算可以！

切莫低估了孩子

低估孩子与高估孩子同样可怕！

在一次家长培训会上，我抛出一个问题：“您觉得一个4岁的孩子能做什么?”很多家长直摇头，游离不定的眼神中透露出些许不解与困惑。我懂他们在想什么，因为之前我也有过类似的担忧。

在大多数父母眼中，4岁的孩子还是蜷缩在父母臂膀下备受呵护的对象，不添乱就不错了，还指望他们做什么，这不是天方夜谭吗?然而，在哈尔滨的一个偏僻小山村——八家子屯里，却有一个4岁的小女孩挑起了一个家的重担：照顾瘫痪在床的父母。

小女孩名叫孙悦，因为家境贫寒，她天天只吃些面糊、米粥和咸菜，导致营养不良。穿的就更不用说了，衣服破破烂烂，两条裤腿已经从中间撕开了，露出了棉裤……这可是在寒冷的冬天啊!

自从几年前看到关于这个小女孩的报道后，我的心里就一直放不下。一个弱不禁风的小女孩，用她的行动展示了一个顶天立地的顽强孩子的形象，不断地鞭策着我做好身边的每一件事，同时提醒我不要低估了孩子的能力。

今天，又有家长带着孩子来校轮值了。

今天下午我到学校轮值，不一样的是多了一个人——儿子。从家往学校走的过程中下起了小雨，可怎样都阻挡不了我们去值班的脚步。孩子昨天晚上就跟我说：“妈妈，明天去学校轮值，我们两个人一起去好吗?”看看这热情劲儿，你能不带他吗?

我们到学校不久，程浩和他的妈妈也来到了学校。我们先来到了我们的一年级（1）班，因为今天有新生来报名，所以先过来看一下。到了班级才知道他们都集中在一年级（2）班报名，于是我们一起动手把教室打扫得干干净净。真是人多力量大，不一会儿我们就搞定了，这两个小子功劳可不小哟，都抢着干呢!

随后我们又在每个楼道里转了一圈，最后回到了家长委员会办公室。不一会儿，牟艺林和他的妈妈、妹妹也来了。

牟艺林负责把垃圾倒了，关好门窗。清平小学一切正常！今天任务完成。

这段时间轮值的都是一年级的家长，他们经常带着孩子一起来，于是，七八岁的孩子摇身一变成了“小向导”“小主人”，为爸爸妈妈做学校文化与环境介绍，还以“劳动小能手”的身份忙碌于办公室与走廊间。

一年前，他们可不是这个样子的。为什么会有这样大的变化呢？其根源不在孩子，而在父母。不信，看看下面这位妈妈的假期轮值日记就明白了。

今天去学校啦！一进门就看见一年级新生在报名，似曾相识的感觉！去年的这个时候，也是在暑假里，我也来这里给孩子报名。时间过得好快，转眼一年啦，满满的全是回忆。

刚来学校的时候，很陌生，特别担心孩子适应不了。慢慢地，发现这一切顾虑和问题都是多余的，是自己想多了，给自己牢牢地套上了枷锁。宝贝们比我们想象的要好，要听话，真的很棒！

每个孩子都有适应期，即使是我们这些成年人，要接受一份新工作还会有些不适应呢，何况是孩子？今天下午走的时候，儿子和其他两个同学一起去倒垃圾，回来的路上有说有笑，感觉他们真的长大了，再也不是那个刚上一年级跟爸爸妈妈说害怕新环境、新老师的小孩子了。他们管他们的老师叫“女神”，这代号是不是很跩呢？这就是孩子和老师之间的关系，他们现在在学校就像回了自己家一样，而我们这些家长也感觉像回到了自己家。

这就是清平小学，让我们一起走进清平之家。

让孩子离爸爸妈妈远一点，他们的成长就快一点！

如何看孩子成长中的“病症”

昨天，朋友家的孩子生病了。据朋友讲，每次孩子感冒，他们全家人便如临大敌般紧张。

朋友夫妻俩身体都很棒，按遗传基因学来讲，孩子的体质也不会太差，那为什么孩子会如此令人“牵肠挂肚”呢？

因为心有疑，所以就问人。于是我向一位资深医生咨询，方知可能是因为在孩子婴幼儿期感冒用药过度造成的。“初病下猛药”这好像已是一种常态。如果说这种做法主要来自于医生方面，而父母的“变本加厉”行为则令治疗过程“雪上加霜”。作为孩子至亲之人，病在孩身，疼在娘心，恨不得替孩子承受这一切痛苦。然而，正是因为爱之深，才有了“害”之切。只要孩子的身体有一点风吹草动，父母尤其是新生代父母，立时就进入手忙脚乱的焦躁状态，恨不得立马用“猛药”来阻止孩子陷入“危险”，于是给孩子大量用药，成为危害孩子健康的一个爱的“毒瘤”。久而久之，孩子自身的免疫力降低，对病毒的抵抗力减弱，也就更易生病了。

记得儿子小时候，我们就得到一个告诫：孩子如果出现诸如感冒发烧、肠胃不适等病症，切莫急于用药，可以通过物理降温、多饮水、冷敷、热敷等措施进行先期家庭治疗。这个告诫来自从医的专业人员。因为这样的处理方式能够激活孩子体内的积极抗体，倒逼孩子提升自身免疫力。

治病如此，教育也同理。在教养孩子促其成长的过程中，也会出现一些所谓的“成长的烦恼”，一位妈妈就遇到了孩子成长的“病症”，看看她是怎样“下药”的吧！

昨天邀请同事带她6个月大的女儿来家里玩。开始女儿觉得小妹妹那么小，和她玩不到一起去，还说小不点爱哭又爱抢东西。结果等杨阿姨带着小宝贝来的时候，女儿却和她们相处得很愉快。她拿出自己小时候的玩具给小妹妹玩，还热心地帮杨阿姨拿这拿那。

可是，这愉快的气氛在小宝贝的爸爸——梅叔叔到来之后发生了逆转。女儿认为，梅叔叔来了就不好玩了，因为他们夫妻只顾照顾小宝贝，不理她了，她觉得没有存在感，很无聊，所以吃饭的时候一直瞪着梅叔叔。尽管我一再暗示她不要这么没有礼貌，却无济于事。当时因为有同事在，我没理她，于是我想今天中午找机会跟她谈谈这件事。

结果，当我提议让她通过微信感谢杨阿姨买的酸奶，并邀请杨阿姨和梅叔叔改天一起带着小妹妹来家里玩时，女儿的回答让我火冒三丈。她说："你为什么要让我撒谎？我不喜欢梅叔叔一起来！"我当时就控制不住自己，使劲打了她几巴掌！之后严厉地告诉她："这怎么是说谎呢？这是最基本的文明礼貌问题。如果你的同学来家里玩，妈妈也这样对待你的同学，你怎么想?"总之，又是一顿语言教育。

上班路上，我一直在回想女儿被我打时流泪的情景，心里也不舒服。毕竟女儿已经10岁了，我动手打她心里还是不舒服的，她哭我心里也难过。我正在反思，爸爸发来一条微信，说女儿主动和梅叔叔打招呼了。这个消息，一时间让我心情大好！女儿的学习不需要我操心，但不爱和人打招呼这点最近几年一直让我头疼。看来这次的动手教育还是有点效果的。

晚上回家之后，我还是表扬了女儿主动和姚叔叔打招呼的事情，同时再次和她强调：表现好了，妈妈一定会表扬，表现不好，妈妈一定会批评，但是以后尽量和平解决，不动手。听我这么说，女儿冲我做了一个鬼脸。我知道她不喜欢我凶她的样子，但是她也知道她做得不好我才这么对她。

这位妈妈给孩子"治病"开的就是"烈性药"。这种"药"可暂时止痛，却不能永久有效，而且副作用特别大。这样的教育方式，会传染，更会继承，未来可能变成孩子新生家庭教养子女的方式，因为原生家庭就是这样的。

另外，我还特别注意了这位妈妈最后说的话："表现好了，妈妈一定会表扬，表现不好，妈妈一定会批评。"我想，这里的批评要把握好度，如果过于狭窄或偏激，可能给孩子造成"表现不好妈妈就不爱我"的判断，这是我很不赞成的。爱孩子，不能因为他们优秀就爱，不优秀就不爱，这样的价值观会影响亲子关系，也会影响孩子一生的幸福。

智慧父母做“甩手掌柜”

甩手掌柜，指不管事、不做事的掌柜（或领导），通常是当贬义词来使用的。而今天我用这个词，可不是贬义，而是褒义。至于为什么这样用，看看下面这位“甩手掌柜”妈妈的亲子日记就懂了。

今天我休息，早就说好今天要带孩子去商品城逛逛，所以孩子早早起来，吃完早饭就准备出发了。我事先把需要买的东西写在了纸上，又问孩子需要买什么东西，让他也写在纸上。

临出门时，孩子说今天的作业回来再写，我同意了。坐公交车时，孩子说现在的车都是空调车，票价两元。于是我把零钱交给孩子，由他投币上车，并让他注意听什么时候到站，以免坐过站。到达商品城后，我把纸交给孩子，开始购物。就这样，买一样孩子就画掉一样，买齐我需要的东西后，就开始寻找他想买的东西。因为孩子快过生日了，所以提前给他买个生日礼物。选来选去看好了一盒“我的世界”拼插积木，于是让他自己询问价格、交钱。

在回来的路上，我俩闲得无聊就开始算这次购物花了多少钱，先把每一项花的钱写下来再由他计算。说着说着我说困了，先睡一会儿，让他负责听报站。他就注视着公交车门上方的路线站点图，每报一站他都站起来看看还有多少站到家。

到家后，我俩开始看动画片，看不懂的地方他就跟我解释。下午的作业完成得也比较快，作业完成后开始玩刚买的积木，我俩合作完成得很快，孩子玩得很高兴！

晚饭后，孩子在马路上骑自行车不小心摔倒了，爬起来就开始哭，边哭边说膝盖被擦破皮了。我逗他：“大小伙子哭啥，也不知道自行车摔坏了没有?”于是，他连哭带笑地说自行车估计没事。回家后让他用碘伏擦了擦膝盖擦破的地方，这会儿坐在凳子上老实了……

看看这对母子的购物之旅，想想今天发生在母子间的故事，每一件都记录到了妈妈的亲子日记中，字里行间向我们展现出一个可圈可点的教育画面，让我们不得不叹服这位妈妈的教育智慧。

一是信守承诺。妈妈兑现之前的承诺，带孩子到商品城去逛街，今天成行了。这就是对孩子的诚信教育，孩子从妈妈身上读懂了“言必行，行必果”的释义。

二是以身示范。妈妈的一张“购物计划表”不仅提醒自己不要因丢三落四忘记该买的物品，更重要的是给了儿子一个示范，使其认识到什么是“豫则立，不豫则废”。这样的教育是以身示范，是身体力行，没有空泛的说教和令人窒息的强制，仅仅是做出“人样”而已。

三是尊重孩子。妈妈做的这张“购物计划表”上可不都是妈妈想买的物品，也有孩子的需求。这是对孩子的尊重，是把孩子当成家庭中的重要一员，推进了家庭民主管理。当孩子了解到某件事与自己有关，就获得了被尊重的体验与感受，会大大提升参与家庭生活的积极性和主动性，变“要我做”为“我要做”。

四是信任孩子。从往返途中乘车购票、关注站点，到购物中的“按计行事”，都体现了妈妈对儿子的信任。这样的“甩手”实则给了孩子做“掌柜”的机会，因为权利与责任是“双胞胎”。妈妈把购物权“甩”给儿子的同时，也将责任转移给了儿子。试想，一个成年人得到他人的信任都能大大提升工作热情和效率，更何况是一个孩子呢！

五是历练孩子。骑自行车摔倒是非常正常的一件事，但不同的处理方式会有不一样的结果，也就有了不一样的教育。妈妈看到孩子骑自行车摔伤后，没有哄孩子或训斥孩子，而是适时地幽默了一下，成功转移了儿子的注意力，令儿子破涕为笑。孩子生于天地间，哪一个没有摔过、伤过，关键是父母怎样引导孩子应对这样的挫折，这就是我们经常谈及的逆商教育或挫折教育。

爸爸妈妈们，你们不想做这样的“甩手掌柜”吗？如果想，就赶快行动起来。

请记住：父母“甩手”，孩子才能做“掌柜”！

父母不要“自折翅膀”

从前，有一个宰相的妻子非常重视儿子的前途，她每天不辞劳苦地劝告儿子要努力读书，要有礼貌，要讲信用，要忠于国君等。宰相却是早上离开家去上朝，晚上回来则看书。爱子心切的妻子忍不住对他说：“你别只顾你的公事和看书，你也该好好管教管教你的儿子啊！”宰相眼不离书地说：“我时时刻刻都在教育儿子啊！”

这位宰相看上去对儿子的前途、成长不闻不问，实则正在以自己的言行时时刻刻给儿子做示范，在家庭中树立一个负有责任心和不断学习的榜样，他以身示范对儿子施以潜移默化的影响，其作用远远大于空泛的说教。

身教重于言传，这是大家都懂的道理。然而，太多的父母自己很普通，却望子成龙、望女成凤；自己已经停止了学习和进步，却要求孩子好好学习，天天向上……这难道不是痴人说梦吗？在一个家庭中，父母是孩子成长的榜样，父母的一言一行、一颦一笑都是在做教育，都是在做示范。孩子就是从成年人的言行举止中读懂生活和世界的。

现在，一些人把中华传统文化中的“三纲五常”视为糟粕，本人持反对态度。就拿“三纲”来讲，把“纲”释义为榜样，那“君为臣纲、父为子纲、夫为妻纲”就是君王（或上级）为臣子（或下级）做榜样，父母为儿女做榜样，丈夫为妻子做榜样。如此讲来，“三纲”就不是糟粕，而是精华。作为父母，应该怎样做好孩子的榜样呢？

鸟儿翱翔蓝天离不开有力的翅膀，它们的父母不仅给予了它们一对翅膀，而且通过言传身教教会了它们怎样运用这对翅膀去飞翔。试想，如果小鸟的父母都不能自由翱翔于天地间，又怎能教会小鸟伸展羽翼？如果小鸟的父母停止了飞翔，又有什么资格要求小鸟飞得更高？对于我们人类来讲，如果我们停止了自我学习与成长，也决然没有理由对孩子提出“超越自我”的要求。然而，在我们身边，这样的现象比比皆是，我称之为“自折翅膀”。

就拿妈妈来讲，从孕育生命的那一刻起，便从“羽翼丰满的天使”摇身变成“折翼的天使”。慢慢地，她们开始把生命的价值单纯地解读为孩子的成长，有的甚至将自己定位为“家庭主妇”，从此演变成孩子的高级“保姆”。于是，原来读的书放下了，原来上的课停下了，原来在一起的朋友疏远了……就这样，整个人进入了另一种生活模式——冬眠，生命开始变成“一潭死水”，这也成为一部分妈妈焦虑、抑郁的原因之一。

一位全职妈妈，在女儿问及她什么是“家庭主妇”时，开始反思自己，并尝试改变自己，拿起了书和笔，开始了在家“创业”的艰难旅程……最后，她终于又找回了自己，虽然还是“大门不出，二门不迈”，但她还是坚定地完成了自我救赎。等到她“创业”成功后，女儿也改变了对妈妈的看法，并将妈妈当成自己的骄傲加以宣扬。如果之前妈妈没有选择改变自我，恐怕孩子就会把妈妈原来的形象作为“人样”来学习，后果可想而知。

每个成年人都是长“歪”了的孩子，都需要通过不断地学习来提升、修正自己，而孩子，就是上天派来帮助父母修正自我的“教材”或“工具”。有了孩子，我们才成为父母，才进入了另一个修炼期，做更好的自己才成为可能。

好好珍惜这份拥有，努力修复自己的“翅膀”，你才有能力陪伴孩子一起飞！

不要替孩子背“包袱”

一位妈妈在亲子日记中引用了一个案例，说的是一个13岁的男孩被送到欧洲生活了一段时间的经历，令人深思。而这个案例，也正好与我之前写的一篇文章遥相呼应，因此，更值得一品。

暑假，一个家长把自己13岁的儿子送到了澳洲的朋友玛丽家，说要让儿子见见世面，请玛丽帮忙照顾一下。于是，玛丽开始了她对一个未成年男孩的“照顾”。

刚从机场接回男孩，玛丽就对他说了一番话：“我是你爸爸的朋友，你在澳洲一个月的暑期生活，你爸爸托我照顾你。但我要告诉你的是，我对照顾你的生活并不负有责任，因为我不欠你爸爸的，他也不欠我的，所以我们之间是平等的。你13岁了，基本生活能力都有了，所以从明天起，你要自己按时起床，我不负责叫你。起床后，你要自己做早餐吃，因为我要去工作，不可能替你做早餐，吃完后你得自己把盘子和碗清洗干净，因为我不负责替你洗盘子和碗，那不是我的责任。洗衣房在那里，你的衣服要自己去洗。另外，这里有一张城市地图和公共汽车的时间表，你自己看好地方决定要去哪里玩，我有时间可以带你去，若没时间的话，你要弄清楚路线和车程，自己去玩。总之，你要尽量自己解决自己的生活问题。我有我自己的事情要做，希望你的到来不会给我增添麻烦。”

13岁的小男孩眨着眼睛听着这位不许自己叫她阿姨，坚持要他直呼其名——玛丽的一番言语，心中肯定是有所触动的。因为在北京的家里，他的一切生活都是爸爸妈妈全盘负责的。

最后，当玛丽问他听明白了没有的时候，他说：“明白了。”

是啊，这个阿姨说得没错，她不欠爸爸的，更不欠自己的，自己已经13岁了，是个大孩子了，已经能做很多事，包括自己解决早餐，以及自己出门，去自己喜欢的地方。

孩子似乎被施了魔法……一个月之后，他回到了北京的家。家人惊讶地发现，孩子变了，变得什么都会做了，会管理自己的一切：起床后叠被子，吃饭后会洗碗筷，清扫屋子，会使用洗衣机，会按时睡觉，对人也变得有礼貌了……

他的爸爸妈妈对玛丽佩服得五体投地。问她："你施了什么魔法，让我儿子一个月之内就长大懂事了？"

我可以回答男孩爸爸妈妈的疑问。玛丽并没有对孩子施什么魔法，而是因为孩子在这一个月中经历了两个改变：一是离开了父母，失去了所谓的保护；二是面对了一个新环境，更重要的是玛丽阿姨的平等对待。当孩子脱离了父母的呵护照料，身处一个逼其独立的环境中，孩子首先做出的应对方式就是改变自己，适应环境。

小男孩很棒，在最短的时间内适应了新环境，并开始自我成长。值得我们反思的是，这个13岁男孩的澳洲之行并不是个体现象，而是一个群体趋向：在家什么都依靠父母，已经被宠得几近无能；而外出独立行走后，却惊人地发现什么都可以做。究其根结，还是要回到环境造就人上来。

在父母的保护下，孩子成长的"包袱"被父母完全地"抢"走了，孩子只能"轻装上阵"。然而，当有一天这样的"包袱"不得不自己背在肩上"负重启程"时，他们就没得选择而只能靠自己，"万般无奈"的成长也就开始了。令人担忧的是，这样的成长风险系数大大提高，一旦犯错、失误，后果将是严重的，甚至走到不可挽回的境地，这也就是"小错不犯犯大错，小亏不吃吃大亏"的道理。

中国的父母很"伟大"，他们会挖空心思、竭尽所能为孩子的成长铺平道路，生怕孩子"委屈""吃亏"，捧在手里怕摔了，含在嘴里怕化了。过度的宠爱、溺爱，把孩子变成了温室里的花朵，难以经受风吹雨打、酷暑寒天。

父母们，孩子来到这个世界上，就是要面对挑战和问题的，那是他们必须要背负的"包袱"，要相信他们能够在风雨的历练中成长起来，他们足够优秀，他们有能力独自去创造更好的生活。请记住：父母不欠孩子的！真爱孩子就要学会放手。

父母总有一天会失去保护孩子的能力，孩子终有一天要独立面对这个世界！那时候，没人可以帮他背"包袱"！

一位妈妈深谙这个道理，而且已经开始行动了……

今天孩子起得挺早，我和孩子就学习问题聊了一会儿。我跟他说："从今天开始，作业不要等爸妈催着写，要主动去写。也就是说，从今天开始，我不会再提醒你还有未完成的作业了，自己的事情自己做，自己的事情自己看着办。但我也是有条件的，写不完作业不能看电视，不能玩电脑，不能买好吃的。这样行吗？你能不能遵守？"孩子满口应允。

今天下午就收到爸爸给我发的作业图片。下班刚到家，孩子就说：“妈妈，我的作业完成了，还把昨天的读书也补上了。”看到孩子求表扬的神情，我心中窃喜，看来我的方法还是有用的。之前爸爸向我诉苦说：“这几天孩子不听话，吃饭、写字都要叫好几遍才不情不愿地去做。”所以我才改变了方法，让他自己管理自己。我表扬了他：“今天表现得不错!”我问爸爸今天有没有督促他，爸爸说：“有，但比平常少。”我说：“那也不行，从明天开始，你不要督促，看他自己的表现。咱们说得太多，孩子就会认为做作业这事爸爸妈妈也有责任，做不完有爸爸妈妈想着呢，这样太依赖咱们了，不好。”

这位家长已经觉醒并付诸行动，那么，您呢?

“亲子日记”的作用

自2015年2月14日推进“亲子百日记”项目至今，从10个家庭100天的坚持，开辟了清平小学亲子日记的先河，到如今在全国千百万家长群体中形成燎原之势，期间经历了坚守的困惑与成长的喜悦，最终收获满满。

亲子日记到底具有什么样的作用呢？它在调整家庭关系、家庭生态环境方面起到了嵌入式“眼睛”的作用，从起初的被动调整家长的行为方式到主动调整孩子的行为方式，亲子日记的作用远远超过了预期。

有三位外地家长，一位爸爸、两位妈妈，因为坚持写亲子日记已经很长时间，所以被推荐到“清平乐·亲子记群”里来，下面是他们进群后上传的第一篇日记。

妈妈的亲子日记：

加入了“清平乐·亲子记群”，让我收获满满。群里那么多优秀家长分享的教育真经，让我受益匪浅。今天中午接女儿回家后，我就打开手机看群里的家人们分享的日记。女儿凑过来说：“妈妈，你怎么不吃饭，在玩手机？”我委婉地告诉女儿：“宝贝，妈妈不是在玩手机，妈妈是在向那些优秀的家长学习，争取学到更好的教育方法，让你得到更好的教育。”女儿说：“妈妈，你怎么进‘清平乐·亲子记群’了？”我回应她：“老师推荐的，也是妈妈坚持不懈写亲子日记得到的收获。宝贝，付出就有收获，相信就会看到！妈妈会继续努力，做最好的自己！”女儿听完后说：“妈妈，你所付出的一切我非常理解，你为了我而努力学习，我也一定会好好学习，不辜负你的期望，做一个品学兼优的好孩子。”

正如武校长所说的，付出越多收获越多，不一样的付出会有不一样的收获。我会加倍努力学习，改变自己，改变孩子，让一切更加美好。

爸爸的亲子日记：

今天晚上接到孙主任的电话，说我被选中加入武校长的“清平乐·亲子记群”。我非常高兴，感觉自己像中了大奖一样，以后可以向全国各地的优秀家长们学习教育经验了。

由于这几天天气炎热，体育老师说今天休息一天。女儿这几天挺累的，就让她多睡会儿吧。可是，早上6:10分左右，女儿就自己起床了，刷牙洗脸之后就开始做作业。我问她怎么不多睡会儿，她说："老爸工作挺忙的都能每天坚持写亲子日记，我不是得向您学习吗?"自从我写亲子日记以来，女儿越来越自觉，不用我天天唠叨她做作业了，我很欣慰。

武校长说过："亲子日记，只要你拥有就一定是财富，相信就会看到。"庞校长也说过："我想培养好我的学生，你企盼你的孩子成龙或成凤，我们的目标是一致的，让我们陪孩子一起成长。"我想说："谢谢武校长、庞校长、孙校长、郭校长的一路引领，我们做家长的一定不断学习，以身作则。"

妈妈的亲子日记：

昨天加入了武校长的"清平乐·亲子记群"。

群规第一条就是：能坚持。不能坚持的请自动离群。

写一篇日记很简单，但是日日记，年年记，几十年如一日，就不简单了。和孩子，没有大事（或者有，也只是可数的几件），全是日常生活中的琐碎，譬如孩子的学习、衣服，孩子的一句话、一个动作……生活就是这些日常形成的大网络。

前段时间，徐老师说，嘉嘉变了很多，仿佛孩子原本沉睡的潜能苏醒了。我有些讶异，我比原来多做的，不过是每天坚持写亲子日记，不过是不再完全以"我自己"的角色与孩子相对。

聚于这个平台，是因为这个平台有向上的力量，有可以携手的力量，有让人提升的力量。它能使人变得更好。这个200多人的群，每天有200多篇亲子日记被分享，第一天加入，就看到了武校长——一个忙碌的教育者对我们这些平常父母的亲子日记的回复和指导。

可以加入"清平乐·亲子记群"，真好!

看到了吗?来自三所学校的三位家长在做同一件事——坚持写亲子日记。正因为做着相同的事，也就有了相同的结果——亲子共成长。

你还在等什么呢?这难道不值得你拥有吗?

由长江与黄河的源头谈孩子的教育

2017 年 7 月 29 日，经过一段时间的谋划与准备，“家校合育联盟学校首届论坛”在美丽的泉城济南拉开了帷幕。来自全国 20 多所联盟学校的一百余名代表及历城区小学校长参加了本次论坛。

本次论坛的主题是“携手才能共赢”。作为家校合育联盟学校的发起人，我跟与会的所有代表分享了自己的教育心得——从长江与黄河的源头谈孩子的教育。

稍有地理常识的人都知道，在青藏高原腹地有一个世界闻名的、中国最大的自然保护区——三江源自然保护区。这里是中国海拔最高的天然湿地，平均海拔 4000 多米，素有“中华水塔”的美誉，是长江、黄河、澜沧江的发源地。

今天提到三江源自然保护区，并不是要关注它的美丽与作用，而是想以物悟人，解读“人物一理”的道理。

众所周知，长江与黄河是横贯中国东西运输的两条“大动脉”，也是中华文明重要的发源地。从源头上看，这两条河流发源于同一区域，源头水从根本上相去无几，甚至可以说毫无二致。然而，它们却像性格迥异的两兄弟一样，从源头处分道扬镳：一条流经青海、西藏、四川、云南、重庆、湖北、湖南、江西、安徽、江苏，从上海奔入东海；一条流经青海、四川、甘肃、宁夏、内蒙古、陕西、山西、河南，从山东奔入渤海。因为流经省份、地域、地形不同，最终导致入海口处长江水与黄河水大相径庭。

孩子的教育也形同此理。每一个生命来到这个世界上，除了先天基因遗传上的差异外，其他也相去无几，这与长江、黄河之源好有一比。之后，这些生命开始成长于所在家庭的后天环境中，于是，他们也就慢慢地拉开了距离……差别迥异的后天教育环境施加在孩子身上，久而久之，孩子就变得相去甚远，这与长江与黄河入海之水大相径庭同理。

“人物一理”，在江河之水与孩子教育上被演绎得淋漓尽致，江河之水与孩子的成长如出一辙，其实就是大自然的规律所在，认与不认，它都在那里。江河之水，流水之道，历经千万年冲刷磨砺，其流向、流道已是无法逆转，也不必改变。然，化育孩童之道却需要与时俱进，时换时新，但改变的源头不在孩子那里，而在家长、在家庭。

期待着家庭在孩子成长的道路上，提供适合的教育环境，打造良性的家庭生态，让浸润于其中的每一个孩子都能获得生命生长所需的阳光雨露，以及充足的养料、氧气。只有这样，才有可能在教养孩子的“入海口”得到满意的答案，造就对社会、对家庭有用之人。

做好孩子的榜样

家长的修养，孩子的教养。孩子是家长的影子，孩子表现出来的教养都是父母修养的投射。一句发自内心的问候、一身整洁得体的衣裳、一次温文尔雅的用餐，都是孩子教养好的表现。而这一切，都与孩子背后的家庭环境和家长的修养密切相关。一个好的家庭，必然能培养出有气质、有教养的孩子。

今天，两位妈妈在公交车上的经历，诠释了家长的重要性。

今天在公交车上发生的一件事，引发了我跟洋洋妈妈的讨论。事情是这样的，在我们上车后不久，上来了一对老夫妇，当时车上人很多，已没有空座位，但在我们旁边，坐着3个孩子，我满以为孩子会主动给老人让座，或者他们的妈妈会提醒他们，然而这一幕没有发生。后来，老爷爷走到了车厢后边，其旁边的一对母子熟视无睹，不约而同地把头扭到一边，假装看窗外。而旁边的另一位妈妈则拿出手机跟女儿看了起来。我们看到这一幕，感到很震惊，洋洋妈妈忍不住对我说："什么是好孩子？学习好不一定是好孩子。有礼貌、懂孝道的才是好孩子！"我不由地连连点头，孩子真的是父母的影子，我们的行为模式真的会影响孩子的行为模式，难道我们不应该教育孩子尊老爱幼吗？看到这样的母亲，我心里真是五味杂陈，不知该说些什么。身教重于言传的意义就在这里了！

当下，两位妈妈的所见所闻绝非凤毛麟角，而是相当一部分人的常态。这是孩子的问题吗？当然不是！学校教育已经通过各种方式不厌其烦地教给孩子正确的观念和做法，可以说孩子已经成为说话的"巨人"，都能将正确的道德准则毫厘不差地表述出来。然而，当他们走到社会上，在部分家长的错误引导、示范下，就变成了行动的"矮子"。更值得注意的是，有的孩子在父母面前是一个样，自己独行时又是一个样，这与家长的修养有着割裂不断的关系。

当然，父母不是只有负面的榜样教育，也有正面的示范教育。

另一位家长在她的亲子日记中谈到了与孩子一起探讨的一则故事。

一家生意红火的蛋糕店门前站着一位衣衫褴褛、身上散发着难闻气味的乞丐。旁边的客人都皱眉掩鼻，露出嫌恶的神色。伙计喊："一边去，快走吧!”乞丐却拿出几张脏乎乎的小面额钞票，小声地说：“我来买蛋糕，最小的那种。”

店老板走过来，热情地从柜子里取出一个小而精致的蛋糕递给乞丐，并深深地向他鞠了一躬，说：“多谢关照，欢迎下次光临!”乞丐受宠若惊地离开了，要知道他从来没有受到过如此待遇。

店老板的孙子不解，问道：“爷爷，你为什么对乞丐如此热情?”

店老板解释说：“虽然他是乞丐，却也是顾客呀。他为了吃到我们店里的蛋糕，不惜花很长时间讨得一点点钱，实在是难得，我不亲自为他服务，怎么对得起他的这份厚爱?”

孙子又问：“既然如此，为什么要收他的钱呢?”

店老板说：“他今天是客人，不是来讨饭的，我们当然要尊重他。如果我不收他的钱，岂不是对他的侮辱?我们一定要尊重每一个顾客，哪怕他是一个乞丐。因为，我们的一切都是顾客给予的。”小男孩若有所思地点点头。

这个店老板就是日本大企业家堤义明的爷爷。堤义明坦言，当年爷爷对乞丐的一举一动深深地印在了他的脑海里，后来他曾多次讲到这个故事，要求员工像他爷爷那样尊重每一个顾客。

孟子有云：“爱人者，人恒爱之；敬人者，人恒敬之。”懂得尊重别人是做人最起码的要求，堤义明的爷爷深谙其中的道理，并在他的员工和孙子面前身体力行，践行了这一理念。而这样的示范，被孙子深深印刻在童年的记忆里，并慢慢地生根发芽，成为他成年后植根于内心的强大信念，最终成就了一位大企业家。

一位蛋糕店的老板用他的修养铸就了孙子的教养，这难道不是“富过三代”的一个样板吗?

一位爸爸也深刻意识到了家长的巨大作用。

假期已过半，可是孩子的暑假作业完成的还不到一半。每次让她抓紧时间写作业，她就想方设法推脱，因此这几天我一直在想怎样才能让孩子积极认真地完成每天的作业。思前想后，我决定利用亲子日记督促孩子，因为亲子日记是公开发表在微信群里的，孩子也都知道，每天我写完后，孩子都会看一遍。

于是，我坐在书房里，对她们母女俩说：“不要打扰我，我要写亲子日记了。”我知道孩子一定会来看的，于是我在电脑上打出一行字：今天我偷偷地观察了一番，发现孩子写作业像蜗牛一样慢，时不时地找理由玩会儿。果然，我打完的时候，孩子大呼一声："爸爸，我写作业没你说的那样糟，不信你看。"孩子拿来她的作业，我看了一下，字写得很工整，就是写得很少。我决定趁热打铁："你看，你写的就是不多吗，一看就是心不在焉，慢慢悠悠，不像蜗牛像什么?"此时，孩子不再辩解了，说道："今天还没结束，作业写得怎么样还没有结果，我从现在就认真写，不再拖拉……"

之后，孩子低头对我说："我有个要求，您也不能整天拿着手机看，好像手机是您的孩子似的。"话说到这里，我也不好意思了。放假了，没什么事，不是看手机就是看电视，这些孩子都看在眼里了。孩子说得很对，是我给孩子做了不好的榜样。我抚摸着孩子的头说："是爸爸不好，爸爸做得不对，我以后不再没事儿就看手机了。我们要一起努力，相互监督，把我们的时间利用好。你认真、按时写作业，我呢就给你们做好服务。"孩子听完高兴极了。不是孩子不听话，是我们家长不自觉地把风气带坏了。孩子是家长的影子，我真真切切地感受到了。

要想子孙成为优秀的人，先要学会"执着地栽培自己"!

打开身上的“贝壳”

今天在外面开会，午餐时有一盘菜特别受大家青睐，那是一盘看上去非常新鲜的蛤蜊。一阵“短兵相接”之后，一盘鲜美之食基本被消灭掉了，仅剩下几个没有打开的蛤蜊冷冷清清地躺在盘子里，再无人问津，因为，人们有一个共识——打不开的就是坏的。

冷眼旁观那几个将要成为餐余垃圾的蛤蜊，脑海中突然略过一个念头：一些家长很像打不开的蛤蜊，他们把自己的家庭空间紧紧地关闭着，死活不肯打开，还冠冕堂皇地以“隐私”之说加以诠释。我们不是要把家庭毫无遮掩地完全打开，毕竟这里是一个相对私密的空间，但完全封闭式的家庭教育环境已经不能适应当下孩子教育的社会大背景，是适度打开的时候了。

《坐井观天》的寓言故事教育了几代人，却仍然没有在家庭教育这个领域实现根本性的“破拆”。家庭教育仍然沿用着祖祖辈辈传承下来的传统方式，殊不知这张老旧的“船票”已经不能登上新时代的“客船”，闭门造车的教养方式就像巨大的“贝壳”一样隔离了家庭和社会的联系，阻断了孩子与世界的连通。

为何如此？一是千百年来根深蒂固于国人骨子里“教育孩子是家庭内部的事”的思想，令家庭教育成为“禁区”，一个相对封闭的空间，外人不可涉足，也难以介入；二是每个成年人都在极力寻求自身和家庭的安全感，不想外人窥视到自己及家庭的隐私，担心“贝壳”内柔软的身体遭受伤害，于是，就紧紧地闭合了“贝壳”，感觉这样可以相对安全一些。

然而，真正安全了吗？当然没有！封闭的家庭教育只能走向原生家庭教养方式的复演，很多教育理念和方法与当下社会已是格格不入了。

家庭教育的封闭性导致了家庭教育被弱化、边缘化，成为学校教育的附庸或补充。这种尴尬境地不是学校教育和社会教育导致的，根源就在家庭教育自身。因此，家庭教育要立足家庭、对接学校、面向社会，密切联系社会现状与教育实际，充分发挥优质社会教育资源的作用，按照未来社会的需要培养、教育孩子。

从这个角度讲，面对越来越复杂的社会环境和教育生态，家庭教育想独善其身简直是天方夜谭。因此，作为家长，既不能游离于社会之外稳处“世外桃源”，也不能把孩子往社会、学校一推了之。家长要学会与时俱进，要有目的、有意识地选择、引进社会教育资源为子女教育所用。

当然，打开家庭教育的开放空间，并不是完全否定原有的教养方式，数典忘祖、全盘否定中国传统的家庭教育文化，而是要坚持“古为今用，洋为中用”的主旨，推动家庭教育在继承经典基础上的适度“西化”，从中找到家庭教育“破拆”的中庸之道，最终走出“坐井观天”的误区。

来自一位妈妈的求助

武校长，我该怎么办？我和儿子又发生“战争”了，又是因为手机。这个月刚刚查出孩子的眼睛近视了，配了眼镜。以前因为手机问题我俩也总吵架，孩子总是拿手机聊天，他已经15岁了，进入了青春期，我怕他早恋。而且他眼睛又不好，我不想他用眼时间太长，每次让他放下手机，他就说等会儿，再急了就说我看手机比他还严重，要不就给我脸色看。我真的好难受，不知道该怎么办才好！其实，他在很多方面已经改变很多了，就是在看手机的问题上太让我上火了。武校长，您能帮帮我吗？

这是一位妈妈通过微信发来的求助信息。短短一段话中，我们看到了“战争”“吵架”“早恋”“脸色”“难受”“上火”等词，能感受到，这位妈妈内心深深的不安与焦虑，还有束手无策的无奈感。说实话，这位妈妈这样的情绪状态是解决亲子矛盾冲突的大忌，这一点我必须要让她明白，并让她的情绪平和下来。

于是，我稍作沉默，也算是给她和我一点思考的时间，然后，开始回复她。

我：坐下来，好好聊聊。说说你的担忧，听听他的想法。

妈妈：以前孩子早恋被我发现后，与他谈过这个问题。现在，他说自己有喜欢的女孩，不过只是普通的喜欢。他还经常说：“每天在我的生活里除了学习就不能看会儿手机吗？”我说：“看半个小时就可以了！别人家的孩子每天补课连看电视爸妈都不让，你够放松的了。”我天天在饭店上班没时间管他，只是早晚能和他聊会儿天。不过以前我说的话他都不听，自从加入咱们这个群之后，我改了很多，他现在也能听进我的话了，只是玩手机这个问题一直无法解决。

我：晚上和孩子好好谈谈。

妈妈：怎么谈？怎样才能说服他呢？

我：先听听他怎么说！

妈妈：今天我和他说：“你玩一会儿手机就给我！”一会儿再跟他要，他就说：“我看一会儿不行吗？”我说：“40分钟了！你看完这个电影要2个小时！眼睛要不要了？要不就别戴眼镜了！花那么多钱配了眼镜自己却不爱惜眼睛，配眼镜还有什么用！”我真的沉不住气了，我不想发火，可是被他气坏了，就说气话了。找他谈他能认错吗？

我：试试吧！保持情绪平和。

妈妈：好吧！我试试，晚上和他聊聊。

第二天，这位妈妈传来了好消息。

妈妈：武校长，我昨天和孩子聊了，也把我的担心和他说了，我问他是怎么想的，他还是挺懂事儿的。我们商量好了，每天看2次电视，早晚各20分钟。谢谢武校长，是您的劝解让我能心平气和地和儿子解决问题。儿子的态度也不错，多亏了武校长的教诲，谢谢武校长！

看到这段话，我也释怀了，又一位妈妈走出了自我设定的心理牢笼，又一对母子从僵化的亲子关系中走了出来。我随后鼓励她：“把孩子的变化写进日记里，并让他看到，写出你释怀的心情。”

她回复我：“好的，会的。我明天就把它写进去，让孩子知道。”

当妈妈放下了焦虑，儿子也就变得柔软而远离执拗了，由此看来，很多亲子间出现矛盾原因不在问题本身，而在处理问题的方式欠妥，没有运用合适的“技术”来解决，而这个“技术”本质上就是“关系”。

一场亲子风波告一段落。它给了我们什么样的启示呢？

在家庭教育中，亲子关系具有重要意义。所有的育儿方法和技巧都不是“万能膏”，都不能百分之百解决教育孩子过程中遇到的问题，因为一切问题解决的前提是建立良好的亲子关系。作为父母，要用心了解和关注孩子的内心世界，与孩子建立良好的亲子关系，在此基础上展开的教育才是最有效的。

给孩子做榜样

“有生之年”这个词对大部分人来说并不陌生，人们闲聊时也经常挂在嘴边，听得多了，也慢慢钝化了对这个词的敏感性。

然而，一位老人的一句“我有生之年再也不买别的了”却在女儿心中掀起了轩然大波……

今天去金店给妈妈修项链。到了金店，我看到有一款项链很适合妈妈戴，就想再添点钱给她换条新的。因为不知道妈妈喜不喜欢，就打电话让她过来看看。

等妈妈来了之后，不太喜欢我给她选的样式，就自己挑了一款。我一看妈妈相中的那款有些犹豫了，因为计划内是添3000元左右，而妈妈相中的那款大概需要添6000元。因为没带那么多现金，又是计划外，所以我顿了顿。妈妈好像看出了我的心思，连忙补充说：“就要这个了，我有生之年再也不买别的了！”妈妈的话让我心里很不是滋味。是啊，妈妈一把年纪了就喜欢戴些首饰，虽然有点小贵，超出了我的预算，可是这么多年我也没给她和爸爸买过什么像样的礼物。“有生之年”这四个字听得我心里慌慌的，特别难过。我毫不犹豫地说：“妈，你说啥呢，咱买！以后你要是喜欢别的样式，我再给你换。我没心疼钱，是想着把你的耳环也换个新的！”妈妈听我这么一说，特别开心，又去挑了一对漂亮的耳环，笑得像个孩子。

看着妈妈心满意足地往家走，我又陷入了深深的反思中。自从生了儿子，我就把全部精力和注意力集中在了孩子身上。每天只顾着孩子的吃喝拉撒，把所有的爱几乎都给了孩子，对父母的关怀照顾我几乎都忽略掉了。今天猛听到妈妈说“有生之年”这四个字，觉得特别刺耳。是啊，他们都60多岁了，还能这样健健康康地活多少年？还能陪伴我多少年？我把自己的全部都给了儿子，对儿子有求必应，花钱毫不吝啬，觉得这都是我应该做的。当年我的父母不也和我现在一样付出全部养育我成人吗？如今妈妈多花一点钱我却犹豫了，想想实在不该！平日总是教育儿子要孝顺老人、尊老爱幼，自己却在这方面做得不尽如人意。

爸妈老了，轮到我去回馈他们了，虽不能像对待儿子那样无微不至，但也要多拿出一些时间、物力和精力去照顾他们。不能把孝心挂在嘴上，也要给儿子做个孝顺父母的榜样，从现在做起还不算晚，别等着老人不在了空留遗憾。

这位妈妈今天的心路历程，让我们每一个人都照见了自己。是啊，我们在孩子身上可谓有求必应、倾尽所有，在养育我们的父母那里却是捉襟见肘，吝啬得令己不安。感谢这位妈妈说出了自己的真实感受，让我们这些为人子女者感同身受，并静下心来内观自我：在孝敬、反哺父母方面，我们做得够吗？

生儿方知父母爱，养儿方知父母恩。当我们从一个孩童长成成年人，而后成家生子，在养育孩子的点点滴滴中，慢慢地就理解了父母养育我们的那种无微不至和无力不出。还记得小时候懵懂无知的我们总是把父母精细入微的关爱当作理所当然、天经地义，有时竟然还因为一点不顺心就埋怨父母做得不好，令父母伤心……直至我们为人父为人母时，蓦然回首往事，内心立时涌出深深的愧疚感，这时才真正体会到“养儿方知父母恩”这句话的真谛和内涵。

当看到“妈妈心满意足地往家走”，难道不是最好的孝顺吗？当妈妈想到“要给儿子做个孝顺父母的榜样”，难道不是最好的教育吗？一句“从现在做起还不算晚，别等着老人不在了空留遗憾”，难道不是“树欲静而风不止，子欲养而亲不待”的最好诠释吗？

爸妈为什么要读书

一位妈妈自建了一个“悦读群”，号召一群想读书、能读书的爸爸妈妈一起读起书来。

我今天很忙，但还是争分夺秒地按计划读完了要读的书。我的“悦读群”里又增加了新成员，我们开始读散文和国学了。我发现这样真好，否则零碎时间我们都用在玩手机上了，现在我克制自己，少看甚至不看手机，有时间就读书，给孩子营造读书氛围。

读书没有捷径可走，就得一本一本地读。我这几天在办公室里劝同事带孩子一起读散文，常常得到的回答是“我怕我坚持不下来”“我怕……”，还没有开始就怕了，自己都坚持不下来，又怎能要求孩子去坚持呢？还是要提一下之前爽快答应并开始读书的同事，她今天又跟我分享了她女儿的变化：娘儿俩打球回来较晚了，女儿问妈妈是否还要读书，妈妈说读，女儿立即给妈妈拿过书，铺好垫子，倒好水，然后自己就去做习题了。同事说：“女儿一定是觉得，‘妈妈都在读书了，我有什么理由不学习呢’，她由原来‘要我学’变成了‘我要学’，变化是看得到的。”我跟同事说：“要改变孩子，家长首先要改变。”

除此之外，同事说：“我发现你的办法太好了，读书时，我的心是打开的，没有了私心杂念，没有了生活烦恼，心灵不再孤单，可以平静地思考。”

是的，读书，让人的心打开了，然后富足的精神就进入了。只是这条路需要坚持和用心。

之前，类似这样的读书活动也常有，其间总会有人质疑：我们都老大不小了，没有什么想法了，为什么还要读书？今天这位妈妈用自身的读书体验诠释了爸爸妈妈读书的意义。

正如参与“悦读群”的那位妈妈所讲的：“读书时，我的心是打开的，没有了私心杂念，没有了生活烦恼，心灵不再孤单，可以平静地思考。”这就是读书的养心修身功能。回顾历史，是书籍开启了人类的文明，记录了人类的智慧，因此，读书可以让我们与先人对话，与智者交流，在收获知识的同时，开阔我们的视野，丰富我们的精神世界，陶冶我们的情操，最终提升我们的气质与品位。

“妈妈都在读书了，我有什么理由不学习呢”这不是以身示范吗？这就是爸爸妈妈读书的“副产品”——做榜样。爸爸妈妈都不读书，凭什么要求孩子读书呢？你都做不到，凭什么要求孩子做到呢？

我注意到，在这位妈妈的日记中还反映出一个问题——我怕我坚持不下来。这绝不是个别现象，而是大多数人的常态反应。这样的自我设限不仅存在于读书中，也在亲子日记项目推进时暴露了出来。这样的自我设限在生活、工作中比比皆是。自我设限导致人在内心默认了一个自我的高度，这个心理高度常常暗示自己：“这么多困难，我不可能做到，也无法做到，成功的机会几乎是零。想成功那是不可能的!”绝大多数人之所以不成功，就是因为受制于这个所谓的心理高度而无法完成突破。它就像一块顽石，横亘在人们人生及事业成长的道路上，阻碍、限制着人们前行。

当然，也有“敢作敢为”者，他们在挑战面前敢于迈出第一步，而且能够坚持下来，所以他们收获了成功。而且，他们用行动证明了“越努力越幸运”的真理!

让我们再走近另一位妈妈看看。

今天早上依然坚持起来去锻炼啦。早上的空气真好，心情也不错，看着家人们的日记前行，别有一番风味。锻炼完回家，孩子还没有起床，我先做饭。一会儿孩子自己就起床了，吃完早饭开始写作业，今天的作业完成得不错，我也有进步，和孩子一起诵读了国学经典《大学》。今天尝试背了一遍，孩子当老师在边上给我指导，磕磕绊绊背过了，继续加油……

苹果好吃，要想品尝到苹果的味道，只有一个办法最有效——咬开它!

请不要对孩子恶语相加

曾上传到家校交流群里的教育碎思《超限效应》①，主要向家长们诠释了心理学上的“超限效应”。这篇文章一经上传，就像一块巨石滚入了平静的湖面，立时在群里掀起了轩然大波，久久不得平静。

为何会有这样的反应？因为文中提及的教育问题几乎在每个人身上都曾经存在，甚至当下还在孩子身上实施着。今天将“超限效应”的现象和问题呈现在家长们面前，着实惊醒了一部分“梦中人”。

今天和往常一样，我干活，女儿在家写作业，日子就这么平淡地过着。

看到武校长的教育碎思《超限效应》，最后写道：“孩子的一句‘妈妈，你总是不听我辩解，每次一发火，就一发不可收拾，骂来骂去’道出了自己的心声。‘总是’‘一发不可收拾’‘骂来骂去’，这难道不是典型的超限吗？”

看完，感觉就是在说自己。女儿小的时候，如果犯了错，我这人性子急，不等女儿解释，就不由分说地连打再骂。

女儿刚上小学一年级时，我给她买了一件粉色上衣。她早上很高兴地穿着去上学，晚上回来，我一看衣服上很多水彩笔印，气坏了，没问原因就吼道：“刚穿一天就弄脏了，以后不给你买新衣服了！”后来开家长会时，才听老师说是别的同学给她弄上去的。于是，我回来问女儿，女儿从头到尾说了整件事情的经过，听完才知道不是女儿的错，是我错怪了她。从那以后，女儿再犯错我都会先问原因，再下结论。

一句“以后不给你买新衣服了”，看上去只是妈妈的气话，但对一年级的女儿是怎样的伤害？好在，后来妈妈了解了事情真相，认识到了自己的错误，虽有“亡羊补牢”的遗憾，但总归还了女儿“清白”。试想，如果妈妈一直不能获得真实情况，这件事将在女儿心中留下什么样的印记？这位妈妈已经觉悟了，也算不幸中的万幸。下面这位妈妈，还有一段路要走。

---

①《超限效应》一文将在教育思考篇呈现。

今天又一次对女儿发了火，只为一只小鸡死了。

昨天女儿从姥姥家捉回一只小鸡放在了箱子里，告诉我它生病了。我说："把小鸡放回去，它需要同伴，你这样做它可能死得更快。"女儿不听，说："它在那里也不找同伴玩，我会照顾它，给它喂食物的！"

今天一早起来，发现小鸡死了。我问她："小鸡死了，你有什么感受？"谁知女儿却说："是弟弟（我弟弟家的孩子）让我捉的。"我说："我没有责怪你的意思，我就问问你有什么感受。"她还说是弟弟让她捉的，直到第三遍还是这个回答！我脾气就上来了，又是一顿训斥，甚至还打了她，事后让她自己思过。过了 30 分钟，我问她："知道自己错在哪儿了吗？"她说："不该推卸责任。"我听后对她说："这就对了，弟弟那么小，左右不了你的思想。小鸡已经死了，我没有责怪你的意思，妈妈只是觉得你这样没有担当、推卸责任是不对的，所以很生气。妈妈希望你以后做个有担当的人！做了就是做了，不能推卸责任。"

刚释放完愤怒的情绪，我马上就明白了自己的问题，父母规今天白读了，刚读完就又训了孩子。

语言训斥、攻击，甚至是体罚，还在伤害着我们的孩子。这些伤害造成的伤痕不仅会留在孩子的身体上，还会留在孩子的心灵深处，虽经岁月磋磨，也无法复原无痕。当父母辱骂孩子的时候，孩子情绪上遭受到的创伤，可能和身体受到伤害的疼痛程度不相上下。也就是说，父母在打骂孩子的时候，孩子遭受到的是来自身体和心理双层面的伤害。

那么，来自父母的恶语相加还会给孩子带来什么样的伤害呢？

伤害之一：恶语相加会改变孩子的大脑结构。哈佛大学医学院马丁泰彻博士发现，言语暴力会造成孩子大脑"损伤"。他认为，言语暴力最容易影响的大脑区域分别是胼胝体（主要负责两个大脑半球间传递动机、感觉和认知信息的区域）、海马回（负责管理情绪的大脑区域）、前额叶（负责思考和决策的大脑区域）。当环境充满压力，需求常常被剥夺时，人类的大脑为了调整状态适应环境，会转换为"求存模式"。

当一个人只能求存的时候，常常表现为谨慎、胆怯、吝啬，倾向于讨好他人，躲在角落希望不被人注意，等等。即便成年后生活环境已经出现了极大的改善，他们也很难改变自己的思维模式。

伤害之二：恶语相加造成的消极后果难以用"爱意"抵消。如果父亲常常辱骂孩子，即使母亲是一个温和且充满爱的人，也没办法抵消孩子受到来自父亲的消极影响。此外，如果父母对孩子的态度不稳定，时而言语温和、充满爱意，时而恶意攻击，那些温柔的时刻也很难减少攻击时刻造成的影响。

伤害之三：恶语相加会变成孩子“内在的批判声音”。如果一个孩子在成长过程中总受到外界的苛责与批判，他们人格中消极的一面就会得到滋养，不断壮大。在一些消极事件发生时，他们脑中会出现这种声音，如“我不够好，所以好事情不会发生在我身上”，或者“倒霉的事情总会发生在我身上，因为我一无是处”等。也就是说，常常被苛责的孩子，即便成年后苛责他们的人已经不存在了，他也会把这个人对他的态度变成自己对自己的态度，时常苛责自己。

作为父母，要清晰地认识到恶语相加对孩子影响极大。如果想让孩子成为一个健康快乐的人，就别在其成长过程中再用恶语相加去伤害他们了。让我们一起改变，做一个能好好说话的父亲、母亲吧！

爸爸什么时候能回来

在一个乌云密布、电闪雷鸣的夜晚，一个小男孩问妈妈：“爸爸什么时候能回来?”这个家里到底发生了什么？爸爸去哪儿了？让我们随着妈妈的亲子日记去一探究竟吧！

今天孩子爸爸午饭和晚饭又没在家吃，总是各种忙，我也习惯了。毫不夸张地说，一个月也就有三五天回来吃饭。

今天天气很凉爽，要下雨的样子，从下午五点开始，乌云密布，雷声轰隆。

吃过晚饭已经八点半了，儿子对我说：“妈妈，爸爸什么时候能回来?”说实话，我也不确定孩子爸爸究竟几点能回来，因为爸爸总是回来得很晚，几乎都是半夜甚至后半夜回来，所以也不知该怎么回答儿子。

我问儿子：“找爸爸有什么事吗?”儿子说：“雷声那么大，我一个人睡很害怕，所以……”

听明白了儿子的意思之后，我对儿子说：“儿子是男子汉，这仅仅只是打雷声，不要那么害怕。再说，咱们是在屋子里面，并且有防盗门，你害怕什么呢?”儿子支支吾吾地说：“爸爸不回来，我不睡觉。”

我很无奈，只好给孩子爸爸打了个电话，从电话里可以听出爸爸又喝多了……

我只能对儿子说：“儿子，坚强点，你是男子汉，妈妈和妹妹也需要你壮胆啊！将来，你长大了，还是家庭的顶梁柱呢！所以，从现在起，不能再有依赖爸爸的想法，知道吗?”儿子点了点头。

我没读过几年书，不知道怎么说才能让儿子更加明白我的意思。我的想法很简单：有山靠山，没山独立。

我还想对儿子说：“人生路上，靠谁都不如靠自己！所以我们都要坚强!”

“有山靠山，没山独立”这句话没错，可现在是有“山”啊！爸爸那座山还在那里“矗”着呢。只是，这座山经常喝得有些醉，尤其在这个雷电交加的夜晚，更显得风雨飘摇，让妈妈感到惶恐不安，这才有了对儿子的告诫：“不能再有依赖爸爸的想法……人生路上，靠谁都不如靠自己。”如果我们是那个小男孩，在这个雷电轰鸣让人恐惧的夜晚，获知爸爸不可能短时间内回家这个信息的同时，再听到妈妈说的这句看上去很具真理性的话，心里会是怎样的感受，又是怎样的滋味……

父爱如山，母爱如水。山，为孩子遮风挡雨；水，为孩子滋养心田。当山失去了遮风挡雨的能力，水变得黯淡无光，如何润养孩子？于是，抱怨、焦躁、愤怒、不安的情绪就会在家庭中蔓延开来，这样的家庭环境极易使孩子在成长过程中出现问题。那么，父爱缺失，会有什么后果呢？

一是导致父亲在孩子心目中失去威信。父爱缺失，孩子就无法感触到来自父亲的关爱，就会大大降低父亲在家庭中的存在感，使之成为一个可有可无的角色。如果父亲身上再存在一些问题和缺点，孩子就会对父亲更加失望，甚至会瞧不起父亲。

二是导致孩子错误模仿。父亲身上的常态做法、不良习惯都会成为孩子模仿的对象。比如，父亲酗酒、作息时间混乱，或者在孩子学习时看电视、打牌、玩游戏，等等，不仅会导致孩子注意力不集中，而且会使孩子在成年后传承父亲的这些坏习惯，这就是父亲负面榜样的影响。

三是导致孩子缺乏责任感。父亲是家庭中不可或缺的重要角色，是孩子责任感培养的引路人。如果父亲缺乏责任感，最终会导致孩子缺乏责任感。

四是导致孩子耐挫能力弱。孩子在成长过程中经常会遇到挫折和失败，此时，如果父亲不在身边，就无法给予孩子激励和推动，令孩子深陷困境不能自拔，战胜挫折的能力就很难培养起来。

父爱缺失导致的问题有很多，应该引起父亲的特别关注。

下面这位父亲，已经意识到了这个问题。

作为孩子的爸爸，这是我第一次写日记。前面的117篇都是孩子的妈妈所写，说起来实在是惭愧。由于工作原因不能时常陪伴在女儿左右，孩子的学习、生活都是孩子的妈妈在管理，真是辛苦她了！我觉得我就是武校长教育碎思里面所说的那个缺位的爸爸，而家中有个“焦虑的妈妈”。好在通过写亲子日记与大家交流学习，以及细心阅读与体会武校长每天分享的教育碎思，孩子的妈妈已不再是那个“焦虑的妈妈”了，现在娘儿俩跟好朋友一样，感谢咱们的这个家校合育平台！今天女儿知道我要回家，特意给我准备了礼物，进门就是女儿早已准备好的拖鞋，还有女儿甜甜的一声“爸爸”。女儿比以前懂事多了，再也不是那个娇惯得有点蛮横的小娇娇女了！女儿围着我一会儿让我看她练的字，一会儿让我看她画的画，一会儿又拿她最近学会的折纸给我看……叽叽喳喳，把我一身的疲惫一扫而光，看着女儿一天天进步，心里很欣慰，我这个做爸爸的也不能被落下，要跟上她们娘儿俩的步伐，不再做那个缺位的爸爸，加油吧！

除了欣慰，还是欣慰！一位爸爸觉醒并付诸行动，这难道不是家庭之幸、孩子之福吗？

妈妈，您的素质呢

素质，是一个人在社会生活中思想与行为的具体表现，包括身体素质、心理素质、道德素质、文化素质、专业素质等。在生活中，我们经常听到诸如“这个人很有素质”“培养高素质的人”“什么素质啊”“这素质还……”这样的说法，这里的素质更加关注一个人的言行举止是否符合社会要求。

今天，一对母女之间也发生了关于素质的故事，一起去看看。

今天下午一见到孩子，她就喊饿了，本来跟爸爸商量先去医院看个朋友的，听孩子喊饿，就打算先吃饭。孩子听到了我们的对话，说：“妈妈，先去医院吧，我可以忍的，去医院是正事!”很棒，能考虑大人的心情。到了医院，跟朋友聊了会儿天，可能是孩子太饿了吧，我们一说走，她就从病房的走廊上跑着离开了。我追上她，告诉她这是公共场合，尤其是在医院，不能跑闹，注意素质！看她不屑的样子，心想她肯定没听进去！

在饭店吃饭时，女儿忽然对我说：“妈妈，您的素质呢?”“啊？我怎么了？我挺好的啊，我没跑没闹，没大声喧哗!”女儿撇了撇嘴说：“你自己看你的样子!”我表示疑惑，孩子用脚踢了踢我的脚。哦，我恍然大悟，我跷着二郎腿，脚提拉着鞋子还在晃来晃去。女儿又说：“还不把脚拿下去？这难道不是公共场合吗?”我连忙答应着把脚放下：“我错了，我错了，一定改！请领导监督。”整个吃饭的过程，女儿都在注意着我，我想她注意我的时候，肯定也在要求自己。

孩子饿了，但听说爸爸妈妈还有“正事”，毅然决定陪爸爸妈妈先去医院探望朋友，这是一个懂事的孩子，也是孩子有素质的表现。当孩子在医院行为失当时，妈妈及时给予了提醒矫正，看上去孩子表现出“不屑”，但我想孩子已经记到心中去了，因为，后续在孩子对妈妈就餐行为的矫正过程中，就用到了“素质”这个词，足以说明孩子已经意识到刚刚在医院的行为欠妥。

当然，妈妈在这个事件中表现得非常棒。她通过自己的言传身教向女儿传递了这样的信息：金无足赤，人无完人，即使是成年人，也会犯错误，也会出现失误，也会有“低素质”的表现；犯错误并不可怕，意识到错了并改正，才是最可贵的，如果为了面子而不认错，还要去掩饰，那就错上加错了，即《弟子规》所说“过能改，归于无。倘掩饰，增一辜”。

这位妈妈的“二郎腿”是被女儿发现并提醒的，算是一种“他律”的监督，而下面这位妈妈，就是自我觉察了。

今天一大早就看到一件事，以前以为很普通、很平常，而现在却有了一些新看法。

早上八点多，我来到办公室，准备写汇报材料。当我在靠窗的办公桌前坐下来时，窗外一对母子的身影闯进了我的视线。妈妈在前边走，儿子在后边跑，儿子很小，很可爱，也许是刚刚学会跑，所以跑得踉踉跄跄的，好像一不小心就要摔倒似的，让人看了格外担心。这时，年轻的妈妈已经走到了旗杆下面的花池旁边，她顺手采了一把漂亮的月季花瓣，转过身来，面对跑向自己的儿子，双手抛向空中，同时双脚离地，做了一个漂亮的天女散花的动作。我想，这时候如果有一台相机，兴许能抓拍到一个无比漂亮的瞬间。儿子看到妈妈的动作，停止了向前奔跑，原地站着看妈妈，也许他会想：妈妈在干什么？妈妈这个动作好潇洒呀！妈妈扔的什么？好像很好玩哦！儿子原地停留了数秒后，好像受到了启发和鼓励，也伸手去采月季花，妈妈怕孩子被扎到，便替他采了一把。儿子接到花瓣高兴地笑了，也学着妈妈的样子扔了出去，能够看得出来儿子很乐意玩这个游戏。于是一次又一次的采花、抛花反复进行着，母子俩玩得不亦乐乎……

这个场景，应该在很多孩子小的时候都曾经有过。那时候，父母关注的更多的是孩子是否高兴。在此，我不对事情本身做任何评价，在中国，很多成人都犯过类似的错误，我也犯过，而且自己丝毫没有意识到这会带给孩子怎样的影响。一年暑假，我带女儿回老家，经过一个池塘，看里面荷花开得很漂亮，便摘了两朵带回家插在花瓶中。今天想起来感觉很惭愧。

人之初，性本善。孩子没有分辨是非的能力，却有很强的模仿能力，他们模仿的对象就是身边的人，尤其是孩子的父母或其他家人。教育不应该仅仅停留在孩子的层面，需要接受教育的还有家长。因此，从接受教育和学习这个角度讲，家长和孩子在同一起跑线上，形成了另一种“同学”关系。让我们一起与孩子在相互监督、推动中提升自身素质吧！

教育思考篇

“刺猬法则”的启示

昨天晚上，“清平乐·亲子记群”里上传了一位妈妈的日记。

今天回家第一件事就是检查孩子写的字，因为今天胡老师把孩子昨天写的作业发给我，说字写得太难看了。当看到他把作业写成那样时，我觉得是我错了，以为他已经不用我的监督了，以为他会认真细心地完成作业，但我错了，是我的失职。他只是个一年级的孩子，怎么可能会自我管理呢？别说一年级了，就是大点的孩子也不会有很强的自我控制能力的。于是我陪着他重新写了一遍，这次写得不错。习惯是慢慢培养起来的，成长是一个漫长的过程，也许是我太急于求成了，所以他才会这样。以后我还是陪他一起完成作业吧！等他真正长大些，自己真正懂得该怎样做了，我再慢慢放手吧！

今天我对孩子的态度不好，要和孩子说声：“对不起！妈妈不该这样对你，错的不是你，是我。我没为你负责，我不是个称职的家长。我会好好反思自己，多多为你考虑。我家的小蜗牛，你慢慢爬，慢慢长大，放心，无论你多慢，妈妈都会用耐心和爱心陪着你，让你快乐幸福地成长，无论成长的路有多苦多难，都不要怕，有我陪着你呢。”

看到这位妈妈的亲子日记，我马上给她回复了一句话：“学习一下‘刺猬法则’。”

我为什么要让她学习“刺猬法则”呢？让我们一起了解一下什么是“刺猬法则”。

寒冷的冬天，在空旷的野外有两只刺猬被冻得瑟瑟发抖。它们左顾右盼，实在没有别的办法，为了取暖，只好紧紧地靠在一起。而相互靠拢后，又因为忍受不了彼此身上的长刺，很快就又各自分开了。可是，天气实在是太冷了，它们又靠在一起取暖。然而，靠在一起时的刺痛使它们不得不再度分开。于是，它们在冷与痛之间左右摇摆着。挨得太近，会被刺痛；离得太远，又冻得难受。就这样反反复复地分了聚，聚了又分，不断地在受冻与受刺之间挣扎。最后，两只刺猬终于找到了一个适合的距离，既可以相互取暖，又不至于被彼此刺伤。

这就是心理学上的“刺猬法则”，也就是人际交往过程中的“心理距离效应”。在教育孩子的过程中，怎样去理解和运用这个法则呢？先来看看上面那位妈妈是怎样解读的吧！

在我的提醒下，她认真地学习了“刺猬法则”，第二天把感想发给了我，她说道：“学完‘刺猬法则’我认识到要与孩子保持一定的距离，适当放手，让孩子做一些力所能及的事。如果是孩子想做的事情、喜欢做的事情或者是孩子在有压力的情况下认为必须要做的事情，他就会用心、专注。如果父母总是控制孩子，写作业时陪伴左右，这种所谓的陪伴、关爱，有时候会对孩子造成心理压力，使其反感！”

她理解了我的用意，而且很有悟性。亲子之间的关系，与两只刺猬的关系一样。成语“过犹不及”比喻事情做得过头，就跟做得不够一样，都是不合适的，说的也是“刺猬法则”。人在交往中，只有保持适当的距离才能取得最好的效果，与孩子之间，也应该遵循这样的法则。

过度的宠爱和严重的缺乏关爱对孩子的教育都是不利的，亲子之间的许多矛盾也是因为没有处理好彼此的关系而产生的。许多孩子被父母宠坏了，饭来张口，衣来伸手，自理能力差，不懂得尊重他人。也有些家长对孩子放任不管，将孩子置于没有爱和保护的环境中，导致孩子不懂得爱别人、关心别人。由此看来，过于亲密或过于疏远都不利于孩子的成长，更无益于孩子情感的发展。这就要求父母在与孩子的交往中把握好度。

爱孩子，就像我们在手中抓一把沙子，不能抓得太紧了，否则手中剩下的沙子反而不是很多，太松了也会是同样的结果；爱孩子，就像放风筝，太松了就拉一拉，太紧了就放一放，这一拉一放之间，拿捏有法，方为高手。

定式思维惹的祸

山东青岛的浮山因为还没有完全开发，所以保留了大面积的自然风貌，这样的“野山”是登山晨练的人的最爱。

我们住在浮山附近的海林山庄，一次偶然的机会，我和同房间的刘老师起了个早，相伴去登山。山庄后院紧连着山体，有一段蜿蜒的台阶与山上的小路连通，中间有隔离网将浮山与山庄分离开来，台阶的尽头有一个小栅栏门，安全起见，晚上是上锁的。我们拾阶而上来到小门前，发现门是关着的，还上着锁。

正待打道回府之时，心中突然有种冲动：也许没锁好呢？为什么不上前试一试呢？于是，我快速登上五六级台阶，手触到了门把手，稍一用力，门开了。原来，锁只是锁在了门扣上，而没有将门锁住。

我俩对视一笑，异口同声说出了一个词“思维定式”。思维定式，也称“惯性思维”“思维习惯”，是由于我们长期生活在某个环境中反复思考同类问题所形成的思维模式，是一种对后续活动的特殊的心理准备状态或活动的倾向性。在环境不变的条件下，思维定式使人能够应用已掌握的方法迅速解决问题。但在情境发生变化时，它会妨碍人采用新的方法。因此，消极的思维定式是束缚创造性思维的枷锁，它会限制人打开新思路。由此看来，思维定式对人的心理和行为活动有着正向和反向的推动作用，是一把“双刃剑”。

今天我们俩就差点上了思维定式的“当”。为什么没有落入俗套？因为我做了一个试一试的改变，我称之为“快速试错”。在原有的思维框架中，你可能已经对某个事物的发展限定了方向和结果，这也就限制了你试图打破它的想法，而恰恰是这样的打破才是新生事物生长的力量。成功取决于试错的速度，所以要快速试错。

当然，快速试错是要承担风险的。如果你和大多数人一样，待在舒适区里不想跳出来，那就没有任何风险，你的生活、工作会安安稳稳、舒舒服服，但你也会因此失去鹤立鸡群的机会。如果你想在某个领域成为“领军者”“风向标”，那就得跳出舒适区，做别人不敢尝试的事情，不过你也许会摔得很惨，一无所有，甚至连回到原地的机会都没有，这就是跳出来必须面对的风险。所以，快速试错也是一把“双刃剑”。

这个经历让我想起前段时间经历的一件事。有商家免费赠送了一个临时停车信息牌，需要从他们提供的备用数字即时贴中选择数字贴到信息提示牌上，组成自己的电话号码。备用数字一共给了四组，每组都是0～9十个数字，也就是说，每个数字有四个，我的手机号中有五个“9”，显然是不够的。刚要转身去问他们再要一组备用数字，突然想到了手中剩下的两个6（手机号码中有两个“6”已用）反过来不就是9吗？够了。

门上的锁，车上的牌，如果不打破原有的思维定式，我们就上不了浮山，做不成提示牌。同理，在生活和工作中，也需要我们不断打破思维定式，跳出原有的条条框框，尝试改变固化了的思维模式，转念之间，就会脑洞大开，眼前的空间也会同时打开，你才能找到更多的出路、方法。

如何让自己具备突破“原我”的思维品质？

一是保持乐观态度和生命激情。人只有乐观向上、激情洋溢才会有迈出步、伸出手的勇气和可能性，让自己保持适度的冲动感，切莫走向过度理性的沉寂，那是在扼杀自己的生命动能！所以，每一位教育者（校长、教师、家长）都要向孩子学习、向孩子靠近，以保持身心不老，让自己充满生命活力与激情。

二是凡事多问问自己：“还有别的办法吗？”要想从思维定式中解脱出来，就要给自己预留几秒钟，思考有没有与原来不一样的路径能够更高效地完成既定任务。如果有，进行适度风险评估后就马上行动。

三是方向对了就不要停止，坚持下去。阿里巴巴集团创始人马云说：“今天很残酷，明天更残酷，后天很美好，绝大部分的人死在明天的晚上，看不到后天的太阳。”做任何事，都要做到专注，要有用尽一生只做这一件事的精神，不管外界有何干扰，不管路途有多艰难，都要矢志不移地走下去，过了明天就是美好！

四是要不断反思，不断积累。当你踏上的是一条别人没有走过的路，那就要做到每日“三省吾身”，不断思考，不断积累，把每一点经验、每一个教训、每一个脚印、每一个事件都记录下来，给后来者以参考借鉴，这应成为每一位实践者的行走常态。

当看到门上有锁时，请不要断定门已上锁！

乡村学校课堂教学问题与对策之在困惑中启程

开学后，听了九节语文课和八节数学课，下周还要再听一遍所有英语老师的课。这是我学期初必做的一项工作——尽可能把所有中青年教师的课听一遍。感恩创新教育研究院崔秀梅副院长、刘娟主任的鼎力支持和陪伴，这段时间的听评课她们也是课课不落、堂堂指导。清平小学是一所由教育教学质量全区“垫底”的四所村办小学合并而成的新建乡村学校，一所大家眼中的“三农学校”（农村学生、农村教师、农村家长）。2014 年，崔副院长、刘主任顶着巨大的压力与清平小学携手同行。几年来，她们与清平人同舟共济、砥砺前行，走过了最为艰难的“爬坡”期，顶住了来自各方面的不同声音，甚至是讥讽、嘲笑、质疑之声。

对于家校合育项目，清平小学是站在“巨人的肩膀上”起航的。截至 2014 年项目组进驻清平小学，潍坊市教育局推进家庭教育工作已经走过了 12 个年头，通过各种路径推进了大量的、富有实效的家庭教育课程，引进和培育了大批家庭教育专业人士，为全市各学校深入实施家校合育项目奠定了坚实的基础。清平小学在这样的背景下开始了家校合育的“深井”工程。我们通过政府主导（市、区教育局）、专家引领、社会机构参与和学校实践，在短短两年多的时间里就成为家校合育的典范学校，仅两年就有 168 个省内外考察团走进清平小学考察家校合育工作，教育部、中华全国妇女联合会领导亲临学校指导工作，中央电视台、《人民日报》《光明日报》《人民政协报》《中国教育报》《教育家》《当代教育家》等媒体多次报道了学校的经验做法。可以说，清平小学的家校合育已经成为一面旗帜，所以，我们有责任和义务把这些做法传播出去，惠及更多的学校和家庭。

然而，对于课程和课堂，尤其是课堂教学改革，清平小学脚下却没有“巨人”，像其他乡村学校一样，不容乐观，尽管它是一所新建学校，但合并后的学校样态仍然是“穿新鞋走老路”，因为人没有“换新”。就在合校后的一个多月，在全区教学质量抽测中清平小学总体成绩全区倒数第一。有着这样基础的学校，要想提升整体教育教学水平，就要有一个进阶的过程，需要慢工出细活，来不得丁点虚夸与冒进。于是，我们积极争取到了各类市级改革试点项目，如潍坊市综合素质评价试点校、潍坊市“双改行动”实验校、潍坊市课程整合实验校等，看上去倒也显得很光彩。当时，还片面地认为这些实验、试点项目能够推动学校走上教学的“快车道”。但一段时间的学校课程、课堂实践告诉我们，在学校师资力量非常薄弱的情况下，快速推进各项改革是有很大难度和风险的，控制不好反而适得其反。经过激烈的思想斗争后，我们忍痛割爱，主动停止、放弃了一些改革试点的项目，开始从基本的教学常规抓起。从那时起，我就深深地意识到：任何改革都要“目中有人”，如果人的问题没解决好，一切都是枉然；该放下时就放下，放不下半斤就拿不起一斤。

经过几年的探索后，我们开始思考借助专家团队的力量来提高学校教育教学水平。2014 年 4 月，潍坊市“亲子共成长教育园区项目”基地学校落户清平小学，家庭教育专家组进驻学校，也就在那时我做出了一个令很多人感到诧异的决定：辞掉教研室主任职务，专注做清平小学的教育。就在潍坊市教育局领导到清平小学启动亲子共成长项目之后不久，市教育局主要领导又亲临清平小学调研项目进展情况，学校也在这个时候提出了在师资、教学方面的困惑和问题。在领导的协调下，我们与崔副院长领导的团队“握手”，引进“课程课堂改革”项目。至此，困扰乡村学校的两个主要问题就分别找到了解决路径。

2014 年 5 月 11 日晚，崔副院长给我发了一个有关观课量表的邮件，让我打印发给老师们。5 月 12 日，崔副院长、刘主任摇身变为清平大家庭中的“崔姑姑”“刘姨”走进清平小学课堂……从此，清平小学的课程建设、课堂教学改革开始真正地上路了……

面对师资及课堂现状，我们展开了深入细致的分析论证，最终制订了《清平小学课程与教学改革三年规划》，将总目标确定为：通过构建富有清平小学特色的“青苹果”课程体系，创建适合师生的高效课堂教学模式，从根本上解决教师善教、学生会学的问题，同时，造就一支师德高尚、业务精湛的高素质教师队伍，全面提升清平小学教学质量。在此总目标挈领下，我们又对三个年度的具体目标和达标措施进行了详细的规划，并开始一步步推进……

乡村学校课堂教学问题与对策之到哪里去

谁是《西游记》中的第一主人公？就这个问题和几个朋友讨论过，大部分人认为是孙悟空，极个别人认为是唐僧，好在没人说是猪八戒、沙僧或白龙马，这几位看来毫无争议。为什么孙悟空在众人心目中得到如此青睐呢？因为孙悟空在整个取经的过程中斩妖降魔，以出色的表现出尽了风头，不管是在书中还是在各种影视剧里，孙悟空都是“重头戏”。然而，当我们静下心神仔细琢磨时，会有另一种判断。

请大家思考：吴承恩笔下的《西游记》故事主线是什么？是降妖除魔还是西天取经？路途艰辛是过程，斗打妖精是手段，而这一切的目的，也就是这次行程的目标是为了取得真经。目标明晰了，我们就要看谁最关注目标，也就是谁最想取得真经。那一定是唐僧无疑了，因为他心中有明确的西行目标，而且紧盯着这个目标，毫不动摇，所以才带领着徒弟们取得了真经。孙悟空之所以保护唐僧去西天取经，是因为唐僧西行途中在五指山下救了他，他欠了唐僧一个大大的人情，经书对他来说没有什么吸引力。猪八戒、沙僧，包括白龙马，他们都心怀各自的目的，但均非取经这个目标。由此看来，如若中途唐僧放弃，那只能树倒猢狲散，没有人会坚持下来。

在学校里，在课堂上，也有这么一群“取经人”，那就是教师和学生。“经书”就是我们的教材，“经”自然就是课程标准要求达到的目标，落实到每一课，就是教学目标。当然，这个教学目标有两层内涵，分别为教的目标和学的目标。教的目标是对教师而言的，就是让教师明白要让学生学习哪些知识，培养什么能力以及情感态度价值观；学的目标是对学生而言的，是让学生知道要掌握的知识、能力等。虽然面对的主体不同，但双方的目标应该是一致的，只是在说法上要有区别。这与唐僧师徒的目标定位有所不同。

记得三年前，崔副院长带领教学指导团队进入清平后，就提出和推进了目标教学法。说实话，当时很多老师都觉得可笑，甚至连业务干部也不太支持和配合，有的老师在评课交流时曾这样说：“课堂教学目标，老师心里知道就行了，为什么还要展示出来，甚至还要学生读出来，太形式化了。”还有部分老师直接来个“阳奉阴违”，指导听课时就展示目标，有模有样，平时上课还是我行我素老一套，跟项目组“打游击”。

好在过了一段时间，一部分教师接受了这样的教学方式，但问题又来了：目标定位不准确，欠具体，人云亦云。我们知道，一节课如果目标定位出现问题，就像战场上确定不了敌人的位置一样，何谈消灭对方？于是，崔副院长开始下大力气帮助教师们解决这个问题。通过观课分析，我们发现存在的问题主要有以下两个方面：一是教条主义，生搬硬套教学参考书或者“前辈”的教案，把他人的教学目标囫囵吞枣地摆放出来，于是就有了诸如“通过教学活动，培养学生学会做检验的良好学习习惯”“在教师的引导下，能在生活中发现并提出有关分类、比较的简单数学问题，并能初步汇报和交流自己的想法”“借助这一主题，引导学生体会并学会享受童年的快乐，学习在诵读、想象诗歌的过程中积累语言”的教学目标；二是把教师教的目标直接复制粘贴成学生学的目标，看上去是“学习目标”，但述说时仍然是教师教的角度和口吻，显得不伦不类。一节课结束后进行评课，问起执教教师本节课的教学目标（或学习目标），有的教师竟然不知其所，还要拿出教案才能说出个一二三，这足以说明执教教师心中根本就没有目标。缘何如此？很简单，没有认真地思考、分析教材内容和课标要求，没有真正抓到教学的核心问题，又如何能准确确定教与学的目标呢？

出现这些问题的教师为数不少，这也是乡村学校存在的共性问题。出现这样的问题原因不在教师身上，主要是学校师资专业化水平低、教学资源匮乏、学术交流氛围淡薄，再加之家庭与社区环境等各方面因素的挤压，使得教师教学业务难以提升，周而复始地重复着“昨天的故事”。这就是问题的根源，所以我们必须要坚定地打开乡村学校的眼界，如若再像以往那样麻木不仁，城乡差距只能继续拉大，这也是我放下教研室主任职务专注一所薄弱乡村学校的原因，也是引进专家团队的根由。

于是，我们首先在目标定位上下功夫，以“咬定青山不放松”的精神，采用研讨、辩论、树标、激励等策略，从打通教师的思想认识入手，坚持听评课跟进反馈，推动目标教学法慢慢在清平小学的课堂上生根、发芽，并在三年后看到了每一位教师的成长。看看本轮听课后崔副院长对教师们的评价吧。

老师们都能抓住本节课的核心问题，目标明确、具体、恰当；都能紧紧围绕目标展开教与学；目标意识强，把落实进行到底。

三年磨一剑，这个目标意识就是那第一剑，只要教师们能够盯准目标，并能落实下去，就是有效的课堂，就是往上走的教与学。

这就是乡村课堂要走的第一步！

乡村学校课堂教学问题与对策之课堂学习小组建设

课前目标定位准确了，接下来要做的就是一步步落实目标，最终达成目标。下面从课堂组织形式说起。

新课改倡导自主、合作、探究的学习方式，这是建设自主互助学习型课堂的需要，也是让孩子学会学习的需要，更是目标落实的必然要求。这种学习方式的建立，首先以学习小组的建设为前提。

自 2014 年 5 月清平小学全力推进目标教学法以来，课堂合作小组也从粗放到精细、从形式到内容慢慢在课堂上扎根生长开来，成为课堂教学的常态。在崔秀梅副院长、刘娟主任的指导和推动下，每个班级都建成了形式各异的学习小组，即使是刚刚入学的一年级学生也已经开始尝试这样的学习方式，很多班级的评价也是以小组评价为主，这说明教师们都已经真正开始了小组建设的探索，这是值得肯定和令人欣喜的，这一切让我们看到了乡村学校课堂“爬坡”中的阶段亮点，令人振奋。

一是同质化分组目标基本达成。战场上，两军对垒，如果双方势均力敌，就会进入焦灼状态，双方也必然斗志昂扬，勇往直前；如果双方实力相差悬殊，就会出现一边倒的局面，即使是胜方也会有胜之不武之感。在项目推进初期，也就是在小组建设刚刚起步时，通过听课我们发现在某些班级中存在小组评价得分差距悬殊的情况，有的小组得分高达 90 多分，有的小组得分只有个位数，这样的差距居然是普遍现象。这给我们提供了什么信息？这说明班级的小组划分是不均衡的，排除评价方式方法对小组得分的影响之外，各个组成员之间的综合差距应该是很大的。

分组不均衡，负面影响很大，会导致所有小组失去积极性。远远落在后面的小组成员会觉得反正也追不上，索性放弃了努力；而跑在前面的小组成员因为没了竞争对手，也激不起前进的动力。针对这一现状，我们组织了针对小组建设的专题培训和研讨，让教师们开展小组建设讨论，各抒己见，相互分享，取长补短，达成共识：分组要遵循“组内异质，组间同质”的原则。所谓组内异质，表现为小组成员在性格、成绩、动手能力、表达能力、家庭等方面有一定的差异性和互补性。而组间同质，即小组间尽量减少差异，达到均衡。如何均衡？这里需要考虑的不仅是学生的学习成绩，还有学生的性别、性格、语言表达能力、组织协调能力、合作能力、兴趣爱好、课堂听讲情况和受欢迎程度等，此外还要了解学生的家庭情况。明确了方向与策略之后，我们开始对班级分组进行调整和优化。班主任和任课教师共同参与，多方面调查了解学生，最大限度地把握学生的情况，尽可能达到组间均衡。小组一旦建立，在一定时间内最好不要随意变动，实在有需要，可进行微调。

二是小组成员数量、分工趋于合理。之前的小组人数确定存在不规范、随意等问题，对学习过程控制和小组合作效率造成了一定的影响。我们针对这个问题，也进行了深度的探讨，引导教师们充分考虑学生年龄和自主性等因素，适度增减小组人数。一般年龄越小，自主性越弱，合作小组人数就要越少；反之，合作人数可以适当增加。中、高年级每组以 4～6 人为宜，低年级每组以 2～4 人为宜。另外，我们特别关注小组成员间的分工合作，考虑个人的兴趣爱好，让人人有事做，事事有人做，从而调动每个学生的积极性和主动性。如每个人担任不同学科的组长，负责收发本组作业，还可安排卫生组长、纪律组长、课前准备组长等，负责提醒大家做好常规工作，等等。

三是在小组合作中培养了学生的自信心与表达能力。起初我们发现很多学生不会合作，小组交流时，小组成员都不敢积极交流，你看我，我看你，不知该说什么；全班交流时，也不敢大胆说话，想举手又不敢举，想说又唯恐说错了，让人感觉很不舒服。这种现象固然与我们的学生都来自农村、没有或者少有这方面的锻炼有关，但培养学生的自信心和敢于表达的能力，是每位教师都应该关注的一项重要任务。我们要承认差异，尊重差异，将难度大的问题交给优秀的学生，将简单的问题交给学习有困难的学生。鼓励学生大胆说，说错了不冷嘲热讽，还要教育学生尊重每一个发言的同学，要给予学生鼓励。这样学生就会慢慢地不再拘束，敢于大胆发言。另外，让学生学会在发言时加上主观语，即“我认为”“我觉得”“我是这样想的”等，这些语言看似形式，实则是培养学生自信心和勇气的法宝，它是一种正能量的心理暗示。当学生敢于表达自己的见解时，表明他是自信成熟的。

如何发挥小组合作学习的效果，是我们教学研究的重点，也是落实目标的重要手段。一手抓教师的个性化教学，一手抓学生的自主合作学习，这两项工作做好了，我们的课堂才是有效课堂。

当然，当下学校课堂小组合作学习尚处于探索阶段，还有一些需要改进的地方，将是我们下一步的努力方向。这正如青年教师李清林写的那样："小组合作在我们学校每个班级都实施起来了，专家在听课过程中反映我们的学生在小组合作学习中表现还是不错的，合作有序、高效，这也给了我坚持把小组合作学习做得更加完美的动力。崔副院长和刘主任对我说，在课堂上很多小组已经形成了'兵教兵'这种互相学习、互相帮助的高级小组合作模式，这能减轻教师的负担，让教师不再那么辛苦。学困生把不会的问题都在小组内解决了，教师不用再在课后给学困生补习了，可以把精力用到更多的地方，为学生创造更好的学习机会。虽然小组合作建设取得了一定进步，但还是存在许多问题，比如，如何把握好实施小组合作的时机？如何建立有效的小组评价机制？等等，这就需要我们继续加强课堂学习小组建设，严抓不懈。"

坚持走下去，就会有收获！

乡村学校课堂教学问题与对策之关注什么

苏霍姆林斯基曾经说过："热烈的学习愿望、明确的学习目的，是学生学习活动的最重要的动因。培养这种愿望的工作，是跟学校的全部教学和教育工作的安排紧密联系的，并且首先是在课堂教学中实现的。"课堂是实施素质教育的主阵地，也是发现人、培养人、造就人的主阵地。

开始组建这所学校时，我就在冥思苦想一个问题：作为新建学校，我们的课堂应该关注什么？在我们的耳边，有好多不同的声音，其中有懂教育的内行人，也有不懂教育的"门外汉"。不过，还有种怪现象：不管哪个层面的人，都觉得自己很懂教育，总是站在"明白人"的角度到处指手画脚。于是，我开始思考：我们的教育是不是出了问题？是不是要放弃我们的坚持？就这样，不断地思考，不断地琢磨，顶着各方面的压力艰难前行。

2014 年 5 月，崔秀梅副院长、刘娟主任加入到清平小学这个大家庭中，陪伴这所乡村学校一起踏上了蜕变之旅。

几年的努力与坚守，我们在泥泞与黑暗中看到了平坦与光明，也渐渐清晰了乡村学校课堂教学要关注什么。

一是关注学习成绩。为什么要关注学习成绩？学生的工作就是学习，我们当然要关注每一位学生的学习成绩。更重要的原因是家长关注孩子的学习成绩，社会关注学校的教学质量（在绝大部分人眼中，教学质量就是学生的考试成绩）。我们不得不重视家长对学校的评价，因为这是评价学校办学水平的重要杠杆之一。所以，课堂要关注学生的学习成绩，这是每一位教育工作者不可推卸的责任。因此，如何提高学生的学习成绩就成了学校领导和教师不得不首先面对的问题。当然，对这方面的关注要有个度，不能走向"唯分数论"，这不是学校教育的应有之义。

二是关注全面发展。课堂是落实素质教育的主阵地，是促进学生全面发展的主战场，所以教师既要关注个体学生的全面发展，也要关注全体学生的全面发展。清平小学是普惠型公办学校，不是精英型贵族学校，面向每一位学生是学校教育的底线，也是平民教育的价值取向。由于受片面追求升学率的应试教育思维的影响，教师们常常追求"有的放矢"的教学策略，也就是，考什么就教什么，不考的往往就不教，或者是很少教。这就是典型的急功近利思想，忽视了学生的全面发展。

三是关注个性学习。课堂，不是标准件生产车间，每个学生的学习基础、认知背景、学力水平都存在很大差异，因此要关注学生获取知识的不同过程和方式。学生获取知识的途径很多，可以通过课上教师的讲授来获得，也可以通过同学之间相互学习来获得，还可以由学生自己钻研获得。学生获取知识的过程千差万别，不可做千篇一律的要求，否则课堂上就会出现有的“吃不饱”，有的却“吃不了”的现象。

四是关注学习方式。学生学习方式的转变是基础教育课程改革成功与否的重要标志。促进学生学习方式的变革是课程改革的重点之一，它关系到学校的教学发展水平，关系到师生的校园生活质量。因此，我们要致力于改变学生“死读书”“读死书”的学习方式，让学生的知识学习与实践应用相结合；改变机械、重复、低效作业造成学生厌学的现状，让知识学习与思维学习相结合；改变学生过度依赖教师教的接受式学习方式，让学生学会基于自身学习目标的自主学习、合作学习、探究学习。

五是关注情感体验。新课程强调要关注学生在课堂上经历了什么、体会到什么、感受到什么，即关注学生在课堂上的情感体验。能够积极且自信地学习，是学生良好学习状态的标志之一。要想让学习不再枯燥乏味，关键要考虑学生在学习过程中的情感体验，要让学生在创设情境、激发兴趣、活动体验、合作互动的过程中产生学习内驱力和强烈的探究欲，把学习真正当作一件乐事、趣事、有意思的事。要把学生当人看，当成有血有肉、有情感的活生生的人来看，而不是灌装知识的“工具”，只有如此，课堂才会变得有人情味，才会有灵动的生长和应然的激情奔放。

课堂，没有最好，只有更好。好的课堂，关注点在学生身上，始终以学生为中心，以学生是否达标为最高追求。因此，教师要怀着负责、敬畏、宽容、谦逊的情怀，关注学生的学习状态，关注学生的全面发展，推进学生学习方式的转变，使教师的教服务于学生的学，寻求真正成功的教育。

几年来的探索与实践，让清平人更加清晰了课堂上的关注点，这是迈出的最大一步。

做聪明的“农民”

有个故事在民间广为流传，成为后人教育孩子的一个典型案例。

宋国有个农夫，他巴望着自己田里的禾苗长得快些，就天天到田边去看。可他总觉得禾苗长得太慢，心里十分焦急，心想：“怎么样才能使禾苗长得高、长得快呢?”想了又想，他终了想到一个“最佳方法”，就是将禾苗一棵一棵地往上拔。

经过一番辛劳后，他满意地扛着锄头回家了。回去对家里人说：“今天可把我累坏了，我帮助庄稼苗长高了一大截”!

他儿子跑到地里一看，禾苗全都枯死了。

《拔苗助长》这个寓言故事流传了千百年，可谓无人不知、无人不晓，而且每个人都深谙其中的寓意。它告诉我们，事物发展自有它的规律，靠良好的愿望和“一厢情愿”是不行的，如果一意孤行，很可能适得其反，贻笑大方。俗话说“心急吃不了热豆腐”，做事情要遵循规律，欲速则不达。

农夫因为违背自然规律而犯下了不可弥补的错误，让我们认识到，我们要尊重自然规律，懂得收获需要经过较为漫长的等待，需要耐心地管理，不断地除草、施肥、浇水，给禾苗自由生长的空间和时间，假以时日，就会结出累累硕果。

然而，我们的教育却不能完全从“拔苗助长”的“泥潭”中脱离出来，经常会出现一些违背教育规律的现象，令人深感忧虑。

从学校教育大范围来看，我们经常会在各类媒体上、材料中看到一些诸如这样的豪言壮语：建设一所全国乃至世界一流的学校；两年内成为省级乃至全国级名校；快速提升教学质量；实现学校跨越式发展；家长满意度达到100%……这些口号给本该纯洁、自然的校园涂上了浓浓的功利色彩，导致教育出现“金玉其外败絮其中”的“乱生相”。最终，牺牲的还是学生的健康成长和全面发展，这样的“快”是要不得的。

回到教学上，种种让人生畏的违背教学规律的现象和问题也是屡见不鲜：关注知识而忽视能力、情感态度价值观目标的学科应试教学；强调结果而忽视过程、体验与思考的教学设计；“学堂”变“讲堂”的传统教学模式；等等。课堂俨然成了教师的“演练场”，它不断地消耗着学生的生命能量，磨灭了学生的学习兴趣，最终导致学生厌学。

除此之外，很多家长更是充当了教师的“帮凶”，“助纣为虐”，进一步遮挡了孩子成长需要的阳光、雨露，压缩了孩子自由生长的空间。孩子还在幼儿园，家长就处心积虑地把望子成龙的心愿化成一个个实际行动，不顾孩子身心发展规律开始精心打造自己的孩子，可谓呕心沥血、鞠躬尽瘁。再看看孩子，所有的时间和空间都被填充得满满的，搞得苦不堪言，无所适从，本应五颜六色的美好童年被家长们安排得一塌糊涂。有的孩子用自己的方式反抗这样的成长，却遭到家长无休止的数落、训斥，甚至是身体惩罚；有的孩子在家长的淫威下逆来顺受，久而久之，造成性格缺陷，遗憾终身。

教育孩子要遵循规律，来看看故事《小猫钓鱼》给我们的启示吧。

老猫和小猫一块儿在河边钓鱼。

一只蜻蜓飞来了。小猫看见了，放下钓鱼竿，就去捉蜻蜓。蜻蜓飞走了，小猫没捉着，空着手回到河边来。小猫一看，老猫钓着了一条大鱼。

一只蝴蝶飞来了。小猫看见了，放下钓鱼竿，又去捉蝴蝶。蝴蝶飞走了，小猫又没捉着，空着手回到河边来。小猫一看，老猫又钓着了一条大鱼。

小猫说：“真气人，我怎么一条小鱼也钓不着？”

老猫看了看小猫，说：“钓鱼就钓鱼，不要这么三心二意的。一会儿捉蜻蜓，一会儿捉蝴蝶，怎么能钓着鱼呢？”

小猫听了老猫的话，就一心一意地钓鱼。

蜻蜓又飞来了，蝴蝶又飞来了，小猫就像没看见一样。不大一会儿，小猫也钓着了一条大鱼。

猫妈妈把小猫带进渔场，并不急于告诉小猫钓鱼的方法，而是让小猫自己去熟悉渔场的环境。小猫“低龄”的特点决定了它首先对蜻蜓、蝴蝶产生了兴趣，玩够了、玩累了之后，看到猫妈妈钓到那么多的鱼，小猫心中十分羡慕，同时也产生了疑问：“我为什么钓不到鱼呢？”此时此刻，小猫的心中已经产生了强烈的学习内驱力，猫妈妈再因势利导，指导小猫钓鱼的态度和方法，结果收到了很好的效果。

猫妈妈懂得教育不能拔苗助长，不能急于求成，要耐心静等花开。从某种意义上讲，教育就是农业，是自然生长，需要阳光、雨露，需要施肥、养护，更需要耐心地等待，任何一蹴而就的想法和做法都会令教育失之千里；教师、家长就是农民，需要对庄稼付出爱心、耐心，更要学会等待，把教育当作慢活儿、细活儿来对待，因为每个学生都是活生生的人，需要生命的沉潜，需要“深耕细作”。

教育是一个长期的过程，教育也是一个顺其自然的过程，教育更是一个通过耐心等待看花开花落的过程。

做一个聪明的“农民”，做一只智慧的“老猫”吧。教育要慢慢来，急不得！

莫让教师戴着镣铐跳舞

一位教育舞台上的舞者，应该时时处处迸发出那种源自内心深处基于对教育真谛理解的饱满热情与职业智慧。然而，现实与之相去甚远。

孔子被称为“孔圣人”，是中国历史上最早办私学的人，使平民也有了接受教育的机会。在中国教育史上，这是史无前例的伟大创举。孔子办学，也不是免费的，“自行束脩以上，吾未尝无悔焉”，学生要缴纳一定的物品或钱财作为入门之“礼”。圣人，也是要生活的，十条肉干，不仅是对老师表示敬重，也是孔子和他的学生们赖以生存的物质食粮。

圣人孔子尚且如此，更何况普通的教育者呢？网上有位教师反映自己的工资状况，他这样说：“我工作 18 年了，工资每月 1032 元，绩效一年 11000 元。我要养老婆、孩子、两个老人。”另一位教师说：“我工作 20 年了，工资卡上的钱每月还不到 1500 元，加上代课费差不多 2000 元。”……这样的声音还是比较普遍的，尤其在基础教育阶段，收入水平不高。当然，因为地区经济发展不均衡，导致各地教师工资水平差异很大。但有一个指标必须要考虑，那就是教师收入水平与当地平均工资水平之间是“正差”还是“逆差”。如果教师工资水平处于“正差”水平，那么差距越大，教师对职业的满足感、忠诚度就会越高，就更能做到静心研究、积极工作。相反，如果教师工资水平在“逆差”状态下长期运行，且差距较大，教师就会对所从事的工作失去信心和热情，这也是导致某些地区教师校外兼职、参与校外教育机构补课辅导的一个最大诱因。马斯洛需求层次理论将人的需求分为生理需求、安全需求、社交需求、尊重需求和自我实现需求五类，把生理需求与安全需求作为“温饱阶段”的低层需求，工资水平低于社会平均收入的教师不正处在这样的需求层次上吗？试想，一个教育者，还在为家庭生活的柴米油盐而奔波，还在为居住空间狭小而烦恼……他们怎么能毫无后顾之忧地给学生们上课，因为，绝大多数教师都是普通人，他们有着正常人的基本需求，只有满足了，才会跨向更高的需求层次。

这只是来自工资待遇方面的压力，属于物质层面的问题，好在大部分教师学会了适应，降低了对自身及家庭生活方面的要求，所以还能忍受过去，但来自精神方面的压力则让教师难以适应和忍受。

新课改至今已走过十几个年头，教师们经历了一次翻天覆地的教学改革，从传统到现代、从课程到课堂、从理念到技术，每个经历者都被卷入了一次大规模的“洗脑”行动中，慢慢地将陈旧落后的教育教学观念剔除出原有的认知体系，取而代之的是现代的、与世界接轨的新理念。在这个过程中，教师们的最大感受就是“做教师越来越难，感觉自己快要不会教书了”。为什么会有这样的感触呢？因为现实将教师推入了两难境地。

一方面，新课改要求教师转变应试教育观念，向素质教育靠拢，改变原来的教育教学方式，探索以学生为主体、教师为主导的教学模式，让学生成为学习的主人；要求教师在课堂上充分发挥学生学习的积极性与主动性，注重对学生探究精神与实践能力的培养。因此，教师在组织教学活动时，要根据具体的教学内容，选择恰当的教学方式，以使每个学生在参与学习的过程中都得到最好的发展。另一方面，学校教学评价仍然注重对结果的评价，甚至依然使用原来的试卷评价方式，评价内容也仍然是“穿新鞋走老路”。尤其是在一些偏远落后的地区，教育主管部门、学校仍然以单一的考试分数来评价学校、教师的教学水平，落脚点还是在学科知识领域，学生的学习能力与实践水平处于评价盲点，导致教学评价与教学实践脱节，课堂改革与考试评价出现“两张皮”现象。这就是学校教育功利化与学生长远发展之间的两难境地。

如果说教师在两难之间找到了结合点，慢慢适应了这样的“两张皮”，那么，来自另一方面的压力更不可忽视，那就是教师岗位的“万能性”。全国上下都在呼吁为学生减负，然而，有谁考虑过为教师们减负呢？来自各方面的检查、督导、评比、会议、活动一股脑儿地倾泻到学校，有些安排可以说跟教育毫不相干，但就是因为一个领导或一个部门的一句话，学校就要忙半天，各种调度、准备，耗费了学校大量的人力、物力，教师加班加点成为工作常态。在这样的工作强度与压力下，本应该不断学习提升的教师们却没有一丁点安静下来读书润养自身的时间。试想，教师不读书，何谈给学生做示范，引领学生养成读书的习惯？

校园里，请少一点无关干扰，让教师能安静地坐下来喘一口气，悠闲地读读书，专注地思考一些问题吧。

富足方能从容，宁静方能致远。卸掉教师身上的枷锁，不要让教师们再戴着镣铐跳舞了！

会爬树的鱼

爱因斯坦说：“每个人都是天才。但如果你用爬树能力来断定一条鱼有多少才干，它终其一生都会相信自己愚蠢不堪。”

众所周知，鱼是不会爬树的。如果有一种鱼能爬树，说明它们本身就不是鱼。我们先来了解一下鱼类的特征：鱼的身体表面有鳞（少数种类无鳞），都用鳃呼吸，靠鳍游泳，用卵繁殖后代，终生生活在水里。鱼类的特征决定了它们爬不了树，只能生活在水里。

还有一则森林里的动物开运动会的故事。

森林首领狮子提出：“我们举办个动物运动会吧，谁跑得最快，谁就做新首领。”森林里的动物们都非常想做新首领，因此全部踊跃报名参加运动会。比赛开始了，动物们全都使出浑身解数，拼了命地往前跑。豹本来就是森林里的短跑王，它第一个冲了出去；小猴子急了，抓着藤条使劲往前荡；小鸟扑扇着翅膀，拼命地飞。它们跑的跑、荡的荡、飞的飞，都一样快，无法分出胜负。

狮子正不知如何是好之时，狐狸出了一个主意。于是，运动会改变了比赛规则——只准用腿跑，结果，豹赢了……

这个故事看上去是一个笑谈，但其中蕴含着深刻的教育之道。

2016 年 5 月，中央电视台《朝闻天下》栏目用两分多钟的时间报道了清平小学家校合育的经验，当时家祥妈妈作为家长代表接受了电视台采访。报道这样描述：家祥妈妈的巨大改变带来了儿子家祥的可喜变化，他从一个逆反心理较强的孩子成长为一名积极向上的模范儿童，现在，他不仅学习成绩提升了许多，还学会了吹葫芦丝，性格也阳光了许多。家祥妈妈在接受采访时用一个非常形象的比喻阐述了适性教育：“专家说，每家的孩子都不一样，你种上梨树，长出来就是梨；你种上苹果树，长出来就是苹果。教育要适应你的孩子，按照他的特点来培养他，不要把他和别人比，把他的自信都比没了！”家祥妈妈虽然是一位地地道道的农村妇女，但她所说的话带给清平人深深的思考。

是啊，梨和苹果，不是一类果树，结的果当然不一样。如果用梨的标准去衡量苹果，再好的苹果也会被评判为不合格。同理，如果用苹果的标准去衡量梨，再好的梨也会被评判为不合格。这样做比较，总会对其中一方不公平。

为什么今天突然谈到鱼爬树的事情呢？因为今天早上在朋友圈里看到一个视频，题目是《一条鱼，不该被迫去爬树》。这个视频短片非常耐人寻味，也很有意思。它以一种戏剧性的表现方式，非常严肃认真地呈现了当代教育存在的问题——精英教育。教育的目的就是培养“精英”，而“精英”也被限定了大体的“模样”，就是“爬树”能手。这样的认识和状态导致的后果是教育被窄化，学校成为千人一面的“标准件”生产厂，忽视个性迥异孩子的存在，让相当一部分不被主流认可的孩子失去话语权与发展的条件，被排挤出教育框架，走向边缘化或被抛弃，成为统一“模具”标准下的牺牲品。

国人的攀比心态正在不断制造着“成功焦虑”与“竞争压力”，让人的内心陷入一种盲目和混乱中，迷失了作为个体的选择与适应，让自己和孩子都强行挤上“快速路”，却没有意识到自己驾驶的“车”没有超速的动力系统，最终的结果就是半途“抛锚”。

加德纳创立了多元智能学说，将人的智能分为九大类，分别是语言智能、数理逻辑智能、空间智能、身体运动智能、音乐智能、人际智能、自我认知智能、自然探索智能、存在智能。多元智能理论引领人们从多维度、全方位，以发展的眼光来评价孩子，从这个角度讲，每一个孩子都是潜在的天才儿童，都是智能超常者。

在日常教育教学过程中我们会发现，不同的孩子有不同的特长，仅就学习而言，每个孩子都有属于自己的学习风格、学习方式。如有的孩子善于死记硬背，有的孩子善于理解记忆，有的孩子善于动手操作，有的孩子善于静心思考，有的孩子善于听，有的孩子善于说……这些个性化的学习表现源于每个人不同的智能倾向。

教育，只有因材施教才会有效，否则，即使费尽九牛二虎之力，也难以让一个有语言智能障碍的孩子变成演说家，更难以让一个数理逻辑智能弱的孩子成为数学家，所以教师、家长需要正确认识和看待自己的孩子，注意其智能倾向，在其长板上大做文章，推动孩子做最好的自己！

教育是扬长，而不是补短！

给孩子一把学习的“钥匙”

三年前，听了一位语文老师的课，感触很深，至今记忆犹新。也正是因为听了那节课，我才进一步坚定了强力推进课堂教学改革的决心。

课堂上，这位语文老师的表现很突出，个人的学科素养也非常不错，尤其是教学基本功更是让人眼前一亮。听着她几近标准的普通话，看着那潇洒的粉笔字，在进入她课堂的前几分钟，就让人不由得发自内心地欣赏和喜悦。还有就是她的课堂设计、教学流程逻辑清晰、环环相扣。一堂课下来，教师讲得明白，教材分析透彻，学生听得也很认真，教学效率很高。但这样的课堂是不是我们想要的呢？

听课结束，我陷入了沉思：这样的课堂孩子们喜欢吗？建校伊始，我们就倡导教师变讲堂为学堂，推进“3454 少教多学幸福课堂”，但这节语文课与我们倡导的格格不入，这样的课堂该如何去评判呢？不安与纠结瞬间充斥全身，是到了快刀斩乱麻的时候了。于是，从那天起，我们将“倡导”改为“要求”，对教学模式也转变为强力推进，这是针对乡村学校课堂改革下的“第一刀”。

陶行知先生认为：“活的人才教育不是灌输知识，而是将开发文化宝库的钥匙，尽我们知道的交给学生。”“钥匙”是什么？就是我们经常谈到的“授之以渔”的“渔”，即学习的方法。

课堂上怎样将钥匙交给开锁的人呢？方法其实很简单，就是“少教多学”。我们在推进“3454 少教多学幸福课堂”的过程中遇到的最大阻力就是教师们已经习惯于“领着走”，担心放开了就收不住了，更担心在这个过程中课堂效率会降低，会出现更多的学困生。就因为这种担心，很多教师的课堂没有根本的变化，有的只是形式上的小组组合或敷衍琐碎的学生自主学习环节，课堂被切分得支离破碎。纵观课堂始末，教师还是在“主教”，学生仍然在“被学”。

针对这一现状，我在一次学校校本培训会上提出了交给学生课堂“钥匙”的行动，提出了以下几方面的课堂改革推进建议。

第一，大胆放。放，就是放手让学生去研究思考、碰撞交流，不要有任何顾虑，教师只有放得开，学生才会学得好。学生自主学习和交流的环节，要给足时间，让学生自己“吃饱”。这样的环节放得越充分，学生需要教师“喂”的就越少。

第二，学生讲。讲，就是兵教兵、将教兵，是学生之间的相互帮助和相互学习。这样的学习方式一改原来的单向式灌输，使学生更容易接受知识和观点。这样的学习方式是同伴间的平等交流，因为学生之间更有共同语言，他们在描述事物和概念时语言更通俗易懂，更接近学生的最近发展区。越是水平、层次接近的人群，越能够实现快速有效的沟通和交流，越能发生思维碰撞和情感共鸣。

第三，及时测。测，就是随堂检测，随时把握学生的学习情况，反馈学生的学习状态，尽量减少和消灭负积累。检测题目的预设是教师的一项基本功，需要不断的研磨，不断提升命题的层次性、针对性和灵活性。

第四，关注评。评，就是教师的课堂评价。有效的课堂评价是开启学生智慧的钥匙，是促进学生发展的一门艺术。它对调控课堂气氛、融洽师生关系、交流师生感情具有不可替代的作用。评价要做到随机、及时、灵活，能激起竞争和热情，促进学生发挥学习的积极性和主动性。因此，课堂评价是否有效也直接成为判断一堂课好坏的重要指标之一。

要想让学生开启学习之门，需要教师把钥匙交到学生手中，并教会他们打开门的技巧，然后，从课堂上艺术地退隐，只在学生需要帮助的时候现身，这才是未来课堂教师的角色定位。

课堂有“钥匙”，也有“密码”，但需要我们仔细研究——如何将这些“钥匙”和“密码”教给学生。

孩子“疯玩”好不好

前两天与东明县第三实验小学家长委员会成员交流时，一位家长谈到了自己的担忧：“孩子双休日在外面疯玩，喊都喊不回来。”后来通过了解，其孩子学习成绩还是不错的。

一个学习成绩不错的孩子，在应该休息的日子里，与要好的小伙伴们尽情玩耍嬉闹，这难道不正常吗？

回忆我们的童年，放学后或假期里，不也是在与小伙伴们的玩闹中不知不觉度过的吗？不要小看这样的“疯玩”，其中蕴含着大大的教育价值，如身体的锻炼与心情的释放。在学校，每两节课之间都有10分钟的课间休息时间，主要是让学生上洗手间和放松身心，这样的安排有利于学生活动筋骨，放松大脑，舒缓眼睛疲劳。在课堂上，学生长时间专注学习，大脑一直处于紧张和疲劳之中，如果在这样的状态下继续上课，教学效果将大打折扣，而且会有害于大脑健康，也不利于学生的身体发育。于是，每40或45分钟（中小学不同）就会有一个10分钟的让学生放松活动的课间，并且每天还安排健身运动一小时，这是符合孩子身心发展规律的。

每周五个工作日、两个休息日的设计，也是为了让人们能劳逸结合，工作与休闲两不误，这样的张弛有度才能保障人们的身心健康。学生的主要任务是学习，这是毫无疑义的。但我们必须明确以下两点。

一是学习并不仅是课堂上学科学习的专属，它是一个涵养万物的范畴。譬如幼儿的撕纸行为，其实并不是无聊、无意之举，他们是在学习，在训练自己的视动统合能力。再如，小孩子把爸爸妈妈的鞋子、手套、钱包丢弃到垃圾桶、便池中，那可不是孩子在有意捣乱，而是在学习，在建立自己的空间感，这是一种有益的“解暗箱”科学探究活动。还有孩子赤脚在各种不同材料的地面上行走，看上去就是普通的步行活动，但孩子通过脚底碰触地面所感受到的疼痛感与柔软度，认识了各种不同材料的特性，等等。这些看上去是玩的事其实都是学习，不能把学习与玩对立起来。

广义的学习指人和动物在生活过程中，凭借经验而产生的行为或行为潜能的相对持久的变化。也就是说，凡是推进人的成长和发展的认知活动，都应该包含在学习范畴中，不是刻板地上课听讲、读书交流、完成作业才称之为学习。学习的内容非常广泛，可以说包罗万象，形式也丰富多彩、变化多端。

二是在玩中学会交往，懂得规则。“书呆子”，顾名思义，就是将其所有的时间用在了读书学习上，他们的世界只剩下了“死读书”。于是，他们被群体“隔离”，少有玩伴，少有朋友，也少有情感发育与伸展，在他们的眼中，世界只有一条轨道——分数，最终，他们夺得一个个高分。然而，在权威机构的调查数据中，这类人中鲜有行业领军人物。孩子的成长经历应该是丰富多彩、富于变化的，这样他们才能适应未来的社会，仅仅学习课本知识不能丰富孩子的成长经历，玩则是孩子丰满自己的一条必由之路。

玩，就是同伴交往。一群玩得开心的孩子，他们之间必然有较强的黏合度，也就是成年人常说的志同道合。在他们这个群体中，会慢慢延伸出不同的分工，不同的角色，慢慢演化成一个“小社会”，每个个体都能够在这个团队中经受历练，成长自我。而且，团队成员在一起玩的时间越长，相互了解就越深，散伙的可能性就会越小。

玩，要讲求规则。无规矩不成方圆，玩也需要一定的规则。玩的流程中有各种要求、标准、注意事项，这都需要参与者提前约定，并人人遵守，这就是规则意识的训练。

俗话说“万物皆为师”。任何看上去意义不大的玩闹行为，都可以变成教育活动。这就需要家长和教师加以引导，很好地将两者对接起来，寓教于乐，寓乐于教，让孩子们学着不累，玩得有意。

如果家长一看到孩子玩就生气，一看到孩子学就高兴，就必然会产生焦虑，也必然会违背教育规律。其实，孩子就应该是这个样子。

试想，如果孩子双休日闷在房间里，看书、学习、玩电脑，撵都撵不出去，这样的状态，难道家长就安心了?

教育孩子，应该在顺应天性的前提下适度引导，才是最有利于孩子成长的，也是应然的教育生态。

拿什么爱孩子

高尔基说："单单爱孩子们，母鸡也会这样做，可是，要善于教养他们，却是一项伟大的公共事业。从事于这种事业，必须具有相当的才能，必须具备广博的生活知识。"

爱孩子既需要情感和热度，这是前提和基础，更需要学问和艺术，懂与不懂决定了教育效果的天壤之别。

然而，在现实生活中，有多少父母懂孩子、善于教养孩子呢？相当数量的父母还处于"会生不会育"的低层次教养孩子状态，这与社会进步和经济发展已格格不入，这也是中国的家庭教育尤其是乡村的家庭教育存在的最大的亟待解决的问题。

作为家长，没有谁不想把孩子教育好，但倍感有心无力的大有人在。为什么会这样？归根结底，家长在教育孩子时存在"三无"现象。

一是无知，没有家庭教育方面的知识准备和储备。绝大多数父母没有接受过系统的生育辅导学习，就匆匆忙忙地"无证驾驶"了，于是，"违规操作""违章驾驶"就成了家常便饭。这样的境况无异于只拿到了上岗证而没有相应的职称，还达不到称职的程度。

二是无法，家庭教育出现问题，没有科学有效的指导。当"无知"遇上"无法"，绝对是"屋漏偏逢连夜雨"了。年轻的家长们在孩子出生后，就开始了摸着石头过河的教养孩子的探索与实践。本来就没有养育观念和知识储备，再加上找不到支持系统对其进行相应指导，当教育孩子出现问题的时候就会手足无措，疲于应对，往往因为教育不得法而出现适得其反的教育效果。当然，也有一部分家庭很自然地继承了原生家庭用在自己身上的教养方式，并原封不动地"复制"到孩子身上，于是也就有了"棍棒之下出孝子""不打不骂不成才""树大自然直""孩子是父母的'私有财产'"等观念。

三是无奈，因孩子养成了坏习惯，没有办法改变而感到无奈。当"屋漏偏逢连夜雨"后，又来一个"泥石流"，最终就把一个好端端的家给冲得"大厦将倾"。孩子是家庭的未来，更是父母的精神支柱，也被一部分家长当成了家庭的中心，即家庭和睦与否的"风向标"。当孩子成长出现失控导致各种问题出现后，整个家庭关系就会出现危机，尤其是教育主体间的矛盾冲突会日益激烈，抱怨、焦虑、指责、吵闹成为家庭常态，而这样的家庭状态又进一步加剧了孩子的失控状态。这样的恶性循环正是当下一部分家庭出现教育危机的根源所在。

当然，很多家庭在教育孩子的过程中及时发现了这一现象，并试图打破原来的状态，寻求解决的办法。然而，他们却遇到了另一个“三无”窘境。

一是无支持系统。很多家庭想学习家庭教育知识，却苦于没有这样的服务支持系统。当下的中国，可以说还没有达到主动购买家庭教育指导服务的阶段，专业的社会机构无法提供充足的、优质的家庭教育资源，系统化服务支持难以实现。从这个层面讲，政府应该拨出专项资金，采用向第三方购买服务的方式将相关的社会专业机构培植起来，通过体制内、外联手合作的方式完成支持体系架构。

二是无专家指导。家庭教育指导属于专业领域，需要心理学、教育学等专业领域理念与知识的支持，这就需要有专家“坐诊”方能“对症下药”，否则，即使有相关的讲座、课程支持，也只是“水过地皮湿”的应付，不能从根本上解决问题。从这个层面讲，当下中国要推进家庭教育工作，必须要培育和支持一大批高质量的家长教育师资队伍，这个非常关键。

三是无学习教材。当下，还没有哪个地区有系统成型的家庭教育教材可提供给有需求的家长们。虽然也有开发者在做家庭教育资源库，但都无法满足家长们的个性化需求，更多的是普适性解决方案。从这个层面讲，相关部门应组织专业人士针对0～3岁、幼儿园、小学、中学等不同学段编制相应的家长教育、家庭教育教材，满足家长的学习需求。

爱孩子，就要先懂得怎样教育孩子！

又一条鲜活的生命死于校园踩踏

2017 年 3 月 22 日，濮阳市濮阳县第三实验小学发生了学生踩踏事故，造成 1 人死亡，20 余人受伤。

事发正值学校月考之前，原定 8:30 开考。8:20 早读课结束后，学生们前往厕所，做考前准备。因为前往厕所的人数较多，出现了学生大量聚集现象，并出现混乱，导致踩踏事故发生。事发后，月考即行取消。

是什么原因导致学生踩踏事故时有发生？媒体、大众会把关注的焦点放在学校安全教育不到位或学生管理不精细等方面。但我想说，学校安全一直是校长心头的一把“剑”，没有哪位校长不把校园安全当成头等大事来想、来对待，因为大家都明白，什么事都可以通过解释和改进得到谅解，唯有学生的安全不能掉以轻心，因为这关系到孩子的生命是否能得到保障。也正因为安全如此重要，很多学校选择了“因噎废食”的应对策略，取消了所有存在安全隐患的校内外实践活动项目，以至于学生们被“圈养”在狭小的校园空间里，如笼中的小鸟般渴望着打开校门的那一刻。

还有一点值得关注，那就是 3 月 15 日，濮阳县教育局曾召开全县学校安全工作会议。会议要求，全县教育系统要准确把握学校安全工作面临的新形势、新挑战，即日起在全县教育系统开展安全工作大排查，重点做好消防、防溺水、校车安全、食品安全、公共卫生安全等方面的工作。也就是说，在县域层面针对安全工作有专项会议和要求，各学校也会落实相应的安全教育管理责任，进行各项安全隐患排查工作。如若不出意外，学校安全教育工作应该处在正常的状态之下。

课间，本应是学生在紧张的课堂学习后放松身心的时段，但在很多学校，也被学校管理部门当成了“自留地”，严加看管，并安排专门教师执勤看护，仅有的学生们想“振振翅膀”的机会也被剥夺了。但事情总会有百密一疏的情况出现，那就是学校不会在厕所里安排执勤人员，于是，厕所就成了学生们释放能量的集散地，尤其是在男厕所里，经常会发生一些诸如校园欺凌的事件。

作为学校，应该为学生的安全尽职尽责，但绝对不能一概而论，学校不是“无限责任公司”。中小学的课间活动应该是开放的、自由的，教师不可能像老母鸡保护小鸡一样，张开“羽翼”将每个学生都紧紧地护起来。即使有教师在走廊、校园执勤，也不可能杜绝某些不可预见事故的发生，毕竟教师是个体面对群体，往往鞭长莫及。当然，如果是学校在设施配置与修缮管理方面做得不到位导致的安全事故，那学校是难辞其咎的。

上面从理论上排除了学校安全教育责任不到位和课间管理疏漏的问题，那么，究竟是什么夺走了孩子的生命呢？

先来看看事发学校的相关信息：学校创建于 1998 年，是一所六年一贯制完全小学，现有 19 个教学班，在校生 1600 余人，教职工 80 余人。这组数据告诉我们，这是一所建校近 20 年的县直学校，教室面积、布局设计应该还是 20 年前的标准。平均班额 80 多人。可想而知，学生们是坐在怎样狭小的空间里学习的。这样的境况能不把学生“憋”坏吗？难怪他们会在课间拼命地释放聚集在身体里的能量。

按照《农村普通中小学校建设标准》和《城市普通中小学校校舍建设标准》等文件规定：农村完全小学最大规模是 24 个班、1080 人，城市完全小学最大规模是 30 个班、1350 人。而濮阳县第三实验小学学生数、班额均严重超标。这是谁的责任？

可想而知，这样一所学生超员的老标准配套学校，各种馆室的容纳能力估计可以用“不堪重负”来形容，于是，厕所在课间时人潮涌动就是不可避免的事情了。一旦出现特殊情况，就像这次的月考，发生事故就在所难免了。试问，全国还有多少所这样的学校呢？追求大而化之，盲目地合班并校，动辄建设几千人、上万人的学校，为什么不把这些有限的资金投入社区、乡村小型学校校舍建设和师资配备提升上呢？这样的分散投资才是解决中国学校教育大班额、拥挤化状态的有效路径。

但愿能有越来越多的学校在大班额问题上完成既定目标，有更多的学校“放松”下来，不仅是为了孩子的生命安全，更是为了孩子们能健康、自由地伸展自己！

学校“用工荒”的背后

“用工荒”也称为“用工难”，是指用工短缺现象。而今，教育领域也出现了“用工荒”现象。

前几天与安丘的教育同人谈到一个话题——教师结构性缺编，与所说的“用工荒”有着密切的联系。什么是教师结构性缺编呢？教师结构性缺编是指教师总量符合或超过省、市下达的编制数，但部分学科编制数不足或实际数量不能满足实际教学需要而出现的缺编问题。

概念搞清楚后，我们就切入了讨论的话题。其中一位小学校长谈到了他的苦衷：在编教师60多人，可真正能上课的教师只有30多人，也就是说仅有50%左右的教师可以承担一线教学任务，师资严重缺乏成为这位乡村小学校长最为头疼的问题。然而，就全国来讲，这样的学校不在少数，尤其是在乡村学校，已经成为当下困扰乡村教育均衡发展的亟待解决的问题。

为什么会出现这样的境况？我认为，主要由以下几方面的政策导致。

一是延迟退休政策。延迟退休政策，导致相当一部分老教师不能退出教学岗位，也就延缓了固有的教师新老交替频率。于是，在教师“退休前线”积压了较大数量的老教师编制，但这些教师大部分已经难以适应当下的教学改革要求和工作量标准，只能在一些相对轻松的岗位上辅助一线教学工作，有的直接被安置到后勤部门成为后勤服务人员。

二是放开二孩政策。国家二孩政策放开后，教师成为积极响应国家号召的群体之一。于是，大批教师开始孕育二孩，加之年轻教师的正常一孩，学校教师生育高峰排山倒海般如约而至，让许多学校频出“怪招”，如排班生育就是这个特定历史阶段的“怪胎”。因为大量的教师进入生育期，导致学校中坚力量大减。

三是限制大班额政策。《山东省普通中小学校基本办学条件标准》明确规定，普通小学班额不超过45人，初中、高中班额不超过50人。而当下，仍然有相当数量的学校没有达到标准要求，有些学校实际班额是标准班额的两倍以上。而这些学校如果按照要求落实班额标准，班级数量将会翻番，然而，教师从哪里来？

四是民办学校挤压。最近几年来，民办学校风起云涌，如雨后春笋般冒将出来。有些民办学校占用了一些公办教师编制，也有一部分优秀教师被民办学校高薪“挖”去，这大大挤压了公办学校编制量和优质师资资源。

如此种种，造成了学校出现严重的“用工荒”现象，直接导致师资出现巨大缺口，在各级政府和教育部门难以短时间扭转这一趋势的情况下，各学校开始自行“招兵买马”，却又遇到非法招聘的窘境。还有就是聘任资金来源问题也困扰着校长们。就拿我最熟悉的一所乡村学校来说，在岗教师 61 人，50 岁以上教师 17 人，当下已经校聘“实习生”（临时代课教师）8 人，今年暑假后将有 11 人进入生育期，还有更大的师资缺口等待着这所城乡接合部的乡村学校来解决。在区财政没有任何专项补贴的情况下，只能由学校自行解决，对于一所不足千人的学校而言，真有举步维艰之感。

窥一斑而知全貌，这样的师资配比情况在乡村学校已是普遍现象。教师老龄化遇上生育高峰期，再加之小班化与民办教育挤压，乡村学校仍然生长在夹缝中，何谈教育均衡？何谈教育腾飞？

我近期走访了十几所处于城乡接合部的乡村学校，发现这些学校的校舍已经基本完成现代化提升、改造，但师资配备状况仍不容乐观，尤其是城乡之间还存在很大差距。因此，各地政府和教育主管部门还是要将关注点放在乡村学校师资建设方面，在投入大量资金建设现代化校园的同时，把解决学校师资配备问题放到重中之重的位置上来。

真正撬动乡村教育质量的不是高档的校舍，而是优质的师资。

你是在做学校还是在做教育

昨天，“校长群”里又热闹了，源自于我在里面“投放”了一颗“雷”——我的一篇教育文章《推倒学校的“围墙”》。

这个“雷”，引发了关于家庭教育与学校教育孰轻孰重的讨论。

有人说：“学校教育虽然不是万能的，但在人的发展中起决定性作用。否则，花那么多人力、财力办学校干吗？”有人随即反驳：“我不认为学校能起决定性的作用，特别是在人的品德秉性方面。我觉得一个人思想品德形成的决定性因素应该在家庭。”其实，这就是存在于教育领域内部的两种不同观点，试想，对于这样的问题，我们这些所谓的教育“内行人”还没有搞清楚，又如何引领家庭和社会呢？这也难怪大部分家长把孩子交给学校就认为万事大吉了，也难怪家长在孩子出现问题时认为都是学校的责任了。深谙教育规律的教育者尚且没有搞明白，又如何让非专业教育者的家长们弄清楚呢？是需要进一步澄清了。

我指出：“土壤贫瘠，再好的种子也结不出硕果。家庭教育，其本质是家长的自我教育！我们都是家长，都需要接受再教育。作为校长，我们应该理解家校合育的重要性，要关注校内外教育资源，而家长就是这样的资源，并且很重要！因为，那是土壤，那是根！”

关于学校教育与家庭教育，我想先转发一位先生在网上的文章片段。

为什么“干净”这么简单的事我们都做不好？后来我终于明白了：我们的幼儿园不干净，小学肯定干净不了；小学不干净，中学肯定干净不了；中学不干净，大学肯定干净不了……我就明白：我们这些人（大学生）走上社会，社会也干净不了。

这个逻辑对吗？如果按照这样推断，那结论就是导致社会不干净的根源是从幼儿园开始的学校教育。这样的推论科学吗？学校教育真的有那么强大吗？之前我在《推倒学校的“围墙”》一文中谈过“5＋2＝0”应该转化为“1＋7＝0”的观点。人生命中的大部分时间是在家庭、社会中度过的。在家庭中，孩子面对的是“二对一”甚至是“六对一”的教育，而在学校里呢，是“几对一群”的教育，教育力量对比可想而知。

今天的“清平教育分享”谈的就是家长身教的问题。一位妈妈在亲子日记中谈到她与女儿之间发生的一件事——妈妈乱扔垃圾。妈妈一个无意识的扔手纸行为形成了一个教育事件，而且在这个教育事件中，受教育者是妈妈，施教者是孩子。但如果这位妈妈不以为然，不予理睬，后果会怎样呢？还有那位私家车车主摇下车窗扔手纸的行为，如果他的孩子在身边看到这一幕，又会是怎样的情形呢？这个成年人难道不是“长歪了的孩子”吗？

由此看来，学校教育没有想象的那么强大，毕竟教师不是孩子的父母，尤其是在0～6岁孩子成长的关键期，专业教师是“缺位”的状态，孩子是泡在家庭这口大缸里长大的。当这些孩子走进学校时，已经被不同的家庭教育成了不一样的个体，而且这种教育是根深蒂固的。到了学龄期，又遇到了“1+7”这个教育态势，让学校教育如何承担这样大的责任？

当我们认识到不能把全部的“宝”押在学校教育上时，家庭教育就被推上了风口浪尖。如果作为学校领头人的校长只关注学校内部教育问题，如果像有些校长认为的“校长要干好学校内部的事，别整天把学生家长当学生教育”那样，学校教育引领家长、社会的功能就会被边缘化，教育就变成了纯粹的服务业，最终导致教育改造社会的功能缺失。

一个教育工作者不仅要关心学校以内的教育，调动校内教育资源，还要善于发现校外的教育资源，家长就是这样的资源。校长应该有这样的胸怀、眼光和风范。

要做有担当和责任感的校长，就不能仅仅做学校，还要做教育！

该抓住时不放手

昨天晚上，一位妈妈的日记深深打动了我，因为她领悟到了一个很多人还看不懂的道理。

早上拿钥匙开门时，不小心把一个小物件掉在了地上，急着开门就没去捡它，想着一会儿把车放好，再过来捡。放好车就打扫卫生，打扫到大门口时才想起它，去捡时发现它已经碎了，可能被过往的车辆碾碎了。拿起来放在手里，瞬间思绪万千。

生活中有些东西就是这样，当你觉得它不会远去时，它却突然就不见了。所以，在以后的日子里要学会该抓住时不放手，该珍惜时就珍惜，该知足时就要感恩拥有！

仔细想想我们陪伴孩子的时间其实并不多，等他长大后，上大学、参加工作、结婚生子，拥有了自己的生活，我们就不再是孩子的唯一依靠，也不能像现在这样天天陪着孩子了。其实，与其说是我们陪着他慢慢长大，不如说是他在陪着我们慢慢变老。感恩儿子的陪伴，以后一定控制自己的脾气，珍惜现在的美好时光，珍惜身边的所有人！

一个小物件的意外损坏，让这位妈妈悟出了一个道理，这就是我们常说的顿悟。然而，任何事情都有它的必然性，顿悟的发生也是长期思考的结果，是由“量”到“质”的跨越。作为妈妈有此顿悟乃孩子之幸，家庭之幸，更是自身之幸！

所谓孩子之幸，主要在于这位妈妈已经意识到“其实，与其说是我们陪着他慢慢长大，不如说是他在陪着我们慢慢变老”，这句话说得很透彻，道出了亲子关系的真谛。

判断两个人哪一个更有依赖性、更需要对方陪伴，主要看双方分离时哪一个更痛苦或更不舍。龙应台《目送》中有这样一段感人至深的话：“我慢慢地、慢慢地了解到，所谓父女母子一场，只不过意味着，你和他的缘分就是今生今世不断地在目送他的背影渐行渐远。你站立在小路的这一端，看着他逐渐消失在小路转弯的地方，而且，他用背影默默告诉你：不必追。”

背影是什么？是孩子的轻松，是孩子的不在意，一个蓦然回首都变成了父母的奢望。而父母呢，却依依难舍，不忍离去，即使心中明白会“渐行渐远”，也还是以目送的方式表达着自己的难过与牵挂。这个时候，需要陪伴的是谁？当然是父母，而不是孩子。

父母们，好好计算一下，孩子还能陪伴你多长时间？当你算清了，就懂了为什么要尽可能抽出时间陪伴孩子，因为那不是你对孩子的恩泽，而是孩子对你的回报。孩子不是陪伴你一生的人，趁着他们还能黏在你身边，好好地享受这份幸福吧！这，不值得抓住吗？

所谓家庭之幸，在于这位妈妈意识到了要珍惜当下，珍惜身边的人，不只是孩子，还有自己的父母、兄弟姐妹以及配偶。

父母在，我们才有权利做儿女，一旦他们离开了，我们也就失去了做儿女的资格，不要等到“子欲养而亲不待”时方后悔。兄弟姐妹是与我们有血缘关系的亲人，我们身体里留着相同的血液，但他们有自己的家庭，不属于你，所以要珍惜在一起的时光。你的配偶虽然跟你没有血缘关系，但他（她）才是陪伴你一生的人，值得你付出更多的关爱和热情，在孩子远行、父母离去、兄弟姐妹不在身边时，他（她）才是你唯一的依靠和温暖。这些人，都值得珍惜。

所谓自身之幸，那就不必再费口舌了。人最难处的关系是与自己的关系，最难参透的那个人也是自己。当把“该抓住时不放手”的道理悟透了，也就明白了该放手时就放手，还有什么放不下、拿不起呢？

在这里，我想再分享一篇家长的亲子日记。

今天学校运动会圆满结束了！女儿放学回家后显得有点失落，她走到我面前小声说：“妈妈，今天我们学校还举行了亲子活动，有的同学和家长一块跳绳，有的同学和家长的脚绑在一起玩游戏！”我告诉她那叫“二人三足”。接着女儿又说：“妈妈，我也想上台表演！”孩子的话触动了我。的确，因为工作忙，学校举行的很多活动我都没能参加，对学校班级工作支持不够！女儿很懂事，有时学校有活动，女儿回家就对我说：“妈妈，我知道你没时间，所以……”其实孩子也盼望爸爸或妈妈参加学校活动。

于是我对女儿说：“宝贝，明年不管爸爸妈妈多忙，一定有一个人和你一块去参加学校活动！”女儿听了半信半疑地问：“真的？”看到女儿的表情我更加愧疚。孩子的成长需要我们的陪伴，正如武校长所说的：“很多机会总是稍纵即逝，抓不住，再想要就已经晚了。人生很多事不能等！”教育孩子的事确实不能等，所以我想跟家长们说：不管工作多忙，一定要抽时间陪伴孩子！

该抓住时不放手，不要等失去了再后悔！

一封来自 6 个月婴儿的致歉信

一封致歉信引起了我的关注，因为这封信来自一个 6 个月的婴儿。

各位爷爷奶奶、叔叔阿姨们：

晚上好！

我是一个刚满 6 个半月的小宝宝，在此向你们请安了！

今天有幸和你们同乘一个航班去悉尼，在乘机过程中也许会因为我的哭闹影响到大家的休息，对此我深感不安和歉意！

我妈妈会尽可能地安抚好我，请大家多多包涵！谢谢大家！

小宝宝敬上

2017 年 3 月 28 日

这封信不可能是一个 6 个月大的婴儿写出来的，当然出自妈妈之手。乘坐国际航班从中国飞往悉尼，对一个 6 个月的婴儿来说，绝对是一个挑战。10 个小时的行程中，孩子也许会出现各种状况，对此妈妈有充分的思想准备，所以才以孩子的口吻提前写好了这封致歉信。

这封信蕴含着一位母亲对同机乘客的尊重、关爱和愧疚，彰显着一个文明人的内涵和修养。这让我想起十年前去欧洲考察的经历。一位外国母亲抱着四五岁的儿子乘车，当时车厢内人不是很多，有很多空座位，孩子完全可以坐在妈妈身边的座位上。但她没有这样做，因为她只买了一张票，所以只能占用一个座位的资源，她没有让孩子占旁边的座位，而是自己抱着。而在国内，两个人占三四个座位也是有的，当时在赞叹之余，不禁为国民素质和教育汗颜。而今天，一位中国妈妈的表现让我看到了我们与现代文明接轨的步伐。相信随着时代的发展和社会的进步，在中国，这样的母亲会越来越多。父母的以身示范是孩子赖以成长的模板，父母的高度决定了孩子的未来！

古人解读教育为“教，上所施下所效也；育，养子使作善也。”教育就是做出样子，率先垂范，也就是常说的以身作则。古有“三纲”：君为臣纲，父为子纲，夫为妻纲。“纲”就是榜样、表率、标准，如此“三纲”就可以解读为上级要给下级做榜样，父母要给子女做榜样，丈夫要为妻子做榜样。这样理解，一切都回归本位，遵循规律了。

想让孩子成为怎样的人，做父母的就要努力让自己先成为那样的人，不能把自己没有实现的目标强加到孩子身上去，这对孩子不公平！如果我们做父母的都做不好，为什么渴求孩子做好呢？

我曾经看到过这样一则报道：一位母亲带着上幼儿园的儿子在超市偷东西。给我留下深刻印象的是警方提供的一段视频，其中有儿子和妈妈的对话。

儿子："妈妈，我们以后不要再拿人家的东西了，好不好？"

妈妈哭泣着说："好的，妈妈错了。"

子曰："不贰过。"意思就是同样的错误不犯第二次，但愿这位母亲不要再犯同样的错误，因为身边的孩子在看！这样的例子有很多，有的父母带孩子买东西时，对方多找了钱，发现后，不是主动退还，而是偷偷留下，甚至在孩子面前大谈如何占了便宜；有的父母在孩子面前随意散播谣言，混淆是非；等等。这些父母对孩子来讲都是坏榜样，会在孩子幼小的心灵深处产生负面影响。

教育家马卡连柯说过："不要以为只有你们同儿童说话、教训他的时候才是进行教育。你们在生活的每时每刻，甚至你们不在场的时候也在教育着儿童，你怎样穿戴、怎样对待朋友和敌人、怎样笑、怎样劳动工作——这一切都对儿童的成长有着重要的意义。"这里说的就是榜样的作用。提高家长的素质，其实就是要求家长做孩子的表率。

性格要靠性格来塑造，道德要以道德来培养。孩子需要德行指引，需要榜样引领，家长要做孩子的榜样。行动起来吧，美好家园需要共建，一个雷锋影响了几代人，这就是榜样的力量。

要知道，孩子一直看着你，他们以你为榜样。你要他们做到的事情，你自己先要做到，这就是榜样。

12 岁女孩为何要跳楼自杀

一个 12 岁的女孩，人生的大门才刚刚开启，却不计后果地纵身一跃，给一个家庭带来了锥心之痛。

昨天，又一个令人震惊的消息在网上蔓延开来：福建省莆田市荔城区黄石镇一个 12 岁女孩因学习成绩问题被家人责骂后，从自住楼房的天台跳下坠亡。

一个花季少女就这样突然走了，给亲人留下的是撕心裂肺的伤痛和永远无法抹掉的印记。而这一切，仅仅是因为女孩学习成绩出现问题遭受父母责备导致的。我想问问孩子的父母：孩子的学习成绩与她的生命相比，孰轻孰重呢？你们是爱孩子还是爱她的成绩？

再说，就算是孩子学习成绩不理想，出现了所谓的问题，是孩子自己的原因吗？一个人类的“种子”跌落进你的家庭里，她首先携带了作为父母的你们的基因后才来到这个世界上，并在你们为她营造的家庭环境中慢慢长大，自然也深深印刻着你们的品格和你们家庭的色彩，这是她无法选择的。

正是你们先天的基因和后天的原生家庭对孩子施加的教育影响，才造就了孩子今天的样子。孩子身上的优秀，是你们培养出来的，同样，孩子成长中出现的问题，也是你们教育的结果。今天，孩子之所以会出现问题，是十几年来所接受的教育导致的，其中的家庭教育具有不可推卸的责任，而直接责任人就是你们！

另外，12 岁的孩子正值成长发育过程中，其性格等具有极大的不稳定性，会因某一突发事件而出现一些异常情况或出现情绪波动，在一定程度上会给生活和学习带来影响，甚至是较大的“滑坡”，这完全在正常的可控范围内，为什么不能心平气和地跟孩子沟通和交流呢？

还有一点需要引起注意，那就是不少家长把自己未曾实现的人生梦想强加在孩子身上，让孩子时刻感受到来自家长的焦虑、紧张与过度期待。当这种压力长期存在而又无法得到释放时，孩子就会出现各种心理障碍：有的脾气暴躁，易与同伴发生冲突；有的精神高度紧张，导致睡眠失调；有的产生强烈的逆反心理、厌学情绪，家长也被搞得焦头烂额；有的甚至走向厌世、轻生，上演一出出人间悲剧……

孩子是独立的人，他们不是家长的私有财产，更不是为家长实现人生梦想的工具，他们只属于自己。为什么有些家长总觉得自己的孩子做得不好呢？因为在这些家长心中都有一个“邻居家的孩子”，这是一个极其优秀的孩子，他们身上具备一切好孩子的特质，自己的孩子与之相比简直相形见绌。于是，各种不满意，各种催促、控制随之而来，最终将孩子推入“火海”。试想，家长都不能实现的梦想，都不能达到的目标，为什么要求孩子来实现、来达到？这对孩子太不公平了！

这个12岁的小女孩，在这个世界上是独一无二的，也许她的学习成绩不理想，甚至是班级中的后进生，也许最近一段时间她的成绩下滑，却一直找不到赶上去的方法，但这些都不影响她成为父母的女儿、同学的玩伴，因为她是一个活生生的人，一个具有生存权的人。而今天，父母可能正在用她的短板与别人的长板做比较，抹杀了她的自信、自尊，最终逼得她走上了不归路。

一个生命就这样离我们而去了，也许她未来是艺术舞台上一颗璀璨的明珠，或是奥运会场上的运动健将；也许她未来是一位著名的演说者、主持人，或是八面玲珑的社交高手……而今天，她却在父母眼前走到了生命的尽头，可悲、可叹又可恨！

我校一位家长在接受中央电视台采访时说：“你种上梨树，长出来就是梨；你种上苹果树，长出来就是苹果。教育要适应你的孩子，按照他的特点来培养他，不要把他和别人比，把他的自信都比没了。”

多么朴素的话，却蕴含了深刻的道理，然而，现实中能有多少人看得清、理得明呢？

爱孩子，是没有任何附加条件的！但愿一个逝去的生命，能换来千千万万的父母的真正觉醒！

让我们一起为这个离开的生命祈福吧！愿孩子一路走好！

勿把孩子当“无能儿”

去年六一儿童节，我邀请视障人士倪震走进清平小学，与孩子们一起过了一个令人难忘的儿童节。

与倪震在一起，给我最大的触动是，低估了他的生活适应能力。他虽然看不到五彩缤纷的世界，但能像正常人一样生活，而且是一位很高效的工作者。

与倪震相处的这几天，使我改变了对残障人士很多固有的观点和认识，并再次切身体验到什么是换位思考。对身有残疾的人来讲，他们已经用自己的方式适应了周围的环境，而且因身体某器官的缺陷而使其他器官得到异常发展，即拉马克的“用进废退”说。在倪震身上，我感受到他敏锐的听觉和触觉是我们这些所谓健全人无法相提并论的。

我们一直在用自己的视角、站在自己的立场审视他人，所以就容易犯以己之心度人之腹的错误。在面对残障人士时，我们要先征求一下他们的意见，看他们需不需要我们的帮助，这既是一种尊重，又不至于使自己陷入帮倒忙的境地。因为你不适宜地出手相助，可能会钝化他们业已形成的适应能力。

在教育孩子的过程中，也应该注意类似情况的发生。在很多成年人眼中，孩子被当作“无能人”，因此倍加呵护，致使孩子走向“钝化”。

看看我们的父母们都做了什么吧。

场景一：女儿正在吃力地自己穿衣服，费了很大劲也没有穿上另一只袖子。面对此情此景，妈妈看在眼里，急在心上，立马上前给女儿穿好衣服，口中还不停地唠叨：“真笨，这么简单的事都做不了。”女儿无奈地看着妈妈，任由其将衣服穿在自己身上……

场景二：一个4岁的小男孩在画画，妈妈在一边陪着。小男孩看上去很笨拙地往画纸上添加色彩，很多地方都出现了较低级的错误。妈妈开始喋喋不休地指点儿子，最后终于按捺不住急切的情绪，直接抓住儿子的手开始画起来。儿子没办法，只能任由母亲“帮”自己完成……

场景三：一个2岁的小男孩正在模仿大人的样子拖地，搞得地上愈发脏乱不堪。爸爸大声呵斥小男孩，并把他手中的拖把夺下来。小男孩委屈地抹着眼泪，呆呆地站在那里不知所措……

这样的情形在生活中不胜枚举：孩子刚要学做饭，家长抢下厨具；孩子刚要学洗衣服，家长夺过衣服；孩子刚要学游泳，家长扔去游泳圈；孩子刚准备自己去上学，家长紧跟其后……父母的全方位保护让孩子时时处处“被无能”，久而久之，孩子会变成“真无能”。

著名教育家蒙台梭利说：“除非你被孩子邀请，否则永远不要去打扰孩子，为孩子打造一个以他们为中心，让他们可以独自‘做自己’的‘儿童世界’。”

作为成年人，我们常常低估孩子的能力，把他们当弱者。其实不然！4 岁的小女孩能够照料瘫痪在床的父母，洗衣、做饭，照料起居，这都是发生在现实生活中的真人真事。可现在的很多父母，开始过度地呵护孩子，当幼苗与阳光、空气隔离，又如何能长成参天大树？

请不要再轻视孩子的潜在能力，不要再硬性闯入、干涉他们的生活，请尊重他们的存在，重视他们的自觉成长和想法。

当我们“弱”下来，孩子才能变“强”。在孩子成长的道路上，我们为何不做一个旁观者、陪伴者，这样的关注才是真爱，才是智慧。

让孩子学会“与狼共舞”

昨天读到一个故事，深深打动了我。

有一位年轻人在阿拉斯加打工时，曾与一个朋友听到狼的嗥叫声，他们很紧张地四处搜寻，结果发现一只母狼的脚被捕兽器夹住，正在哀号。他知道那个捕兽器是一名老工人的，他业余捕兽，卖毛皮补贴家用，但这名老人因心脏病发被直升机送到医院去急救了，这只母狼会因为没有人处理而饿死。

他想释放母狼，但母狼很凶，他无法靠近。他发现母狼在滴乳，这表示狼穴中还有小狼。于是他与同伴费了九牛二虎之力找到狼穴，将 4 只小狼抱到母狼处吃奶，以免饿死。

他把自己的食物分给母狼吃，以维持母狼的生命。晚上还在母狼附近露营，保护这个狼家庭，因为母狼被夹住了，无法自卫。

第 5 天，他去喂食时，发现母狼的尾巴稍微摇了摇，他知道自己已开始获得它的信任了。又过了 3 天，母狼才让他靠近把兽夹松开，把它释放出来。母狼重获自由后舔了他的手，并让他替它的脚上药，之后才带着小狼离开，一路还频频回头望他。

他坐在大石头上想，人类可以让凶猛的野狼来舔自己的手，与之成为朋友，难道就不能让另一个人放下武器成为朋友吗？他决定以后先对别人表现诚意，因为从这件事中他看到，先表现出诚意，对方一定会以诚相报。他开玩笑说，如果不是这样，那就是禽兽不如。

从此，他在公司中以诚待人，常常帮助别人，不为小事斤斤计较。所以他每年都升一级，进步得很快。最重要的是，他每天都过得很愉快。他说，帮助别人的人比接受帮助的人还要快乐。

这个故事之所以打动了我，是因为我从中看到了人性本善，润物无声。人与狼本是相互攻击的对立双方：人处心积虑地设计圈套捕捉狼，取其皮毛做成高档保暖的皮草；狼成群结伙地攻击人，致使很多人“谈狼色变”，狼因此成为人们心目中的恶兽，臭名昭著。然而，故事中的年轻人和狼母子之间却上演了感人的一幕。

在人与狼初次相见时，狼怀着敌意，人不敢轻易接近。事情的转机源自年轻人的慈悲之心，也就是人性之根。于是，他与同伴一起帮母狼找到了狼崽，并坚持看护这只失去自我保护能力的狼，最终获得了狼的信任，狼也获救了。

这个故事向我们诠释了“赠人玫瑰，手留余香”的道理。因为年轻人的真诚付出让狼放下了戒备之心，狼也因为信任年轻人而获得了自由，这是一个圆满的结局。更具价值的是年轻人从这次经历中领悟了为人处世的道理，并对他后来的事业产生了巨大的激励作用和推动作用，最终成就了自我，这也可以看作他对受伤的母狼施以援手的回报，这就是赠予狼“玫瑰”后的“余香”吧！

小说《狼图腾》主要讲述了20世纪六七十年代一位知青在内蒙古草原插队时与草原狼、游牧民族相依相存的故事，细腻地刻画出了人与狼之间的利害冲突与情感纠葛，让我们看到了人性的光芒，以及人与自然和谐相处的本然状态。

我们的教育，应该更多地让孩子感受和体味到人与人之间要相互信任、相互支持、和谐相处。而这个前提，是让我们的孩子懂得：人是可以相信的，人是可以变好的，相信就会看到！

这个世界虽已跨入多元，但我相信有“一元”是永恒不变的，那就是人性，它是未来世界长治久安、和谐相处的“根”。

孩子学会了“与狼共舞”，也就懂得了与人相处！

由教师体罚学生引发的思考

参加完2017年山东省“互联网＋教师专业发展”工程专题工作坊主持人高级研修班活动后，我开始“爬楼”浏览一个外地家校合育群里的家长讨论记录，发现有几百条未读信息。群内之所以这样热火朝天，源于一位家长发的一个老师体罚学生的视频链接。

“看了很心疼这个女孩！恨死那个打女孩的老师了，太可恶了！”一位家长表达了自己的愤怒情绪。

一位家长马上附和：“就是，打人的老师也有子女啊！怎么能这么狠心？”

“看着真让人心疼，即使有错也不该这么打呀！可怜的孩子！”一位家长说。

“必须有人呐喊！”又一位家长说，看上去更加激动。

……

于是，这个群被“点燃了”，一条条针对这个视频的留言如雨点般“砸”到群里。

慢慢地，群里的讨论开始往更大的角度扩展。

“不能让打学生成为一种习惯，有第一次就有第二次！”

“打人的肆无忌惮，挨打的不知反抗，其他人视而不见，悲哀啊！”

“拍摄的人为什么不阻止？拍摄的人应该是成人吧。打人者丧心病狂，拍摄者冷漠无情！”

“老师打学生应该受到严厉处罚，但学生打老师应该怎么处罚？”

“我们每一位家长都应该以此为鉴，教会孩子保护自己！”

“不管是学生打老师，还是老师打学生，对动手者都要进行惩罚！”

“我的同学也是中学校长，私下里我们探讨过老师打学生之举，他一再告诫学校老师宁可不管学生也不要体罚学生，这样对不对呢？”

“现在，老师们都害怕家长追究责任，都不敢管学生了，我觉得学生做错事惩罚一下也是对的，只要不太过分就行。”

……

不一会儿，“战火”就烧到了我身上。一位家长问我：“武校长总说不让打学生，那么如果老师打学生怎么办呢?”

“你能保证武校长没打过学生?”一位家长质疑道。

一位家长回道：“那他就是口是心非的人。”

“恳请武校长从身边的人和事抓起，避免类似的事情在自己的学校里发生！然后再逐步扩大自己的影响力……谢谢武校长了!”一位家长说出了自己的期待。

“再差的老师也希望自己的学生能有好成绩，这只是个别现象。大家不要把武校长扯进来。武校长一直做得很好，他是一个很好的教育工作者。”一位家长帮我解释。

“那就更应该做点事情，来推动国家教育事业的改革和发展!”一位家长紧追不舍。

……

稍作思考，我表明了自己的态度：“我能做的，就是教育家长和老师不要对学生施暴，但我做不到让每个教师、家长都不犯错误。”

“你这么有影响力，可以推动教育事业的合理改革啊。”一位家长说。

我说：“这是教师准入机制问题，是个大工程。”

“是啊！可是再大的工程只要我们去做就会有竣工的一天。世上本无路，走的人多了自然就有了。如果每个人遇事都只找借口不想办法，那会是一个什么局面呢？路再远，走则必至；事再难，做则必成！我们大家一起呐喊，总会有振聋发聩的一刻。如果有什么需要，我很乐意尽我的一点绵薄之力。办法总比困难多，不是吗？武校长。”

我回应他：“是的，我们一起努力吧!”

之后，我又浏览了一遍群里家长们的发言，内心五味杂陈，痛恨与惋惜交织在一起，说不出的感受一直萦绕不去。学生被打的情形一直在我的脑海中浮现，我最大的担心正如一位家长所说的：不要让一只老鼠祸害一锅汤。在学校教育领域，出于种种原因，导致当下的教师队伍素质参差不齐，一些教师的教育教学素养确实有待提升，甚至有极个别教师不具备做教师的资格。然而，这些问题并不是一朝一夕形成的，需要相关部门采取有力的改革措施方能解决。

今天，之所以将这件事情拿出来说，一是想让更多的教育工作者、家长看到这种情况的存在，以引起更多人尤其是教师群体的关注与警醒，以打造心平气和的学校教育生态，引领师生关系、家校关系走向和谐；二是想将家长的反应呈现出来，让家长们意识到面对类似问题、现象时应该采取怎样的应对方式，思考如何在教育孩子的问题上与学校达成一致，相互包容，相互监督，将一些极端的教育方式消灭在萌芽中。

教师和家长为了同一个目标走在了一起，就应该成为同一个战壕里的战友，帮助孩子做最好的自己，而不是剑拔弩张地成为“对头”。

给孩子营造好的成长环境

今天到一家眼镜店去，发现店内有一口鱼缸，很精致，里面养着三条红鲤鱼，一大两小。因为自己喜欢养鱼，所以就特别关注这口小鱼缸。主人也很热情，向我叙说了鱼缸和鱼的故事。

原来，主人经常买鱼来养，可就是养不好，隔三岔五就有鱼死掉，所以就不断地买新鱼添加进去，这样就进入了一个恶性循环的怪圈，让养鱼这件本应该是悠闲惬意的事情变得令人极其不爽。

于是，我向主人详细地了解了这口鱼缸里的生态状况，终于弄明白了鱼总死掉的原因：水质问题。据了解，主人经常给鱼换水，这样的做法不妥。一是频繁换水会打破鱼缸内水的稳态，使鱼处于一种不断适应水质的过程中，鱼身体的各项指标就容易出现问题；二是自来水里面含有氯，所以要将水放置于光照、通风的地方 2～3 天，主要是散氯，这就是平常说的“养水”，否则必然对鱼造成伤害。

通过交流，主人终于弄明白了红鲤鱼死亡的原因，相信他按照我教的方法再养下去，鱼的死亡率就会大大降低。

我的父亲是一个特别喜欢养鱼的人，是他培养了我养鱼的兴趣。工作后，我经常养鱼、龟，现在家中的三只龟，最长的已经养了 17 年。10 年前，乔迁新居时，我购置了一口热带鱼缸，准备大张旗鼓地养鱼。安置好鱼缸后，我就开始进一步研究热带鱼养殖的方法，并开始按照要求“养水”。等水质达标后，才到市场上购买了心仪的热带鱼放进去养。而后的管理，也是一项精细活，需要借鉴书本、他人的经验，同时结合自己的实践，不断地探索和积累。慢慢地，我成了这个领域的“老手”，这得益于“先学后养”的自我学习与成长。

养鱼先养水，这是常规，是养鱼者必须要遵循的规律。如果打破这个常规，走向随性，是养不好鱼的，不仅伤害了鱼，还破坏了心境。

养育孩子有没有类似的情形出现呢？当然有！在我们身边，有太多的家庭为孩子提供的教育环境是不良的，也就是说家庭的“水质”存在极大的问题。

问题一：死水一潭。许多父母还在沿用原生家庭教育自己的方式教育自己的孩子，几年、十几年如一日地重复着过去的故事。在这样陈旧死板的教养模式下，尤其是那种粗暴、单一的教养方式，让孩子透不过气来。这虽然也是一种稳态，但这样的稳态对孩子的成长是不利的。

问题二：动荡不安。有些家庭在夫妻关系、亲子关系、邻里关系等方面出现问题，导致家庭内外矛盾重重、问题不断，直接影响到孩子的生活和学习。家庭危机带来的压力成为孩子健康快乐成长的绊脚石，有些较为严重的家庭问题还会影响孩子的一生，甚至把孩子推上绝路。

家庭，就像一口大鱼缸，需要营造一个适合“鱼儿”成长的生态环境，而营造环境的前提是要“养水”，养家庭教育和家庭生态环境的“水”，要有意愿和耐心除去有害的“氯”，使其更加适合“鱼儿”的成长。

如何养好家庭教育这口大“鱼缸”里的水呢？这是一个必须深入研究的问题，其关键在于家长要不断学习和成长，为孩子打造适宜的、具有激励性的成长环境，这样才能使孩子健康成长。

由双胞胎的差异谈起

今天与朋友交流，谈到了双胞胎。

之前在网上看到过一位妈妈写的博文《一对双胞胎的差异化教育》。文中叙述了她的两个双胞胎儿子在成长过程中的差异表现：在着装上，老大喜欢带有米奇图案的服装，老二喜欢带有超人和奥特曼图案的服装；在发型上，老大是规规矩矩的小平头，老二则效仿郭德纲的桃形头；老大文静，老二好动；老大爱读书，老二则热衷玩轮滑。期中考试，老大考了全班第一名，老二则考出了史上最差成绩——全班倒数第五名。妈妈把老二的轮滑鞋没收了，并给他请了一个家教。一个周末，老二背着妈妈出去了一天，直到下午五点多才回来。妈妈问他干什么去了，他不吭声，妈妈就罚他在阳台站了一个小时。第二天上班时，妈妈在楼梯口碰到了做体育老师的邻居，这位邻居对她竖起了大拇指："你家老二真厉害，少年组轮滑赛竟然拿了第二名。"妈妈一怔，随后明白，老二昨天是去参加轮滑赛了。"你们家这两个孩子，一个学习好，一个体育好，加起来，就是文武双全呀！"邻居羡慕地说。

两个孩子虽是双胞胎，但性格迥异，可以用"天壤之别"来形容。在班级中也有另一类学习上的"双胞胎"，那就是学习成绩优异的学生和学习成绩落后的学生。当学习成绩成了评价学生的唯一标准时，学生就会背上沉重的包袱。如果以学习成绩这个标准来区分学生，可以将学生分为A、B、C三个层次。一般情况下，C层次学生很难达到A层，甚至达到B层对他们来说也不是一件容易的事。也就是说，如果仅仅用学习成绩来评价学生，则是在将C层次学生的短板和A、B层次学生的长板进行比较，而这种比较是不公平的。学校和家庭不应扼杀孩子的自信心，而应该为孩子提供让其自由生长的环境，这种环境一定是从他们的长板上入手思考的。

再来说说学习成绩优异的学生。所谓"高处不胜寒"，只有你站在了那个高峰点上，才会体会到高处的危机感、压迫感。成绩第一名的学生会时时感到巨大的压力，担心随时都会有人来挑战自己的"权威"，怕自己成为第二名、第三名。就这样，一个个鲜活的、丰富多彩的生命，被分数和排名这两座大山紧紧地压在了下面。

河南省素质教育示范性高中之一的南阳市西峡县第一高级中学学生小蓓（化名）从教学楼五楼跳下，被救醒后说的第一句话是“我实在太累，宁愿做个差生”。近年来，学生跳楼事件时有发生，而且很多发生在名牌学校、重点学校，这背后说明了什么呢？

这些大部分都是在学校学习成绩优异的孩子啊。有一个现象值得我们关注：学习好的孩子因为学习成绩突出而得到了特殊的“礼遇”，这种特殊的“礼遇”不但包括教师的“厚爱”，还包括同伴的“隔离”；担心被超越，不得不竭尽全力，将大部分时间、精力用于学习，成为“专注”者。正是这样的被“隔离”和“专注”，最终把这些孩子推出了我们的“交往圈”，剥夺了他们应该拥有的快乐。

当这些孩子踏进大学校园，走向社会，当成绩不再是唯一的评价标准时，非智力素养的短板会令他们感到迷茫、困惑、焦虑，从而失去心理安全感，问题也就自然产生。

回头想想那些学习成绩相对落后的孩子，每天要顶着压力走进校门，即使上课像听天书，也坚持着坐在教室里一节节熬过去；因为成绩落后，老师批评多，同学抱怨多……这样日复一日、年复一年“扛”下来，需要多大的耐力和坚持啊！也正因为这样的磨炼，才造就了这些孩子的抗挫折能力，其心理承受能力超乎常人。于是，当他们走向社会后，其非智力方面的素养更有利于其成功。

教育，不能轻视任何一个孩子，更不能放弃任何一个孩子，这就需要我们这些教育者找到测量每一个孩子的“尺子”。

如何处理学生间的矛盾

东汉时，管宁和华歆是同窗好友，他们坐在同一张席子上读书。有个穿礼服的人坐着有围棚的车从门前经过，管宁像原来一样读书，华歆却放下书出去观看。管宁便割断席子，和华歆分开坐，说："你不是我的朋友了。"这就是"割席断交"的典故。而当下，同在一个班级的两个同学也演绎了这样的一幕——断交。他们为什么而断交呢？这还得从妈妈的一篇亲子日记说起。

几天前，一位焦虑的妈妈在她的亲子日记中发出了请求，希望能得到大家的帮助。先来看看她遇到什么棘手的事情了吧。

今天儿子向我求助，说他有一个同学上课的时候睡着了，儿子喊醒他并告诉他上课了，可那位同学没有听，继续睡觉。儿子说老师说过不准上课的时候睡觉，于是就去报告老师了，老师惩罚了那位同学。那位同学知道是儿子报告了老师，就和儿子绝交了。儿子困惑地问我："妈妈，我做错了吗？"我不知道该如何开导儿子，就反问道："如果你是那位同学，他是你，你会怪他吗？"儿子说："我不会睡觉啊，我从来没有犯困过。"是的，儿子白天很少睡觉。我应该怎样评价儿子的行为呢？他按照老师的标准要求自己、要求同学并没有错，可是他太过认真，以至于把同学得罪了。

人世间有很多事情，都是两面的，每个人都会在成长的道路上学会变通、学会圆滑，可是儿子现在肯定不懂这个道理。我没有表扬儿子，也没有批评儿子，因为我真不知道该怎样给他答疑解惑。

儿子做得对吗？我该如何引导他呢？请教各位家长。

这样的情况在校园里并不罕见，而且大多发生在较为认真的孩子身上，导致这些孩子对自己行为的对错产生疑惑。日记中的这个小男孩还不错，勇敢地把自己的疑惑说给了妈妈听，这也说明他们亲子之间的沟通是非常顺畅的。

对于这件事，妈妈采用了中庸之法，对儿子既没有表扬，也没有批评，不过孩子的焦虑感并没有得到缓解，也就是问题没有得到解决。其实，这位妈妈的问题在于完全站在了成人的角度去看待和思考问题，也就是想得过多了。

遇到类似的问题，该怎样去处理呢？

首先，要肯定孩子的做法。作为父母，应该坚定地支持孩子的做法，给孩子树立正确的是非观，让孩子明白自己的处事方式是正确的，毋庸置疑。孩子主动帮助同学，让他上课不要睡觉，说明孩子有较强的助人意识，这是值得肯定的。依据孩子的身心发展规律，初中后孩子的思维方式才进入二元论阶段，再大一些才能接受黑白中间的灰色地带。因此，针对小学阶段的孩子，不必过早地让他从各个角度思考问题，那样会把孩子搞糊涂的。随着年龄的增长、阅历的增加，他们自然会慢慢懂得弹性地、柔和地处理事情。而当下这个男孩尚处于小学阶段，父母不必急于让孩子那么早地明了这些事情。

其次，要平复孩子的情绪。作为父母，要认识到同学之间的冲突、矛盾都是非常正常的事情，孩子会在冲突中不断觉知和改变，这也是一种成长。因此，父母要告诉孩子，那位同学挨了老师的批评一定会有情绪，会说一些过激的话，这是正常现象，不必太在意。通过与孩子的沟通交流，让孩子懂得时间会消除他们之间的隔阂，耐心等待，当对方的情绪舒缓下来后，他们之间的关系就会缓和，他们就会和好。

再次，老师在处理事情时欠考虑。当孩子把问题反映给老师后，老师采取了简单粗暴的教育方式，直接批评那位同学，这是问题的核心。如果老师知道了孩子上课睡觉的情况后，关切地询问孩子是不是晚上没有睡好，是什么原因导致上课睡觉情况的出现，是不是睡一会儿精神会更好，被提醒的孩子还会生气吗？两个人的矛盾还会升级到断交吗？教育是一门艺术，需要运用智慧。

作为教师和家长，都应该研习更加智慧地处理孩子遇到的问题的方式，这本身就是一种示范教育。

两个牵手的男孩

在今年的六一儿童节活动中，舞台上两个手牵手的小男孩的身影深深地印在了我的脑海中，他们感动了我，更感动了清平小学的师生。他们一位是前段时间刚刚加入清平小学的特殊孩子，一位是与他同班的普通孩子。

演出那天，他们一年级（2）班是集体登台表演的，这也是清平小学历届六一儿童节活动组织的初衷——给每一个孩子登上舞台的机会。虽然这些刚刚走进清平小学不到一年的孩子是第一次登台，而且是面对全校师生、家长的公开演出，但他们毫无惧色。刚开始，我对那两个小男孩手牵手踏上舞台时的表现并没有特别在意。当节目伴奏音乐响起，孩子们开始走台并舞动身姿时，我被这两个小男孩的表现深深吸引和打动了。看到那个特殊小男孩在表演中略显笨拙的动作、跟不上节奏的不合拍，还有陪伴在他身边的小男孩不时的提醒，我的心也随之跃动起来。想想第一次见面时他的紧张与恐惧，还有从他父母眼睛里流露出的担忧与不安，再看看舞台上的他，简直是判若两人。

为了更清楚地观看他的表演，我悄悄地绕到了舞台的右前方，目不转睛地观察着他的一举一动。他随着大家的节拍一起舞动着略微笨拙的身体，显得格外引人注意。他虽还不能像其他孩子那样欢快淋漓地绽放笑容，但已经没有了初次见面时的紧张。

我站在那里默默地看着眼前的一切，心中蓦然涌起一股暖流，瞬间流遍全身。我想把他的父母请到台前来，让他们亲眼看看孩子的变化，给他们更多的希望，以坚定他们陪伴孩子走下去的信心。

他们的表演结束后，刚才站在他身边不时提醒他的那个小男孩，再次向他伸出手，于是，两只小手又紧紧地牵在了一起，一前一后走下了舞台……

这是多么感人的画面啊！一个普通孩子的手与一个特殊孩子的手紧紧地拉在一起，一起走上舞台，共同表演节目，又一起走下舞台，没有异样的眼光，有的只是两个小伙伴间的支持与帮助。这一切，在他们那里是如此自然，如此平淡无奇。他们的身影也就这样被定格在了我的脑海里，也铭刻在了清平人的记忆里……

在清平小学的校园里，生活着24个孤残儿童。这些孩子与普通孩子同在蓝天下，共享着清平小学全纳教育的阳光雨露，平等和谐地生活在这个大家庭里。不管健康还是残障，不管聪慧还是愚钝，不管家庭美满幸福还是残缺不幸，他们都应该享有平等的受教育权，都应该接受同等的教育，这是文明社会的重要标志之一。

在校园里，应该有为普通孩子准备的舞台，更应该有为特殊孩子提供的舞台，以尽情展示生命所应有的精彩与辉煌，推动每一个孩子成为最好的自己。

孩子，你想跳舞吗？你想唱歌吗？你想展示自己吗？这里有属于你的舞台！

如果你觉得有困难，一定会有同伴伸出手来帮助你！这就是清平小学，这就是教育的应有之义——有教无类。

孩子上课听讲不专注怎么办

一位妈妈在亲子日记中道出了自己的困惑：儿子上一年级了，上课注意力不集中，老做小动作，做作业磨磨蹭蹭，需要家长不断地催促，有什么好的方法改变孩子现在的学习状态吗？

类似的问题已经成为相当一部分家长的烦心事。这类孩子的表现主要聚焦于两个方面的问题：一是注意力不集中，二是做事磨蹭。我们先来说说注意力不集中的问题。

在课堂上，有很多这样的孩子：上课时不能安静地坐在凳子上，不能长时间专心听讲，注意力容易分散；无法复述老师在课堂上所讲的内容，被提问到时语无伦次，前言不搭后语；对老师上课所讲内容一只耳朵进一只耳朵出，根本不理解老师在课堂上讲授的知识点；对老师布置的作业记不全或记不住……

虽然孩子的表现不尽相同，但要对其分类的话，无非以下三种情况。

一是患有多动症。如果被医院确诊为儿童多动症，那就需要专业机构对其进行治疗。

二是听讲能力弱。这类孩子占绝大多数，他们缺少一种重要的学习能力——听讲能力（也叫“听知觉能力”）。会听不仅是一种能力，更是一种美德。会倾听的人，不仅能学到更多的东西，而且一定是个懂得尊重他人的人。因此，从小培养孩子的听讲能力就显得尤为重要，它是孩子获取信息的重要途径，听讲能力的高低决定了孩子能不能在学习过程中比他人获得更多的知识。

人的听讲能力包括听觉辨别能力、听觉理解能力、听觉记忆能力、听觉编序能力和听说结合能力。如果你的孩子上课总走神，听讲能力差，那么可以尝试采用以下方法训练孩子。

1. 训练孩子的听觉辨别能力。听觉辨别能力是指接收和辨别各种声音的能力。孩子听觉辨别能力低下，会对相差不大的声音产生混淆，进而影响听课的效果。家长可以经常让孩子分辨声音的高低、大小、强弱、音色、声源的方向等，以此来提高孩子的听觉辨别能力。

2. 训练孩子的听觉理解能力。听觉理解能力是指辨别声音和理解说话内容的能力。家长要多与孩子交谈，多让孩子接触各种声音，多充实与孩子生活相关的词汇。比如，口头布置任务让孩子完成。

3. 训练孩子的听觉记忆能力。听觉记忆能力是指复述所听到的各种信息的能力。听觉记忆能力的训练，不但可以加强孩子听觉的记忆力和广度，减少孩子对较长的听觉信息无法记全等情况的发生，还可以促进孩子将新旧知识联系起来，产生联想，加强对所学知识的理解。家长可以选择一些孩子感兴趣的、难度不同的语句，让孩子认真听完后复述出来，以此来提高孩子的听觉记忆能力。

4. 训练孩子的听觉编序能力。听觉编序能力是指将通过听觉所获取的资料正确而详细地回忆出来，并对所获取的听觉信息加以组织使之有意义的能力。它对孩子系统地掌握所学知识是非常有益的。通过让孩子听故事并复述出来、顺背倒背数字等可以提高这方面的能力。

5. 训练孩子的听说结合能力。在现实生活中，听和说总是密不可分的。不会听讲的孩子，说话时总是语无伦次的。听与说的结合涉及孩子对词汇进行联想、推理、分析、判断的能力。家长可以通过让孩子学说同义词、反义词，听音乐进行联想，将句子补充完整，听故事后自编故事结局等形式训练孩子的听说结合能力。

三是学习类型差异。学习一般分为三种类型：视觉学习型、听觉学习型和动觉触觉学习型。视觉学习型的孩子利用双眼来感知和学习新事物效果最好，听觉学习型的孩子通过听来学习新知识和新概念的效果最好，动觉触觉学习型的孩子利用双手或身体的感觉来了解、探索世界的效果最好。作为家长，首先要了解自己的孩子属于哪一种学习类型，不要把孩子不擅长的那种学习类型看作其弱点。就像前面所说的上课听讲注意力不集中的孩子，就其学习成绩看并不是所谓的后进生，他可能属于动觉触觉学习型，不擅长通过听觉或视觉来学习，这并不意味着他在学校的学习就会有问题。

不同的孩子情况各异，所以在面对这些家长的提问时，我一般要求他们与班主任、任课老师联系，先详细地了解孩子的情况，并与老师配合好，一起对孩子的行为进行矫正。

而相当一部分孩子是不需要矫正的，家长们的顾虑源于自身的过度焦虑和不安全感。

从蒸馒头到育儿

每次回老家，都能吃到父母亲手做的菜和蒸的馒头。说起蒸馒头，其中可是有很深奥的学问的，不可小觑。偶尔见到母亲蒸馒头的过程，粗略地了解了一个馒头的由来：和面—揉面—发酵—二次揉面—醒面—成形—二次醒面—蒸面—出锅。馒头好不好吃，关键在于发面和蒸的火候。发面的程度要掌握好，发得过了蒸的馒头不光滑，发得不够馒头蒸出来就不柔软。当然，蒸馒头的火候也是关键的一环，蒸得不好就会前功尽弃。由此看来，蒸馒头可不是一件轻松容易的事，需要遵循事物的内在规律，采用恰当的制作方法。

由蒸馒头想到教育孩子。扪心自问，我们有没有“和”好教育这团“面”？有没有关注到教育的“火候”？我们对孩子的教育是不是遵循了孩子的身心发展规律，选择了正确的方法？

和面时要加入发酵粉，促使其快速膨大，这样蒸出来的馒头才会松软有弹性。教育也要不断地加入推动孩子成长的“催化剂”，为孩子创造各种有利于其成长的环境和机会，促使孩子成为最好的自己。这样的环境有硬环境，也有软环境，既要满足孩子的物质需要，也要满足孩子的精神需求，其实质就是给孩子提供适宜其成长的“土壤”。而这些机会和环境的给予者主要就是家长和学校，当然还有社会，其直接责任人就是家长和老师。

和面的下一个步骤就是揉面。揉面是一项技术活，揉的程度决定了馒头的劲道和嚼头。教育孩子，也是一个不断互动糅合的工程，不仅需要一定的力度，还需要高超的技巧，不能随心所欲。在我们身边，有太多的家长把孩子当成一团任由自己揉捏塑造的“面”，让我们一起来看看教育的“揉面术”。

1. 拳脚暴力的“手柔”。孩子一出现问题，动手就打，信奉“棍棒底下出孝子”。这样的家长正在制造家庭暴力和悲剧，很多在棍棒底下成长起来的孩子已经变得麻木不仁，失去了应有的灵动与活力，身心压力导致行为异常，成为所谓的“问题孩子”。

2. 喋喋不休的“嘴揉”。家长虽然没有动手，却总是不停地唠唠叨叨，甚至破口大骂孩子，孩子迫于家长的权威只能默默忍受，最终走向“你说你的，我做我的”的境地。于是，在看不到好转的情况下，家长变本加厉地喋喋不休，但教育效果为零。

3. 形影不离的“身揉”。把孩子拴在裤腰上，让孩子无时无刻不处于家长监控之下，生怕孩子出现闪失。过度的呵护导致孩子“四体不勤，五谷不分”，最终被家长培养成“巨婴”。

更为可怜的是，很多孩子处于杂“揉”的状态下，不仅遭受来自家长的身体蹂躏，还有心理的揉搓，不仅打骂成为家常便饭，而且失去了人身自由，被圈定在狭小的成长空间里，内心想伸展的力量终究抵不过重压的囚笼，只能成为一个畸形的怪胎。

当然，教育不是不能“揉”，但“揉”必须尊重孩子的身心发展规律，而且在适度的“揉面”后要“醒面”。“醒”就是停下来，不再揉搓，让揉过的面在失去外力作用后静置下来“反省”，这样，面就会自发生成一些肉眼能看到的空隙，与之前相比变得更具弹性。同样，教育孩子的过程也应该有更多的“醒”的时间，让教育者和受教育者都能有自我反省的时间和空间。

馒头在修得“正果”前，还有一个非常重要的环节，就是下锅蒸。对于馒头而言，被蒸的过程可不好受，但没有这个难受的过程，就不能成为可口的馒头。这时火候的把握就显得尤为重要，时间短了不熟，时间长了就“老”了。在教育孩子的过程中，也有一个“蒸”的过程，那就是针对孩子的挫折教育。让孩子在有保护的前提下经历困难与挫折，在不断试错中成长、历练，这样，他们在未来面对家庭和社会时才能勇于承担责任、快速适应变化，才能在复杂的社会环境中做到游刃有余，最终成为对家庭、对社会有贡献的人。

回头看看我们的教育，尤其是家庭教育，家长的勇于担当与勤奋能干，把孩子这团“面”揉搓得晕头转向，辨不清东西南北，孩子没有丝毫“自醒”的时间，只能由着家长的性子成为家长心目中的样子，最终，孩子变成了一团“死面”。

孩子的差距是这样拉开的

“言教育必学校，言学习必课本，言成长必分数”，这种可怕的教育生态让许多家长将教育的释义窄化、极端化，把教育推上了“独木桥”，同时给孩子和学校教育套上了沉重的枷锁，这可不是危言耸听，而是很多家长眼中教育的常态。

教育孩子是一门学问。既然是学问，那就要遵循其内在的规律。懂了，就事半功倍，做起来顺风顺水；不懂，就事倍功半，甚至会适得其反。而这个懂与不懂，不仅在家长间形成了巨大的差距，更重要的是还会在孩子身上呈现出来。这样的差距，只因为两个字——学习。

雨淅淅沥沥地下着，感觉有点冷，大夏天说冷有点不可思议了。

今天去同事家坐了一会儿，聊起孩子在学校的情况。听说清平小学事情很多，父母还得跟着去学习，孩子要学着干这个干那个，她认为孩子在学校里应该先把学习搞好了再说。

对于这样的质疑，我想不只是外校的家长有，就是本校的部分家长也有。

我只是笑笑说：“活到老学到老，跟着学校学学知识是很不错的。”我又顺便问了一句：“您家孩子每天自己洗脚、洗袜子吗?”

她说：“还洗脚、洗袜子？晚上洗脚水准备好，哄着劝着能洗完就不错了。这么小的孩子会洗什么袜子，洗了也不干净，净添麻烦。”

我说：“我闺女能自己做到这些，包括刷自己的鞋子、洗校服。”

“是吗？她能洗干净?”她很吃惊。

我说：“第一次、第二次可能洗得不干净，次数多了，有经验了就好了。”

这仅仅是我们聊天的一个片段，我就觉得上过课的父母与没有上过课的父母思想差距在拉开，而孩子的独立能力也必定会有差距。

明天，学校又将有一次学习的机会，我肯定是要去的，学无止境，况且这样的学习机会不多。加油吧！爸爸妈妈们，我们明天晚上相约清平小学。

外校家长显然没有清平小学家长这么多的学习机会，因为清平小学是潍坊市乃至全国家校合育的典范学校，有家庭教育专家的引领，有丰富的家长教育资源，有家校“同盟军”的浓厚氛围。正因为有这样得天独厚的资源优势和环境氛围，相当一部分积极参与其中的家长尝到了学习带来的“甜头”——孩子的改变。

日记中这位妈妈提到女儿良好生活习惯的养成，正是得益于家校合力推进的“清平文明行”活动：进楼换鞋，让每个孩子学会自己洗脚、洗袜子、刷鞋子、洗校服；垃圾带回家，人手一个统一配置的垃圾袋，每周把自己产生的垃圾带回家。看上去是卫生习惯的培养，实质上是“不给别人添麻烦”理念的浸润与教化，这是清平人做人的一条“底线”。而这位妈妈同事家的孩子，却需要连哄带骗方能勉强洗脚，至于洗袜子、刷鞋子、洗衣服，在那位家长眼中简直是天方夜谭。当然，孩子之所以做不到，不是因为孩子本身“无能”，而是家长不信任、低估孩子所致。“这么小的孩子会洗什么袜子，洗了也不干净，净添麻烦”，这就是家长的认识和态度。试想，如果这位家长走进了清平小学的家长课堂，了解了“放手”教育的重要性，那她的孩子就不会像今天这样了。

孩子之间的差距，就这样被拉开了。而这一切，不是因为孩子，而是因为家长。

有一位妈妈在亲子日记中提到了晚上的家长课程，主题是“构建良好和谐的亲子关系”，我们来看看她晚上有什么收获吧！

下午，大宝放学回来就去写作业，说赶紧写完要跟我一起去学校。下午6点我们吃完饭，和同学父母一起来到学校，远远就看到已有家长委员会的成员在签到处引导服务了，我也立马换上我们的标志服“红马甲”，参与进来。

今晚的主讲人是张召宇老师，他用质朴的声音、生动的事例为我们讲了一堂构建亲密和谐亲子关系的亲子沟通课，从中感悟最深的就是亲子沟通的方式以及对孩子的信任。家长对孩子的想法应给予认可，这一点我做得不够好。孩子有什么想法，无论是实际的还是空想的，跟我说时，我都会以自己的判断来评定其想法的可行性，久而久之，孩子就产生了抵触情绪，因为不管好的想法还是坏的想法，从我这里得到的常常不是鼓励而是打击，这让孩子失去了自信心。通过今天的学习，我明白了这一点，自己以后一定要试着改正，让孩子展现自己的想法，树立自信心。

正如武校长讲的，我们正被家校合育的东风吹拂着，我们在学习中受益良多。孩子有懂他们、理解他们的父母陪伴，就是最大的幸福！

再来看另一位家长写的亲子日记。她谈到了一件事，让我深有感触。

中午参加朋友孩子的百日宴，我先去了，孩子放学后由爸爸接了再去。吃饭时孩子还没到，我们这一桌有一位奶奶带着一个5岁左右的小男孩。这个孩子入座后就拿着杯子敲玻璃桌面，上菜后就开始挑菜，而且转着转盘玩，导致别人无法用餐，而孩子的奶奶居然无动于衷，轻描淡写地说了一句“不要调皮捣蛋”，弄得满桌客人都很不高兴。

孩子来了后，看到已坐满了人，就趴在我耳边问我：“妈妈，我坐哪里?”我说：“你去加把凳子。”加了凳子后，孩子就开始夹菜。我小声跟孩子说：“喜欢哪个菜就往自己盘子里多夹点儿，不要来回转转盘，夹到自己盘子里的东西尽量吃完。”

在回家的路上，孩子奶奶说：“我一定不会这样教育我孙子的，那个小男孩太没礼貌了。”

在外人眼里，孩子没有错，而是大人没有做到位。所以作为家长，我们要以身作则，给孩子做好榜样。

教育的差异导致了孩子的不同。这位妈妈是清平小学一年级孩子的家长，虽然走进清平小学的时间不长，却是一位学习非常积极的人，而且天天写亲子日记。正是因为这样的坚持，正是因为在孩子进入小学后的这一课她赶上了，她对孩子的教育渐入佳境，这难道不是孩子的福气吗?

不过，今天她有些遗憾，为什么呢?

今晚，清平小学又迎来了一次教育盛宴。我因为上班，没办法去听课。不过，孩子爸爸说：“我去吧!”这是孩子爸爸第一次主动要求走进学校去听课，太让我意外了，很高兴。可是，下午五点半时孩子爸爸说有事去不了了。虽然孩子爸爸没有去成，但他有这个想法就已经有进步了。

在亲子日记的结尾，这位妈妈又聊到了学习的事。

今天，我也鼓起勇气，开始我的国学经典诵读了。今晚我先自己读了一段，好累。读完我才恍然明白，孩子读书时和我是一样的状态。当第一次读一本书时，因为没有提前预习和接触，大脑一片空白，于是，读错、漏字，都是正常的事。我都没做到，为何要求孩子做到。多谢清平小学的家人给我鼓励，我会坚持下去的。加油!

孩子之间的差距，不是在学校被拉开的。在哪儿被拉开的呢?相信家长们都已心知肚明。

如何对待不同类型的孩子

今天读到一则短文，题目是《你的孩子是“兰花型孩子”还是“蒲公英型孩子”?》。

众所周知，兰花与蒲公英分属不同的科目，一个是兰科，优美精致，且对环境要求较高，需细心呵护方能开出惊艳的花朵，所以成为花中精品；一个是菊科，生命力强，对环境要求不高，在恶劣的条件下也能蓬勃生长，所以只能成为植物界的普通一员。

这两种花草好比两类孩子：一类是“兰花型孩子”，对成长环境特别敏感，受环境影响特别大，环境稍有变化，就能从孩子身上映射出来；另一类是“蒲公英型孩子”，对成长环境不怎么敏感、挑剔，对于环境的变化没有太大反应。

剑桥大学的马利纳斯教授对这两类孩子的差异性原因做了研究，认为部分原因可能是基因造成的。如果孩子拥有一定量的、较低效的多巴胺相关基因，会在消极的环境中有糟糕的表现。然而，如果环境变得积极起来，这些孩子会最大限度地受益。

剑桥大学的一项研究还发现：不同的孩子拥有着各式各样的多巴胺受体基因，有一种基因和注意力缺乏症有关。如果让这种基因型的孩子进入一种专门的、支持他们的环境中，他们的学习效果比不是这种基因型的孩子更好。但遗憾的是，通常的课程设置是不适合这些孩子的，课堂环境对他们来说太嘈杂或太混乱，他们在课堂中的表现大都不好。

这一研究说明了一个事实：如果孩子表现不好，也许是因为环境并不适合他。如果孩子能够处于一个适合自己的环境，他的表现可能比其他人更好。

马利纳斯教授还做了一个实验，实验对象是3到4岁的幼儿。他发现，那些最容易被激怒的孩子，在痛苦的状况下，最可能从积极的亲子互动中获益。

文中举了一个例子：威廉·西尔斯是全美最知名的儿科医生，他在《西尔斯橙色亲子课》这本书中描写了养育自己孩子海登的故事。海登是一个易哭闹、爱挑剔，需要父母一刻不离地照顾的宝宝，她曾经将西尔斯夫妇折磨得够呛。然而当夫妇两人极力去满足这个孩子的需求后，她最终成长为一个令人骄傲的孩子。海登，就是一个“兰花型孩子”，她需要特别的照顾、更好的环境、父母更多的关爱。最后她不负期望，开出了美丽的花朵。

每一个孩子都会因为先天基因和后天环境而变得不一样，并各具特点，也就有了各自适应环境能力的差异。因此，我们可以得出这样的判断：孩子的表现往往受环境的影响会出现一定差异，甚至是天壤之别。有时孩子的表现差强人意，甚至令人大失所望，可能并不是孩子自身的问题，而是当时所处的环境对他们来讲极其不适应，与环境的格格不入导致孩子出现了种种问题。因此，孔子在两千多年前就提出了“因材施教”的思想，就是要根据孩子的不同特点，为其提供适合的教育环境。

然而，在当下的教育框架中，学校、家庭、社会在标准化、粗放型教养模式下，无法为每一个孩子提供适合的教育环境，导致相当一部分孩子成为“牺牲品”，成为“陪读生”。当错过了孩子成长的“黄金期”，即使再为其提供适合的教育成长环境，也于事无补。

作为父母、教师，应该把关注点转移到了解、把握每一个孩子的特质上，区分他们是“兰花型孩子”还是“蒲公英型孩子”，在此基础上，营造适合他们成长的教育环境，为其提供所需的教育和支持，最大限度地推动其成为最好的自己。

如果教育者做不到这一点，请不要苛求孩子绽放精彩！

教育不能“超载”

外出路上遇见交警检查，拦截的都是大货车。超载是交警检查的重要项目，相关部门对货车超载查处是非常严格的，可是车辆超载现象屡禁不止，为什么货车驾驶人员敢铤而走险呢？除了经济利益驱使和存在侥幸心理外，很重要的一点就是安全意识淡薄。

众所周知，车辆超载会对车辆刹车制动、方向控制等造成威胁，成为车辆行进中严重的安全隐患。因此，车辆超载对安全行车或运输危害是非常大的，严重危及国家和人民生命财产安全。据统计，大部分道路交通事故是由于车辆超载引发的，一半左右的群死群伤事故、重大道路交通事故与车辆超载有直接关系。

交通运输上的超载有交警不断地巡查和处罚，在一定程度上降低了交通事故率。然而，教育孩子过程中的“超载”由谁来管呢？今天，我们就来聊聊这个问题。

孩子教育起步太猛，起点太高，像车辆超载一般运行，就会走向“揠苗助长”的急功近利，做出违背教育规律的事。“不要让孩子输在起跑线上”误导了相当一部分家长，硬生生地将孩子推上了“超载线”。一些家长担心自己的孩子输在起跑线上，就为孩子报各种培训班、辅导班、兴趣班，将孩子强行“绑架”到各种知识能力提升机构，美其名曰助其成长，实则是一厢情愿地“填鸭式”灌输。过重的学业负担严重挤压、摧残了孩子快乐的童年，让孩子在成人设计的“战车”上一路狂奔，变成了“短跑运动员”。殊不知，孩子的成长是一场“长跑运动”，当孩子在所谓的起点处耗尽精力、体力，输在终点线上就成为必然。人生这项“长跑运动”真正比拼的是耐力和后劲，只有笑到最后的人才是真正的赢家。人生只有一次，教育不可“回炉”，我们不能让孩子“赢”得了童年却输掉了人生。

在我们身边，有太多的教育“超载”现象，“神童”培养就是最为常见的“迷途”之一。有调查发现：希望孩子“正常发展”的家长只占三成，大多数家长希望孩子是“神童”。其实，智力超常和智力低下的儿童都属于“不正常”儿童，所占的比例都非常少，90%以上的儿童都是正常的。如果家长非要给正常的孩子确定一个超常的目标，那结果只能是“超载”，教育事故的发生就成为必然。父母不必把孩子培养成幼年出众的“神童”，而要把孩子培养成后劲十足的正常人。

另一种“迷途”就是超前化教育。幼儿园小学化与小学初中化就是其中的典型代表。

现在，很多幼儿园都将小学课程前置渗透到幼儿园教育框架中，使原本应以同伴交往、游戏为主要学习方式的孩子套上了应试教育的枷锁。更有甚者，在幼儿园竟然实行选拔性笔试，还冠以冠冕堂皇的名目，让那些不懂遵循教育规律的家长趋之若鹜，活生生打造了一个怪异的学前教育生态。难道这些教育者不懂得什么是“学前教育”吗?

有的学校假借“小初衔接教育”之名，大行初中学科教育前置之道，将初中教育搬移到小学高年级，这样的现象在九年一贯制学校尤为盛行，完全背离了小初衔接教育的初衷和目的，一意孤行地将六三制转化成了畸形的五四制，把好端端的教育带到了“阴沟”里。为何出现如此光怪陆离之景?依然是应试教育在作祟。人为拉长初中阶段的教育时限，就是想更多地填充学业内容，相对增加学习时间，让孩子“吃”下更多的学科知识，目标直指中考、高考。难道这些教育者不懂得小初衔接重在让孩子适应初中学习的习惯、方法吗?

如此种种不胜枚举的教育乱象，正在以牺牲孩子的童年和快乐为代价蚕食着整个教育体系和儿童们，是要厘清对错、正视规律的时候了。否则，孩子这辆“车”也会因“超载”而遭遇事故。

王安石笔下的《伤仲永》也许能带给我们更多的启示——

金溪有个叫方仲永的人，家中世代以耕田为业。仲永长到 5 岁时，不曾认识书写工具。忽然有一天，仲永哭着索要这些东西。他的父亲对此感到诧异，就从邻居家把那些东西借来给他。仲永立刻写下了四句诗，并题上自己的名字。这首诗以赡养父母和团结同宗族的人为主旨，给全乡的秀才观赏。从此，指定事物让他作诗，仲永立刻就能完成，并且诗的文采和道理都有值得欣赏的地方。同县的人们对此都感到非常惊奇，渐渐地都以宾客之礼对待他的父亲，还有人花钱求取仲永的诗。仲永的父亲认为这样有利可图，就每天带领着仲永四处拜访同县的人，而不让他学习。

等到仲永十二三岁时，再让他作诗，他写出来的诗已经不能与从前的名声相称。再后来，仲永的才能消失了，和普通人没有什么区别了。

教育不能“超限”

有一次，马克·吐温在教堂听牧师演讲，最初他觉得牧师讲得让人感动，准备捐款。过了10分钟，牧师还没有讲完，他就有些不耐烦了，于是他决定只捐一些零钱。又过了10分钟，牧师还没有讲完，于是他决定一分钱也不捐。等到牧师终于结束了冗长的演讲，开始募捐时，马克·吐温由于气愤，不仅未捐钱，还从盘子里偷拿了两元钱。

在心理学上，这种刺激过多和作用时间过久而引起心理极不耐烦或反抗的现象，被称为“超限效应”。由于牧师演讲时间过长，导致在场的马克·吐温从感动到不耐烦，再到气愤，最终从一个想捐钱的人变成了一个偷拿钱的人，这就是演讲“超限”造成的后果。

在家庭教育中，也存在着超限现象。之所以造成超限，是因为家长缺失对孩子主体地位的正确认知和对孩子身心发展规律的正确把握，主观地将自己的意愿强加在孩子身上，导致出现脱离实际、不科学、不全面的教育方式，主要表现为期望过高、关心过度、压力过大、说教过多等。于是，在家庭教育中就出现了严重的“超限效应”。在“望子成龙、望女成凤”的高愿景、高期待促使下，许多父母陷入对子女喋喋不休的说教、训斥中不能自拔，自以为如此这般，才能让孩子刻骨铭心。殊不知，这样的超限，这样的一番苦心，换来的却是孩子的麻木不仁、无动于衷，甚至走向家长的对立面，结果事与愿违。

请回忆一下，在教育孩子的过程中，有没有下面这样的现象：

当孩子因为失误或粗心导致考试成绩不理想时，家长就会揪着不放，三番五次地提起并不厌其烦地进行批评，最后孩子以“选择性失聪”为应对策略，家长那些雨点般的教训之词变成了听而不闻的噪音，毫无效果可言。而当孩子表现优秀或考试成绩优异时，无限度、高频率的表扬赞赏，最终会导致负面效果——孩子对家长的表扬习以为常——失去了表扬的效果。另外，这样“过山车”式的冷与热，常常会让孩子误认为只有自己做得好家长才会爱自己，这对孩子而言将是毁灭性的，这样的心理伤害一生都难以抚平，甚至会传给下一代……

当孩子按时完成老师布置的作业后，家长感到“不过瘾”，又硬生生给孩子“加餐”，布置一些额外的家庭作业，让孩子背负上沉重的课业负担，家长在成为学校教育“帮凶”的同时，也挫伤了孩子学习的兴趣，使孩子疲于应付甚至走向消极怠工，出现作业拖拉现象。

当孩子玩游戏入迷不想结束时，家长总是一遍遍催促，一声比一声高，而孩子呢，置若罔闻，把家长的一次次警告当耳旁风。因为孩子已经摸透了家长的秉性，开始几次的呵斥只是停止前的“预热”，孩子要等到家长真正动怒之前继续完成他们的“工作”。就像有的家长习惯了用数数的方式叫停孩子一样，“1，2”口令发出不会起作用，因为孩子懂得只有“3”发出后才是行动的开始。

类似的现象在家庭中比比皆是，不胜枚举。这一件件、一桩桩都在伤害着亲子关系，让孩子在一次次被动适应中变得木讷、呆板失去灵性。而这样的问题，根源在于家长而不是孩子。

想改变这样的状态吗？很简单，换位思考，把我们的嘴闭上，多听听孩子的声音，就会发现问题所在。下面这位妈妈就听到了女儿发自内心的声音。

吃完晚饭，我们按惯例听写英语单词。听写完后，女儿说：“妈妈，昨天买的这本书我已经看完了，这里面有一封写给家长的信，您看下吧!”“好，要不你念给我听吧!”“不好，你自己看，这是写给家长的。”

我拿起书看起来，这是告诉我们如何培养有主见、坚强、勇敢的女孩的，书中提到主要从以下六个方面进行培养。

（1）尊重孩子的发言权，学会与孩子商量。

（2）让孩子自己做主。

（3）聆听孩子的“辩解”。

（4）教会孩子说“不”。

（5）和孩子一起做家庭智力游戏。

（6）相信和尊重孩子，委派孩子在家庭中担负一定责任。

看完后我再次让女儿看，她说：“妈妈，你总是不听我辩解，每次一发火，就一发不可收拾，骂来骂去。”我说：“有吗?”“有。”“好吧，相信这种情况确实有。从现在开始，我会注意的，尽量用平和的态度对你、尊重你、聆听你的心声，争取做个好妈妈，希望能把你培养成一个有主见、坚强、勇敢的女孩。”

孩子的一句“妈妈，你总是不听我辩解，每次一发火，就一发不可收拾，骂来骂去”道出了自己的心声。“总是”“一发不可收拾”“骂来骂去”，这难道不是典型的超限吗？

“人前教子”在当今社会是否还适用

古语道：“人前教子，人后教夫。”也有曰：“人前教子，人后教妻。”其内涵是一样的，泛指教训孩子时一定要当着众人的面，而教训丈夫或妻子时一定不要当着众人的面。

古人认为孩子与成年人不同，孩子犯了错，在教训他的时候要当着众人的面，因为他的心智还不健全，让他在众人面前难堪，目的就是让他记住自己的过错，以后不再犯类似的错误；丈夫或妻子犯了错，要教训他（她）的时候不要当着众人的面，因为他（她）是成年人，已经有了较强的自尊心，当着众人的面教训可能适得其反，得不到应有的效果。

这样的古训已经传承了千百年，影响了一代又一代人。然而，当时代的车轮滚转到今天，这样的古训是不是还适合？这就成了一个值得我们深思的问题。让我们先来看看这位教育者——高兆华校长的思考吧！

当众要多表扬孩子

到朋友家串门，话题会不由得扯到孩子身上。我觉得朋友对孩子的评价有些欠妥，当着我们的面，一会儿说孩子很不听话，不是看电视就是玩手机，一会儿又说孩子很不爱学习，不看书也不认真写作业……反正不一会儿工夫就数落了孩子好几个缺点。其实孩子就在身边，我明显感觉到孩子坐在那里很不自在，面露厌烦之色。

其实朋友的做法非常具有代表性。我们中国人一般比较谦虚，当众夸奖自己的孩子似乎显得太过张扬，于是就会不自觉地拣几条孩子的缺点当作谈资，即使自己的孩子很优秀也尽量避而不谈。说者无意，听者有心，当着别人的面说孩子的缺点，对于孩子良好习惯的养成是很不利的。一来孩子会认为自己不够好，影响其改过自新的信心；二来会挫伤孩子的尊严，使孩子在别人面前丢了颜面，暴露了隐私。

每个人都有自尊心，都希望把好的一面展示给别人，无论年龄大小。以前曾读到这样一句话，感觉很有道理：对一个人的表扬话语，即使不太切合实际，也令人非常乐于接受；对一个人的批评话语，即使非常符合事实，也令人非常反感和排斥。由此来看，当众数落孩子，无疑会让孩子心生厌烦和不悦，在某种程度上甚至会进一步强化孩子的不良行为，增加其自我调整和修正的难度。

因此，在别人面前，还是尽量多地发现和放大孩子的优点，即使不太切合实际，孩子也是比较乐于倾听和接受的。用我们成人的观点来讲，就是让孩子在别人面前得到了肯定，拥有了面子，事后再对孩子做得不太理想的事情提一些要求或建议，孩子则比较易于接纳和改正。所以说，本着教育和引导孩子健康成长的原则，多在众人面前夸奖一下孩子，还是非常有必要的。毕竟成人的谦虚孩子们不懂，他们所能理解的就是直观、直接的表扬和鼓励。

是啊，孩子虽小，但也有自尊，忽视这一点，那就大错特错了。尊重孩子，不是一句冠冕堂皇的话，而应该是换位思考后的实际行动。对于孩子而言，严肃冷酷的批评莫若温柔热情的鼓励，让孩子在正向激励中获得成功的喜悦远比在负向打击中造成情绪低落好得多。一位教师也深谙其中的道理，下面是她在读了高校长的教育随笔后写的教育日记。

今天读了高校长的《当众要多表扬孩子》，感觉很有道理。我们都知道，好孩子是夸出来的。不过，如果我们面对两个或多个孩子时，表扬就要讲究艺术性了。

上学时，一个同学曾经给我讲起她10岁左右发生的一个故事，我至今印象深刻。

同学说她小时候虽然不知道自己主动找活干，但是很听话，家长安排干啥就干啥，挖野菜、看场院，等等，只要家长一声令下，她都高高兴兴地接受，认认真真地完成。

那年麦收时节的一个中午，她听从妈妈的安排独自一人看场院（那时每家每户都有一个场院，小麦、大豆都需要在场院里打场，然后扬净、晒干再入仓储存。看场院的活都安排小孩子来干）。两个多小时过去了，她又热又渴，终于盼来了妈妈和姐姐，和她们一起来的还有5岁的外甥女小霞，她只比外甥女大5岁。

小霞来到场院很高兴，学着姥姥的样子干这干那。也许是觉得小霞年龄小吧，妈妈不停地表扬小霞："你们看，我们霞霞是放下叉就把扫帚拿，真能干!"其实小霞那么小，也就是图高兴摆弄两下，差不多是帮倒忙。同学告诉我："当时听到妈妈表扬小霞的话，心里真不是滋味。我一个人看场院两个多小时，一分钟都没离开过，在妈妈看来是应该的。等我们毕业当老师后，面对学生时一定要注意，表扬其中一个孩子时，也要顾及别的孩子的感受。"

是呀，表扬也是要讲究方式方法的，尤其是面对全班学生时，不能总拿优秀生当榜样，老表扬他们，帮助学困生看到自己的闪光点，帮他们树立信心更重要。

生前教生不如生前夸生，标榜优秀不如人人鼓励！

一位教育者眼中的“亲子日记”

今天，我们站在一位教育者——周鹏飞老师的立场来品味亲子日记的核心理念。

亲子日记项目，提升了诸多父母的家庭教育能力，也改变了很多家庭。武校长对亲子日记推崇备至，明确指出了亲子日记在家校合育中的重要作用。我所见的，至少有200多名家长参与写亲子日记。在我校，有近10名家长坚持写亲子日记超过100天。从效果来看，这些家长、家庭和孩子都有不同程度的改变，这就是亲子日记的功效。

第一次听武校长的报告时，我就深深地为武校长的教育思想所折服，深刻认识到开展家校合育在学校教育、学生发展和家庭教育能力提升等方面的重要意义。随后，我在我校全面推行家校合育，召开家长会，宣传家庭教育核心理念，介绍开展家校合育的基本方式，并启动了亲子日记项目。目前，我负责大荔县家校合育群，主要负责加强微信群管理，参与亲子日记评价，并宣传亲子日记的重要意义。暑假期间，一部分家长认识到亲子日记的意义，主动加入了写亲子日记的队伍。

在我看来，不论是家长，还是推行家校合育的教师，都必须正确理解亲子日记的核心理念。只有理解并把握亲子日记的核心理念，才能充分发挥亲子日记在提升家庭教育水平、促进孩子发展中的积极作用。

亲子日记核心理念一：发现并记录孩子的优点，表明家长的态度和价值取向，进而对孩子的思想、言行等方面起到积极的导向作用。

武校长指出，记录孩子表现好的方面或对家庭有意义的事情，这也就指向了孩子的优点。孩子在学习、生活中表现出好的方面，只要家长指出来，并通过评价赋予孩子正确的是非观念，就会对孩子起到激励作用。对于成人，采用这种激励的办法也十分有效。

亲子日记核心理念二：促进家长关注孩子，关注家庭教育，并积极地投入学习和交流中，不断提升自己的家庭教育能力。

不论你是写亲子日记的家长，还是暂时没有写亲子日记的家长，都应该对亲子日记的核心理念有所了解，这样有利于你准确把握亲子日记的应用方法，充分发挥亲子日记在孩子成长过程中的导向作用。

以上仅为我个人的认识，论述不周之处，请大家指正。

周老师是亲子日记项目的直接参与者，他不仅自己写日记，还是学校和大荔县家校合育群的管理者。一路走来，他深深感受到了亲子日记的作用，也不断地在实践中思考、摸索提升亲子日记效能的方法，为全国各地家长撰写亲子日记提供智力支持。对于亲子日记不断取得的阶段性成果，周老师功不可没。

希望我们每一位教育者都能腾出一些空间给亲子日记，使用它、研究它、提升它，为更多的家庭提供教育引领和服务，让更多的家长走出教育误区，踏上智慧教育的光明大道，这才是家庭教育的目标追求，这才是家校合育的价值取向。

我今天遇到“高人”了

“高人”是个代名词，是高素质、高水平的人的统称。这类人涉及各行各业，遍布大江南北。

一位家长在亲子日记中分享了他偶遇“高人”的一次经历。

如何培养自己做人的基本道德？这让我想起去年冬天去常德出差时碰上的一位好司机。

上午结束了在常德的工作，企业派车送我去机场。司机很健谈，他说他女儿 14 岁了，会做 8 个菜，临睡前会端热水让爸爸洗脚，每晚如此！我问他是如何教育的，他说：“真没有别的，我是希望她以后嫁到婆家，不要惹人厌。”朴实的话，从中可以看出一个父亲的远见和责任！

我说：“你的家庭很和睦啊！”他说：“最重要的是不要把坏情绪带进家门。一个人不高兴，何苦让家人也跟着不高兴？”谈到情绪，他说：“人都会生气，但是，人生就几十年，没必要让自己不快乐！身体健康、快快乐乐，比做多大的官、赚多少钱都值！”

他说：“在单位十几年，从来不会想到外面去开车，即使面对单位发不出工资的时候。一仆不事二主，做人要忠诚忠厚。越是困难，越要不离不弃。好就留，不好就走，那样不厚道。”我说：“任何领导碰到你这样的员工，都是幸运的。”他说：“我是发自内心希望领导好，都不要出事。我们老百姓是面粉，领导就是水。面粉没有水，风来了就散了；有水，才能和成面，才能凝聚在一起。”

我十分惊讶，侧头看了看司机，这分明是一位哲学家啊！到机场了，司机使劲握住我的手，真诚地说：“我今天是载上贵人了，托您的福，一路没堵，顺！”明明他自己车开得好，却非常真诚地把功劳算在我头上，并发自内心地感谢我。这种情商和境界，非一般人可比呀！司机回去了，我却一路在琢磨这位司机的言行，真是“高人”呀！

“嫁到婆家，不要惹人厌”其背后就是孝道。百善孝为先！孝，即孝顺、孝敬，是中华传统美德之一。一个行孝道之人，也必然得到家庭中其他人的信任和尊重，其家庭也会是幸福和睦的。为了这个目标，爸爸教会了女儿做菜，坚持每天给父母准备热水洗脚……

再来看看他对家庭和睦的理解——“最重要的是不要把坏情绪带进家门”。此乃大智慧啊！有多少家庭问题都是因为家庭成员把坏情绪带进了家门，把“爱的港湾”变成了“恨的战场”。更重要的是，他悟到了“改变他人莫若改变自己”的道理，做到了从自身做起，不把坏情绪带进家，这同时也是在给家人做示范，让家庭成员也深谙其中的道理，这个家能不和睦吗？

“身体健康、快快乐乐，比做多大的官、赚多少钱都值”，看上去似胸无大志，却揭示了生命的意义。没有健康的身体，没有快乐的心情，又怎能做得了官，赚得了钱？健康是人生大写的“1”，其他如位子、票子、房子、车子、妻子、儿子等都是1后面的0，如果前面的“1”没有了，后面的“0”再多还有实际意义吗？我想，不管这位司机遇到什么困难，都会从容面对的，因为他身心健康。

关于上下级的关系，这位司机的理解着实让我们刮目相看。他把百姓看作面粉，把领导比作水，面粉没有水凝聚，就散了。

而最后，这位司机把路途顺畅的功劳归结为“载上贵人”了，用他的方式淋漓尽致地诠释了“赠人玫瑰，手留余香”的道理，一位“高人”形象的塑造完美收工！

在家做个好儿子、好父亲、好丈夫，在单位做个好员工、好同事、好下属，在社会做个好公民，这位司机做到了，我们这些所谓的高文化、高学历的人能做到吗？

做一个“扔海星”的人

一个小男孩，成了海星们的“救世主”，他的经历被美国人类学家罗兰·埃斯利记录下来，作为教育故事广为传播。

一个男子在海边散步，他看到一个少年正不停地从沙滩上捡起什么扔向海里。走近一看，原来他在把沙滩上的海星扔回大海。他看了看周围，几千米长的海岸线上满是海星，足足有上万只。

“你为什么要把这些海星扔回海里去?”男子问道。

“大海已经退潮了，到明天这些海星都会死的。”少年回答着，没有停下手中的动作。

“可是你这样做多傻呀！你看看这四周，这么大的一片沙滩上，到处都是海星。你觉得你现在做的事情有用吗?”

少年捡起一只海星，顿了顿，把海星扔回海里，然后回答道：“起码对这只海星来说是很有用的!”

这个小男孩在面对成千上万只海星即将因搁浅而死亡时开始行动，用自己的微薄之力将一只只海星抛回大海，那是它们赖以生存的家。然而，凭他一人之力是很难完成这个任务的，但他没有气馁，更没有退缩，而是坚持着继续完成他的拯救行动，因为他心中有一个坚定的信念：再小的努力也强过漠不关心，每一次努力对抛回去的那只海星都是有用的!

是啊，一个小男孩的拯救行动告诉我们：只要我们的选择是对的，方向是正确的，就要坚持下去。即使小男孩无法拯救全部海星，但每一次努力都是接近这个目标的过程，而且在这个过程中，一部分海星获得了重生。

有一句话经常鞭策着我前行，那就是“不是成功来得太晚，而是你放弃得太早”。三年前，家校合育项目落地清平小学，我辞去教研室主任的职务，专注做这所城乡接合部小学的校长。很多人对此都不理解，但我心中很明确我要到哪里去。于是，从 2014 年 4 月 7 日项目启动后，我和学校的领导、教师就开始了“摸着石头过河”的探索。在这个领域，没有可借鉴参考的模板，可以说是一片空白，是教育领域内的一方“处女地”。站在这样的起点上，我们开始了行动，我们坚信跨出的每一步都是在填补家校合育领域的空白，每一次突破都是趋向目标的进阶。

当然，在项目推进过程中，我们也遇到了来自各方的压力和挑战，其中就有这样的声音：“我们提供了这么好的家长教育课程，一部分家长就是不买账，根本无法唤醒他们的家庭教育智慧。”每每听到这样的困惑，我总是微微一笑，然后与疑惑者做以下交流。

世上一般有三种人：先知先觉者、后知后觉者、不知不觉者。当然，家长群体也不例外。先知先觉型的家长，能够从稍纵即逝的机会中迅速切入进去，而且很快进入自觉、自助状态，最终走向助人；后知后觉型的家长，也具有一定的自我觉察能力，只是他们在接触新事物时过于理性，一旦完成自我唤醒，他们的坚持性也许会超过先知先觉者；不知不觉型的家长，即使你想尽各种办法去唤醒他们，他们也很难为之所动，这样的家长需要我们有更多的耐心，我们要学会等待，甚至是放弃，因为不是所有人都是可以被唤醒的。

针对这样的三类家长，我们的策略就是，团结引领先知先觉者，让他们及其家庭先受益，用他们的改变来影响后知后觉者；不放弃对后知后觉者的唤醒行动，并用先知先觉家长的成长案例不断地启发他们；平和对待不知不觉者，毕竟我们不是“救世主”，也没有能力唤醒不想醒来的人。

我们要做的，就是把能唤醒的人唤醒，把他们引渡到教育规律之中，使之回归家庭教育之“海”。我们要做一个“扔海星”的人，把愿意醒来并想改变的人先带动起来。我们的信念是“唤醒一个家庭，就是拯救一个孩子”。

是谁“封”了孩子的嘴

“我为什么不能玩?”“为什么有时候你比我们还慢?”这是从两个即将成为二年级学生的孩子口中说出来的话。孩子为什么这样说?又因何而起呢?这还得从两位妈妈的亲子日记说起……

妈妈1:

开学倒计时，等待的日子特别急人，孩子也天天数、天天盼。一个假期孩子们的变化应该都很大吧，见面肯定会有说不完的话。拆迁拆的网也没有了，电视也没法看了，孩子整天在街上疯玩，还好有自行车陪着，偶尔用手机玩个游戏。

今天早上，孩子一睁开眼就玩手机，我说了他一句，他说:“你怎么没看见爸爸也在玩，你们平时不都在玩吗!你们大人可以天天玩、每时每刻玩，我为什么不能玩?”我一句，换来了他这么多句，而且让我无话可说。是啊，大人可以用手机来消磨时光，用所谓“大人”的身份来教育孩子，却忘记了身教是最好的教育。

下午午睡起来，和爸爸一起放下手机陪孩子下五子棋，玩得很高兴。然后又和孩子一起读了几个小故事，爸爸喜欢看武侠类的小说，今天也给孩子讲了讲，孩子听得很入迷，意犹未尽，希望爸爸明天再讲。有时间要多陪陪孩子，陪孩子一起成长!

妈妈2:

今天下午，姐弟俩在家里收拾书包、检查作业。儿子说:“妈妈，我的作业你都好几天没有给我签名了，明天都要开学了。”我连忙对儿子说:“先放那里，马上就签，别急。”儿子又说:“妈妈，每次你让我们干什么的时候，都特别急，一慢你就会说我们，为什么有时候你比我们还慢?”听了儿子的话，我把自己要说的话咽了下去。是啊，我平常要求孩子们做好这个做好那个，自己却没有起到榜样的作用。榜样的力量是无穷的，当你抱怨孩子身上有太多缺点时，请你审视一下自己是不是有同样的缺点。俗话说“种瓜得瓜，种豆得豆”，你想让孩子成为什么样的人，首先你得成为什么样的人。所以请你审视好自己的言行，为孩子做好榜样!

看到了吧，这就是孩子心中的真实想法，没有一点儿掩饰和虚假。然而，有多少孩子能像这两个孩子一样把心中的疑惑或不满表达出来呢？其实，孩子能够很敏锐地觉察周围的人和事，并在心中产生这样或那样的思考和自我解读。作为父母，作为孩子的言传身教者，倘若我们自身都做不到，还有什么资格要求孩子做到？父母是孩子成长模仿的对象，孩子身上自然也印记着父母的影子，所有的言行举止都是父母的投射。

大部分孩子面对家长的数落、训斥甚至是体罚只会忍气吞声，任由父母摆布。于是，家长就无法获知孩子心中的真实想法，教育也就必然走进“死胡同”。

那么，是谁“封”了孩子的嘴呢？当然是他们最亲近的人——家长。

回想一下，在孩子特别乐于说话的时候，你有没有积极地与孩子互动，有没有认真地倾听孩子的想法，并给他们做出交流沟通的示范？如果你没做到这些，就是你亲手制造了让孩子闭上嘴的条件和环境。如果孩子小时候不能毫无顾忌地表达自己，等他们长大了，就更难向你打开心门，说出自己的想法，这是极其可怕的。因为孩子如果无法与自己的父母、亲人实现畅快的沟通，那么与同学、老师的沟通也会遇到障碍，最终可能出现心理问题。这足以引起家长的重视。

家长要尽可能给孩子提供说出心里想法的机会，如每天放学回家后，多问问孩子在学校里的所见所闻、所想所感，让孩子尽情地表述出来，切不可中间打断或加入你的主观臆断，你只需要面带微笑适时点头就可以了。久而久之，你就会发现即使你忘记了抛出问题，孩子也会主动开口讲述发生在他们身边的快乐的事，当然也包括伤心的事，还有自己的疑惑和问题。再如，一家人在一起的时候，要相互说说各自一天中遇到的人和事，这样既可以了解孩子，也能让孩子了解家人每天做的事，从而与孩子平等交流，培养孩子互动交流的好习惯。

另外，切忌在情绪不佳时与孩子交流，因为此时的交流有可能成为伤害孩子的“利刃”。这一刻，你要做的就是远离孩子，去做其他的事，或者找一个角落让自己平静下来。

千万不要“封”住孩子的嘴，否则，你就“封”住了孩子的心！

身教重于言传

身教重于言传，并不是说言传不重要，而是言传要基于身教，这样教育才会更有效。身教言传，即先有行动，用实际行动来示范，然后通过语言来讲解、传授。孔子说过“其身正，不令而行；其身不正，虽令不从”，“身正”就是用实际行动做示范，影响他人，“令”就是言传，如果做不到“身教”，那“言传”也会失去效能。

一位妈妈深谙其中的道理，并在教育孩子的过程中做得游刃有余。我们一起来看看她有什么锦囊妙计吧。

吃过晚饭，我招呼孩子帮忙收拾一下，孩子说：“妈妈，我不想干！”

“吃过饭，活动一下呗！”

“我活动一天了！”

“妈妈上一天班，好累呢！”

“我上了一天课，也累了！”

“你上课是你应该做的啊！”话到嘴边，被我及时咽了回去，在以前我可能就脱口而出了。孩子上课是应该的，我上班也是应该的啊，我有懒得动的时候，孩子也有懒得动的时候，不想做家务就算了。

我没再说什么，起身开始收拾。

洗碗的时候，孩子站到我身边，我说：“你不是累吗？看我洗碗不累啊？”孩子吐了吐舌头，我想了想说：“妈妈现在可没把你当孩子看待，妈妈就当你是咱家的家庭成员，既然是家庭成员，就应该为这个家付出！就像妈妈做饭，你说好吃妈妈就很开心。再比如，你把家收拾得很干净，妈妈很开心，看到妈妈开心，你是不是也很开心？这就是为了家人心甘情愿地付出！”孩子点了点头，我刚想对孩子说，累就去休息会吧，还没开口，孩子就说：“妈妈，要不我去收拾一下我的书房吧！”嘿！这就开始付出了！

在我们身边，有太多这样的“其身正，不令而行”的家长，他们一改原来言传多于身教的教养方式，开始研习身教重于言传的教育策略，慢慢从一名说教者转变为身教者，用自己的行动影响着孩子。如有的家长开始天天撰写亲子日记，这样的行动也感染、带动孩子开始写日记，用笔端流淌童年的记忆，更为宝贵的是养成天天写日记的好习惯，会令孩子受益终身。再如，有的家长开始拿起书，与孩子一起亲子共读，在书香润心的陪伴中，让阅读成为家庭的一种生活方式，这一切改变都源自家长自身，而不是孩子，但最终受影响的是孩子，最终看得见的也是孩子的改变。

身教的改变强于言传的训导！要想改变孩子，先要改变自己，这是家庭教育的“铁律”之一。

自驾出游的启示

每年暑假我都会安排一次全家活动，来一次自由自在的自驾游。或北方，或南方，或城市古迹，或乡村旷野，不仅能欣赏美景，还能怡情润心，家庭和谐，可谓“一箭多雕”。

每年，这样的旅行都是雷打不动的。今年也不例外，目的地是太行山脉。

每次出行，必备的工具除了性能合格的车辆外，还有导航仪。一般情况下，我会准备两种导航工具：一种是车载导航仪，屏幕显示足够大，不费流量，但存在路况更新不及时的问题；另一种是手机导航软件，屏幕小，费流量，但路况更新非常及时。两种导航工具相互配合，取长补短，为愉快的旅行再添一份保障。

正因为有它们在手，才确保了路途上的一帆风顺，使我们避免了走弯路、错路，节省了大量的时间，更重要的是心情舒畅，不添堵，这可是出游最为重要的！

之前曾和家长们聊过无证驾驶的事，旨在通过无证驾驶车辆的现象映射家庭教育中家长教养孩子的“无证上岗”。如何拿到证？当然是要学习教养孩子的“驾驶知识和技术”，通过考试合格了才能“持证上岗”，然而现状并不如人意。

虽然有很多家长也意识到了自己的问题，开始主动学习和自我教育，但仍然处于“摸着石头过河”的状态，还没有科学有效的学习系统为之提供帮助和支持，也没有专业的团队提供指引，因此很容易“走火入魔”，适得其反。这与驾车出游没有导航系统提供支持一样，很容易走错路，甚至迷路。

因此，我们尝试为家长的成长提供“导航”。

一是提供家庭教育专业团队与资源，配备“导航仪”引路。针对家长学习缺乏专家引领、专业资源的现状，我们从 2014 年开始聘请家庭教育专家走进学校，为广大家长提供科学专业的教育指导，并广开提供优质教育资源的路径，整合线上、线下家庭教育资源，采用面上“漫灌”与点上“深挖”相结合的方式，有计划、有步骤地推送给家长们，满足了家长对家庭教育专家资源的需求，保障了家长们前行的每一步方向都是正确的、方式都是科学的。这与导航仪的功能定位如出一辙。

二是推动家长群体内部“抱团取暖”，提供多种“导航”参考。我们通过家长沙龙、亲子日记分享、家校合育群等途径为家长创造同伴互助的环境和条件，提供观念、知识、技术方面的互动交流平台，让家长在相互借鉴、分享中实现共同进步。这与车载导航仪和手机导航软件并用有异曲同工之妙。

家庭教育这辆“闭门之车”，已经在岁月的不断侵蚀中锈迹斑斑，亟待维修和改装，这就需要从家庭这个相对封闭的空间“推”出来，接收更多新的教育理念和信息，这样才能适应在当下孩子教育的“快车道”上行进的要求，否则，只能面临淘汰、报废的囧境。而这辆车，维修的关键是“发动机”，目的就是要增强它的牵引力，结果就是提速；改装的重点就是要加配“导航仪”，目的是要提升目标精准度，让它方向正确、路径最优化。

如果驾车走错了路，还可以改道重来，无非耽搁一点儿时间，浪费些燃料，但孩子的教育没有回头路可走，没有后悔药可吃，教育走错了路，损失的可是孩子一生的幸福。

卢梭曾说：“误用光阴比虚掷光阴损失更大，教育错了的儿童比未受教育的儿童离智慧更远。”如果你没有掌握教育孩子的“驾驶技术”，没有把控方向的“导航仪”，你走得越快，离智慧越远！

教育孩子不是顺手拈来的事，既需要合格的“驾驶员”，也需要精准的“导航仪”，二者缺一不可。

用心，就能读懂孩子

新学期开学了，孩子们又一次把校园里的角角落落填充得满满的，学校再度沸腾了，恢复了应有的样态。每逢这时，都会听到、看到孩子们回归校园后的兴奋，因为这里有他们的老师和玩伴。

新学期，对教师而言，最具挑战性的事情莫过于接手一个新班级、认识一批新学生。今天，就让我们走进一位老师的教育日记，去看看发生在他和他的学生之间的故事。

一开学我就让孩子们都写张纸条给我，内容是他们的生日、住址、家庭电话、父母姓名等，好统计一下资料，以备后用。一共列了六七项，最后又加了一个备注，若是家里有特殊情况的，如单亲、特困，可以写在这里。

晚上把厚厚一摞纸条上的信息录入电脑。这种录入孩子信息的感觉是很奇妙的：原先是混沌一片，只有一个个名字单薄地飘在那里，渐渐地越录越多，他们就变得越来越清晰。

我喜欢这种拨开迷雾的感觉，等明天进教室，这些资料与孩子们的模样再对上号，就完美啦！

录入过程中一张纸条引起了我的注意。

孩子名叫浩浩（化名），书写很认真。其他项倒没什么，只是在备注项里他写了一行字：父母离异，妈妈一人拉扯大我和大姐、二姐。

我心里“咯噔”一下，能想象出一个孩子沉静地写下这行字时的样子：下笔有力，紧抿双唇，面无表情，眼中是与年龄不符的淡然与冷漠。

“离异”，而不写离婚，说明这孩子语文功底好，也看出他琢磨这个词不是一天两天了，完全清楚两个词之间细微的差别。“一人拉扯大”，说明了他对母亲的敬重和感激。他了解家境，知进退荣辱，懂事坚强。

但是从“一人”二字中，我也很忧心地读出了他隐忍着的委屈和对爸爸的恨。这种恨是一颗种子，会慢慢长大的。这种情绪埋藏在一个孩子心里尤其有害，会直接影响他的性格、兴趣、三观以及一生。

失去爸爸陪伴的孩子心智很难健全，我早就从历年所教单亲家庭的孩子身上看到了这一点。他们往往敏感自卑、冷漠离群、不善交流。他们习惯意气用事，一旦情绪失控就会孤注一掷。

种种能引发危险的情绪在他们眼中一闪而过，我看到了。

可是，他们有错吗？他们并不是生来如此，他们在需要父爱、需要靠山时，却被抛弃了。我想象着写下这行字的是我五年后孤单可怜的儿子，顿时一阵揪心的痛楚！我无法忍受，不敢继续想下去。将心比心，他们幼小心灵所承受的，是一种怎样的无际的哀伤？

现在指责离异的父母是无意义的，我担忧的是他的现在和未来，而我能做到的，也不过是伸一只手给他，领他到外面的阳光下。

一位教师，一位爸爸，当他浏览到一个父母离异孩子字里行间流露出来的悲戚、愤怒与无奈时，恻隐之心、爱怜之意与换位思考的感同身受跃然纸上，一位富有爱心和责任感的教师形象慢慢浮现在我们眼前。更让人印象深刻的是他的柔软与细腻。

做教师，就要做到用情，倾注了满腔热情与教育情怀的教师才会变得柔软；做教育，就要做到用心，走向心无旁骛的专注才能变得细腻。相信有了对学情的把握和深度思考，这位教师一定已经有了走近这个孩子的策略，为这位教师喝彩、点赞！

这个孩子是幸运的，遇到了一位如此用心的教师。但我仍然有些许的不安，因为再好的教师也只能陪伴他走过一段人生路，无法代替孩子的父母，他的根在家里，那里才是他赖以生存的土壤。

家，是孩子生命的港湾，父母是孩子生命的引路人，一个完整而温馨的家对于孩子的意义是重大的。作为孩子的父母，更应该是孩子心灵成长的导师，要从孩子平日的言行举止读懂他们的内心世界。

家校合育篇

家校牵手，一起“爬坡”

今天是周末，忙了一天！算了算日子我有一个月零七天没有写亲子日记了，给自己放了一个假！真的是放弃很容易，坚持却很难！

每次不想写亲子日记的时候都给自己找很多理由：今天很忙，今天太累了，今天想睡觉了，今天……总之会有一万个理由默默地允许自己不去坚持。

今天仔细阅读了王校长分享的《语文学习最重要的事》一文，才真正明白要想让孩子学好语文，就要让他多阅读，多写日记！今天跟孩子沟通了一下，制订了计划，从今天开始我们每天阅读，每天写一篇日记。希望能坚持一年！加油吧！

这是一位妈妈在时隔30多天重拾亲子日记后写下的感悟。“放弃很容易，坚持却很难”，这句话是真理。之所以放弃很容易，是因为放弃不需要刻意改变什么，你只要回到从前就行，而且是“下坡”，不需要任何努力就能做到，但你必须付出前功尽弃的代价，最终会一无所得。而且，再次起步会更难。之所以坚持很难，是因为难走的路是“上坡”，需要你刻意改变之前的习惯，你必须付出努力才能登临顶峰，才能领略无限风光。

之所以不能坚持踏上“上坡路”，是因为我们更愿意留在“舒适区”，在这里可以尽情享用之前存留的“老本”而不用付出努力和艰辛，但有一个潜在的危机，那就是“老本”终究会被消耗完，到那时，再前行已经没有了气力。人生路上，正是因为我们守着一些“老本”舍不得放下，才无法轻装前行，更无法接近生命中的另一个顶峰。

今天，我们要放下什么？放下从原生家庭中继承下来的一些陈旧、传统的教育观念和方式，这些“老本”已经无法适应当下的教育理念和格局。随着后喻文化时代的到来，知识倒挂现象令家长、教师的知识权威形象不在，“向孩子学习”已是不争的事实，更是大势所趋。

在这样的背景下，作为父母，必须接受终身学习的理念，只有身体力行，才能跟上时代的步伐。如何做？以空杯心态开始读书自学、参加培训、走进学校、陪伴成长，亲子日记就是很好的一种方式。

美国著名诗人惠特曼曾有这样的诗句：“有一个孩子每天向前走去，

他看见最初的东西，他就变成那东西，那东西就变成了他的一部分。”惠特曼的诗引发为人父母者以及做教师的我们的思考：如何给孩子提供一个良好的成长环境？可否用惠特曼的诗来反观我们这些成年人，能不能也把自己置身于一个相互支持、抱团取暖的成长环境中，最终变成我们生活的一部分呢？

2016 年，菏泽市东明县第三实验小学校长带着学校干部、教师、家长 80 余人走进清平小学，我们结成联谊学校，共同推动家校合育项目。我曾受邀到东明县第三实验小学为该校全体教师、家长代表做了一场汇报，并推动了一个联动项目——亲子日记。从 2016 年 11 月 13 日开始创建东明县第三实验小学家长微信群，14 日即满群（500 群成员），并开始投放清平小学家长亲子日记。起初，只是一部分家长偶尔点赞或反馈，几乎没有家长跟进亲子日记。但随着时间的推移，随着一部分热情积极的家长参与进来，这个群开始热闹起来，写亲子日记的家长越来越多，至今已经接近 100 人，还有新家长不断加入进来。

另一所清平小学的联谊学校，是位于济南市章丘的清照小学。2016 年 12 月的一次家校合育专题培训，把清平小学、清照小学连接在了一起。培训结束，清照小学也创建了自己的家长微信群。如今，这个群内已有几十位家长在写亲子日记，开篇那位妈妈的日记就来自清照小学的家长微信群。

此外，唐山市大丰谷庄小学、兰州市静宁路小学、南宁市高山塘小学、诸城市大源学校、哈尔滨市新一小学等均创建了自己的微信群，齐齐哈尔市、兰州市、淄博市、聊城市冠县、德州市德城区、潍坊诸城市、潍坊高新区等也创建了微信群，这些群里每天都会有家长分享亲子日记。

而今，已有几千名家长直接参与或陪伴着亲子日记这项工程往上“爬坡”，这个过程一定很艰难，但有这么多伙伴抱团前行，相信大家都不会感到孤单。我们看到了一个个家庭被唤醒，也看到了一个个家庭的教育智慧，相信会有更多的家庭跟上来。

我们不会忘记为什么要做这件事，也不会忘记我们想去的地方，不管有多难，有多远，我们相信，我们能做到！

相信就会看到！

学生的生活实践作业

2011年12月，一则报道引起了我的关注。一名年仅4岁的女童照料瘫痪的父母，撑起了一个家。当时报道配的照片显示是隆冬季节，小女孩仍然穿着妈妈的塑料拖鞋在家里忙碌着。她不仅要烧火做面糊，还要给双亲喂饭……一个破败的家就这样重重地压在她稚嫩的肩上。当时我就在想，在我们身边，4岁的孩子能做什么？

几年来，我一直在周围寻觅具有自理能力的孩子，然后作为案例研究孩子能力养成的路径，但很遗憾一直没有如愿。昨天晚上，一位妈妈的亲子日记让我眼前一亮，为之一振。虽然是个一年级的小学生，较那个女孩长了3岁，但依然令我欣喜不已。

先通过妈妈的日记来感受一下这对母子一天的生活吧。

今天天气真好！早上和孩子赖了会儿床，七点多才起。

早饭后，生活实践作业开始了。打开武校长布置的作业，开始完成吧。昨天丢了一只鞋，那就把其他的鞋子洗刷干净再带去学校吧。奶奶在旁边唠叨，说他刷不干净，我说不能小看他，总有第一次，突破第一次就成功了。孩子刷鞋，我在旁边洗衣服。刷完鞋，孩子开始洗自己的校服。我一边洗自己的衣服，一边提醒他注意衣服最容易脏的地方，膝盖、袖口、领口、前襟要多洗几次。冲洗完后，我又教孩子如何使用洗衣机甩干以及用电注意事项。五分钟后，孩子把衣服从洗衣机里拿出来晾上。奶奶特意跑出来看了看，说鞋子刷得很干净，衣服洗得也不错，表扬了孩子。星期一穿着自己洗的校服上学参加升旗仪式是多么自豪啊！

一上午的时间就这样忙碌地过完了。吃完午饭，孩子玩了一会儿游戏，自己定好的时间。这么好的天气不能关在家里，带孩子骑电动车去美丽的大泥河郊游吧，顺便去挖野菜。晚餐吃着自己挖的野菜，真的很开心！

这位妈妈在亲子日记中提到了我布置的作业，到底是什么作业呢？

清平小学第一周的换鞋“大战”落下帷幕，想象中拥挤、忙乱、耗时、狼藉等现象并未出现，即使是在最为集中的早上换鞋时段，孩子们也表现得井然有序，一个个像训练有素的小战士。

星期五下午，孩子们把穿了一周的室内鞋带回家。随后，我给全体家长发了一条信息（家长都是我的微信好友），算是给孩子们布置的双休日实践作业：

各位清平人，请把下面的信息读给孩子听。

1. 请把今天带回去的鞋子自己动手洗干净（一年级的孩子可以在爸爸妈妈的帮助下完成），星期一带回学校。

2. 从下周开始自己天天洗脚，天天换洗袜子（已经做到的继续坚持，养成习惯）。

3. 坚持完成每天的读书任务。

下周末学校将对家长进行回访，也请家长们监督孩子完成生活实践作业。

之前，像这样的实践作业我会先转达给学校德育处，通过德育处下发给每一位家长。而今，我们需要做出一些改变。校长本身就是一名教育工作者，不能安逸地坐在办公室里指挥这个安排那个，成为学生、家长、教师难以见到的“陌生人”。多元化社会背景下的校长，应该直达一线面对学生和家长，充分发挥校长这个角色的影响力，在学生习惯养成教育和家校沟通方面多亲力亲为，成为学生和家长熟悉的“重要人物”。

虽然亲子日记中这个孩子之前已经养成了自己洗脚、洗袜子的好习惯，但洗校服这样的大件衣服还是第一次。于是，妈妈做了他的教练，而且是示范教练。不仅对洗法做了示范，还对关键环节进行了具体指导；不仅将洗的过程教给了孩子，还指导孩子学会用洗衣机甩干衣服。

孩子第一次洗衣服，妈妈的指导和示范尤为重要。如果对孩子不做任何指导，也不是不可以，但缺少了“攀登架”的学习过程需要付出更多的代价。除了这个孩子，四年级的一个小女孩也在周末开始自我服务了。

今天有件事让我感到很欣慰，孩子把自己的鞋子刷了晾在窗台上，据奶奶说浪费了好多洗衣粉、好几盆水，还说以后别让她刷了，她刷不了。我说这是她第一次刷鞋，肯定没经验，多刷几次就好了，不然永远学不会。今晚看到宸宸妈妈发的宸宸洗校服的照片，真的很吃惊，小家伙好棒！从小事做起，慢慢就有责任感了，会越做越棒，我也希望我的宝贝越来越棒。

没有示范和指导的代价是浪费了一些洗衣粉和水，但孩子的体验也许比指导下的还要深刻，毕竟是通过“自我探究”完成的任务，所以也不是坏事。更值得褒奖的是这位妈妈的心态：“这是她第一次刷鞋，肯定没经验，多刷几次就好了，不然永远学不会。”相信小女孩会越来越有经验、越来越出色的。

一个 4 岁的孩子在生活的重压下撑起了一个家；一个 7 岁的孩子在妈妈的智慧教育中学会了刷鞋、洗衣服；一个 10 岁的孩子在妈妈的信任和放手中学会了刷鞋，这些都证明了我们的孩子能够做到自我服务。之前我们是不是主观地限制、包办了孩子的成长呢？如果对 7 岁的男孩和 10 岁的女孩再提前几年进行这样的自我服务教育，是不是更好呢？

又一位老师辞职了

网上一篇文章引人注目，尤其是教育者更是特别关注。这篇文章的题目是《老师辞职的背后，有多少无奈与困扰？你会怎样做?》。

文章的主人公叫张武杰，大学毕业后，他在山西运城一所民办中学当地理老师，爱人是公办学校的老师。有了孩子后，教师的收入让张武杰觉得日子过得有点紧张，他辞掉了工作卖肉夹馍。

此外，写下“世界那么大，我想去看看”辞职信的郑州女教师顾少强，辞职卖米线的三位云南女教师……为什么越来越多的教师会选择离开教师岗位呢?

教师离职的三大原因：待遇低；为了梦想；工作强度大。

关于教师待遇问题，各地政府和教育主管部门都在尽最大努力提升教师的薪酬水平。当然，真正让教师对自己的工资水平感到满意，还有一段较长的路要走，好在已经在路上。

为了梦想，这个原因有些牵强。何为梦想？有人说是对未来的一种期望，也有人认为是追求幸福的过程，还有人觉得梦想就是信仰，等等。教师这个职业，对于大部分从业者来讲，不但是谋生的手段，也是实现个人梦想的“摇篮”。在我们身边，不是也有众多教师在岗位上建功立业了吗?不是也有很多教师在自己的“一亩三分地”上乐此不疲地耕耘着、收获着吗？难道这些教师不是在用实际行动践行自己的人生梦想吗?

至于剩下的那个原因——工作强度大，确是当下校园里存在的现实。教师工作强度大主要有两个方面的原因：一是教师们额外承担了过多的非教育教学任务，各类检查、督导及应对性活动无形中增加了教师的工作量，有时甚至超过其教育教学“主业”量，出现主次颠倒现象；二是精神压力大，片面追求升学率、高分数的应试教育“指挥棒”逼迫着教师们将任务转嫁给自己的学生，致使高压之下师生关系日益紧张，有的甚至到了剑拔弩张的地步，用“战战兢兢”“如履薄冰”来形容一点都不为过。

然而，我认为，还有一个原因更加不可忽视，那就是家校关系紧张，相互之间的不信任导致问题多多、矛盾重重。

教师失去职业激情，很大程度上源于令人头疼、焦虑的家校关系。老师是人，是有血肉、有情感的人，他们需要家长的支持，如此工作时才会有热情和活力，才会爱这份事业、爱学生。如何尊重、信任老师，这恐怕是摆在全体家长面前一个亟待思考的重要问题。

最近，在家校合育群内有一条消息多次被转发："老师是这个世界上唯一一个与你的孩子没有血缘关系，却愿意因你孩子的进步而高兴、退步而着急，满怀期待，助其成才，舍小家顾大家并且无怨无悔的'外人'。善待您孩子的老师，就是善待您孩子的成长。"是啊，就是这样一群"外人"，在毫无保留地教育着一群与自己没有血缘关系的孩子，这些"外人"不值得信任和尊重吗？没有哪一位教师不希望自己的学生更优秀，这是毋庸置疑的。但我们不能要求每一位教师都如圣人般做教育，不能以"完人"的标准来要求教师们。

作为利益共同体的教师和家长，本应该是有着共同目标的伙伴，但在现实中常常成了"对头"。

一方认为孩子大部分时间在学校，教育孩子的责任主要在学校，家庭只起辅助作用。家长将满腹拳拳爱子情都寄托在对孩子的培养上，认为自己已经做了很多，也做得很好，孩子的问题都是由学校的教育方式造成的，因此对现有教育体制多有不满。另外，最近几年政府推进的一些政策在某种程度上成了家长手中的"尚方宝剑"，一部分家长更加"理直气壮"地对学校的教育教学活动或教师的教学方式指手画脚。

另一方认为孩子成长于家庭之中，家庭应该承担重要的教育责任。面对指责和繁重的工作，教师心理压力巨大，有的教师甚至患上了"家长电话畏惧症"，不敢接听家长电话，更不敢主动给家长打电话。教师对职业产生了倦怠感、畏惧感，又如何能全身心地教书育人呢？

我们一直在坚守一种信念——关系重于教育。如果家长和教师关系融洽，形成教育合力，最终受益的是谁呢？当然是孩子！我们会一直探索使家长及教师关系融洽的途径，助力孩子的成长！

今天老师“缺位”了

新课改推进以来，中国学校教育经历了有史以来最为波澜壮阔的一个时期。从开始“先培训再上岗，不培训不上岗”的通识培训到后来的学科研修，再到遍地开花的教育培训机构组织的专家讲座、课程展示、高峰论坛、技术推介，教师们被卷入了一场声势浩大的师资提升浪潮中，开始了教育教学理念与技能的“大换血”，绝大多数教师完成了观念更新、教法改变，我认为这也是新课改值得推崇的亮点之一。

为了让更多的教师走出去提升自我，学校不遗余力地为教师提供参与各类培训会议、活动的机会。这不，近期又有教师外出培训学习去了。

今天休息，本来打算去学校看看孩子们，不过上午孩子们有阶段检测，所以就没去打扰……这两天孩子的班主任外出学习，我们家长有时间的就去学校看看有什么需要帮助的。昨天是李子文妈妈去的，她和李子文包揽了班级卫生，好让老师把精力全部花在孩子身上。吃过午饭，我在群内询问下午有没有去学校的家长，李子文妈妈和牟艺林妈妈抢着要去，于是商量好来我家集合。一会儿工夫李子文妈妈就来了，静等牟艺林妈妈，都到齐后在我家闲聊了一会儿。各位妈妈出点子、献计策，讨论如何改变自身行为以给孩子做示范，在交流中确实收获了很多，希望我们可以多多交流，和孩子共同进步。接着，我们来到学校，孩子们正在上数学课，我们认真听了数学老师如何给孩子们解题，这样我们在家就知道如何用老师讲的方法与孩子交流了。我们也跟着孩子一起学习了，这就是我们走进学校、走进班级最大的收获。

放学后，我们三位妈妈一起打扫班级卫生，孩子们看我们干，他们也跟着帮忙，人多力量大，一会儿就把教室打扫得干干净净。明早就可以看到班主任了，孩子们格外兴奋。

今天我们三位妈妈组团学习，希望能给孩子们带来好的影响，使他们知道如何学习……

看完这位妈妈的亲子日记，我第一时间分享到了家长微信群，并附上了我的短评：“家校合育的最高境界就是家长之于学校从影子变为灵魂，需要时自然到位，不需要时心灵链接!”

家长们转变观念后，就会慢慢转变角色，从孩子的父母摇身变为孩子的老师，而且是一生的老师。倘若顺利转型，父母对孩子的陪伴就会无限延长，即使父母离开了孩子，也会有施加在其身上的教育“护佑”着，伴其一生。

这几天，该班班主任不在学校，出现了老师暂时性“缺位”情况，妈妈们马上意识到该是“补位”的时候了，这就是我们经常说的雪中送炭，较之老师“在位”时的锦上添花更有价值和意义。

另外，家长积极参与的“补位”行为就是在给孩子们树立榜样，他们会从父母的践行中习得对其一生具有良好影响的宝贵财富，这些是用金钱换不来的。更何况，家长们的交流合作过程，不也是同伴互助的具体方式吗？正如另一位妈妈在当天日记中写的那样——

今天下午跟两位妈妈如约来到学校。最开始参加这个活动是为了自己的孩子，但通过几次到校体验后，我看到了老师为孩子们的付出，看到了老师的尽职尽责，难道我们做家长的就不能为学校、为班级做点事吗？我为自己以前的认识感到羞愧。在这个过程中，我也受益匪浅，不仅能看到孩子在学校的情况，还能据此来辅导他的学习，同时还使我们成为朋友——这是很难得的。

作为孩子的父母，作为孩子一生的老师，家长没有理由更没有权利缺席孩子的教育。家长作为重要的教育资源，应该时刻出现在孩子的成长历程中，否则，教育就是“瘸腿”的，就是不完整的。

家庭和学校，本是共同利益方，有着相同的目标——把孩子教育好，只有高强度地“黏合”在一起，才能稳稳地将孩子托举起来！

家长又“抢票”了

从前天开始，四年级（1）班的微信群里就热闹起来了，原来班级家长委员会在群里发起了又一次家长课程抢票活动。下面是群里上传的抢票信息。

亲爱的各位清平家人：三年前的一场三方共建，迎来了今天的“十里桃花”。2017年4月7日至8日，清平小学“亲子共成长”项目结项专场报告会开始了！届时，学校的金妈、宗爸、王爷爷、王奶奶会回到清平小学，面向家人接连展开三场针对性强的家庭教育课程，这也是一次不可错过的家庭教育大餐。

时间：4月7日（星期五）下午和4月8日（星期六）上午。

地点：清平小学报告厅。

您是否也想这些专家了？您是否也想享受这场家庭教育盛宴？赶快行动起来吧！机会难得！机会难得！难得的机会！我在学校等待您的到来！

抢票信息一发出，很多家长就在群内抢开了。这样的抢票在每个班级群里都热火朝天地推进着。

说到抢票，在清平小学已不是什么新鲜词。2015年7月家庭教育领军人物赵忠心教授、2016年4月“知心姐姐”卢勤、2016年9月中国家庭教育委员会副理事长赵刚等知名专家到校做家庭教育报告，报告厅只有270个座位，在校学生却有900人，怎么办？学校在“清平乐·爸妈群”里发出通知，提前一周抢票，只有抢到票的家长才能凭票入校听报告。抢票活动在晚上8:30开始，群主一声令下，270张票瞬间被家长抢光，有些家长甚至为了能抢到票早早就守在QQ群里，眼睛都不敢离开屏幕。

这样的场景，不仅发生在清平小学，也在与清平小学有关的学校伸展开来：

各位家长，我们将在4月初邀请武校长到我校进行家庭教育讲座，肯定会对您有所帮助。不过我们的多功能厅只有300个座位，全校却有1600多名学生，也就是说每5位学生家长中只有1位家长能听到武校长的报告，好东西总是不够的！请各位随时关注本群信息。

本群将在星期三晚上8:00进行抢票，在号令“抢票开始”后，家长们可积极发送“我报名”三个字，届时我们将从中选取前300名家长发送门票，获得门票的家长即可参加武校长的精彩讲座！“好东西总是不够的”“好孩子需要您的关注”，望各位家长积极参与，您的成长，也是孩子的成长！

抢票活动在清平小学校内外如火如荼地开展着。

但在2014年4月之前，可不是这样的状态。在以往的家长课程中，学校为了不使一个家长掉队，曾经采取了多种措施，可谓绞尽脑汁。可现实让我们感到很无奈：有的家长借口事忙经常不到校，致使报告厅内常常出现空座；有的家长听一段时间后就出去抽烟了；有的家长不是在听讲，而是在窃窃私语；有的家长过于随便，时不时出入报告厅；有的家长无精打采，心绪早不知道飞到哪儿去了。综观家长的行为表现，可以看出，这些家长缺少一种前进的动力，他们没有把孩子的教育放在心上，没有把孩子的成长放在心上，到学校来开会，在他们眼里是一个任务，与其这样，还不如让有心的家长到校倾听。

基于这样的考虑，又基于报告厅的容量限制，学校决定对家长课程培训施行抢票制，即因场地受限，请家长自愿尽早报名，名额为270人，到时由家长凭听课证来听课。2014年5月21日，学校的家长课程开始施行抢票制，其效果是令人振奋的。

在家长课程中，报告厅内的家长始终保持安静，会议中的沟通、交流气氛活跃而又浓郁，庄重而又温馨，不时有家长响亮的回答声或问话声；更有不少家长还带上了笔和本子，听讲时聚精会神，时不时地低头记录；专家们的语言生动有趣、诙谐幽默，不时赢得家长们的阵阵掌声，他们脸上挂着满意而又会心的微笑……

这种抢票制其实就是所谓的“鲶鱼效应”。西班牙人爱吃沙丁鱼，但沙丁鱼极不适应离开大海后的环境。被捕捞上来的沙丁鱼用不了多久，就会死去。而死掉的沙丁鱼味道不好，销量也差，倘若抵港时沙丁鱼还活着，卖价就要比死了的高出若干倍。

后来，渔民想出一个法子，将沙丁鱼的天敌——鲶鱼放进鱼槽。因为鲶鱼是食肉鱼，放进鱼槽后，鲶鱼便会四处游动寻找小鱼吃。为了躲避天敌的吞食，沙丁鱼自然加速游动，从而保持了旺盛的生命力。如此一来，一条条活蹦乱跳的沙丁鱼就被运到了渔港。

“鲶鱼效应”启示我们，适当的竞争犹如催化剂，可以最大限度地激发人们的内在潜力。在此我想，我们所施行的抢票制又何尝不是这样，听课门票不就是给人以动力的鲶鱼吗？正是由于这听课门票，家长们的积极性和主动性才被充分调动起来，他们才像沙丁鱼一样，展现出旺盛的生命力和进取心。可见，如果我们在群体中积极运用“鲶鱼效应”，适当引入竞争机制，人们必然会更自觉、更主动、更用功，群体的主动性和积极性也会得到最大限度的发挥。

同样，如果我们把这一效应运用在日常的教育教学中，从孩子的最近发展区出发，利用强项，激发兴趣，给孩子制订跳一跳才能够得到的具体目标，并采取适当的奖励与惩罚措施，孩子的积极性和主动性也会被充分调动起来。如对于长久存在的作业负担问题，我们可以采取灵活的策略，把对知识的掌握程度作为其做作业多少的“门票”，孩子定会开动脑筋，积极参与，否则他们就需要做大量的作业。

在我看来，这看似简单的抢票机制就像是清晨中一缕灿烂的阳光。而当我们从各类复杂的教学问题中、从千头万绪中找到这一缕灿烂的阳光时，也许我们就找到了促进孩子成长的方法。

校长在家长面前要“蹲下来”

校长与家长在现实中处于一个不对等的状态：校长是教师的代表，是学校管理的第一责任人，处于强势地位；家长是孩子的监护人，相对于校长而言处于弱势地位。尽管随着社会的发展和时代的进步，学校与家庭之间、校长与家长之间的关系发生了很大的改变，但仍然无法改变校方强势的地位。

作为校长，要处理好方方面面的关系，有些关系处理起来还颇为棘手，其中就有家校关系。

我去过很多地方做家校合育的经验介绍，尤其是面对校长群体的时候，总会涉及家校关系这个话题。家校关系不和谐，不仅让一些事情变得难以处理，还直接导致家长对学校办学的满意度降低或教育投诉居高不下，每每谈到这个问题，许多校长都会一声长叹。

家长零投诉，这在很多校长看来是可望而不可即的事，在清平小学，却实现了，而且连续两年零投诉。零投诉作为一个重要指标，反映出家校之间没有了尖锐的矛盾，也证明了学校对家长的教育引领作用得到了充分的发挥。清平小学是如何做到零投诉的呢？在具体操作技术层面的背后，是校方主动放低姿态，“蹲下来”与家长平等对话，心贴心沟通。要做到这一点其实也不难，只要秉持以下三个观念就能实现。

一是尊重与信任。要改变原来不对等的家校关系，主动权在强势方，也就是校方。于是，学校能否打开校门，让家长进来，校长能否降低身段融入家长群体，实现面对面、心贴心的交流沟通，就成了打破原有僵化关系的切入点，其实质就是尊重与信任。

为了让家长在学校有存在感和安全感，感受到来自学校的尊重和信任，学校特意设立了家长委员会办公室和家长委员会主任办公室，家长委员会主任办公室与校长办公室相邻。作为校长的我成了家长委员会办公室的常客，经常跟家长委员会主任、成员及轮值的家长促膝交谈，或交换观点，或思维碰撞，家长委员会办公室成了家长和校长“约会”的主要场所。在这样的氛围中，家长们开始说真话，开始为学校的发展建言献策，为学校的管理贡献智慧。

为了打通家长诉求的通道，学校推行了零距离沟通制度，搭建家校“直通车”，向家长公开校长办公电话和学校投诉电话，以尊重家长、社会对学校教育教学工作的知情权、参与权、监督权和评价权。学校投诉电话开始在校长手中，后来做了一个改变——把它移交给了家长委员会主任。这样的改变，不只是一个投诉电话那么简单，它的真正价值是移交了学校的“投诉权”，这是对家长委员会的充分尊重和完全信任。电话移交后，学校实现了两年家长零投诉。放权之后，家长委员会也完成了自我身份的确认，实现了“华丽转身”。经过三年的磨合，学校家长委员会逐渐成熟起来，与学校的关系日益和谐，为学校的管理和发展发挥了不可代替的作用。家长委员会主动接管了学校的“清平乐·爸妈群”，每天都有十几名家长管理员“守群”；家长课程组织完全由家长委员会负责，而学校的任务则是选定讲课专家或讲师，分工合作，秩序井然；在学校开展的“家庭教育乡村行”活动中，家长委员会成员成为家长教育的先锋队，不辞辛劳，以校为家，提供各种后勤保障，保证了活动的圆满完成；学校教室里的橱柜由于使用时间较长，已大量损坏，家长委员会成员利用周末时间，跟家长志愿者一起，自带工具进行了一次大维修；家长委员会还包揽了学校的远足活动、亲子自驾游、校服定制、寒暑假学校轮值……尊重与信任，让家长与校长、教师变成了一家人。

二是换位思考。换位思考，就是将心比心，就是设身处地为他人着想，是一种基于理解的处理人际关系的思维方式。人与人之间要互相理解、信任，并且要学会换位思考，这是人与人之间交往的基础：互相宽容、理解，多站在别人的角度上思考。

美国哈佛大学心理学家梅奥指出，工作条件、工资报酬等不是影响工作效率的第一因素，工作效率的高低主要取决于士气，而士气又来源于人与人之间的和谐关系。学校管理尤其如此，校长要明白，推动学校发展的是人，所有管理的起点都在人。学生是人，家长是人，教师是人，学校管理就是管人，而这一切的前提就是换位思考，就是要学会从教师、家长的视角思考问题。

清平小学服务于周边 18 个行政村，学校距离最远的村有 10 千米，很多家长出于交通不便等原因无法参加学校的家长课程。于是，学校想家长之所想，急家长之所急，站在家长的立场思考问题，启动了“家庭教育乡村行”工程，把家庭教育课程送到炊烟升起的村落，让家长们在家门口就可以享受到优质的家庭教育资源。

三是梯度推进。因为家长水平存在较大差异，因此要因“家”施教，根据不同家长类型选择不同的家长教育。家长大体可以分为三类：先知先觉型家长，也称为自燃型家长，他们能够从稍纵即逝的机会中迅速切入进去，而且能很快地进入自觉、自助状态；后知后觉型家长，也称为助燃型家长，他们是具有一定自我觉察能力的家长，只是他们在接触新事物时过于理性，但如果完成自我唤醒，他们的坚持性也不亚于先知先觉型家长；不知不觉型家长，也称为阻燃型家长，他们对事物基本没有觉察力，不愿跳出“舒适区”，满足于现有的生活状态，拒绝改变。

针对不同类型的家长，要采取不同的家长教育模式，量体裁衣，实施家长群体成长的适性教育，让能飞的飞起来，能跑的跑起来，能走的走起来。

当校长以尊重与信任的姿态融入家长群体，“蹲下来”感受、倾听来自家长的声音时，学校就真正回归到教书育人的本行上，因为代表教师的校长与家长的融合就是学校与家庭的融合，家庭与学校的合力教育才是完整的教育，才是面向孩子丰满人生的教育。

别把孩子养成“玻璃人”

昨天不小心踢碎了洗手间里用来喂养面包虫的玻璃鱼缸，幸好没有被它伤到。

玻璃制品在使用过程中须小心翼翼，轻拿轻放，方能减少破损，避免受伤。生活中，也有类似于玻璃一样的人，一旦不小心碰触到，也会“碎”，且会伤害到身边的亲人。先来看几个令人痛心的案例吧。

广西壮族自治区扶绥县某中学校园里发生一起学生跳楼的校园安全事件，一名学生因违反学校午睡规定玩手机，导致手机暂被老师扣留，该学生从宿舍楼跳楼自杀……

黄冈一名高三学生跳楼身亡……

江西省彭泽县一名 16 岁学生从宿舍楼 6 楼跳楼，送医不治……

一名 14 岁初中生凌晨在宿舍楼外跳楼身亡……

一个初三的男孩玩手机，父亲生气地把手机扔到楼下，孩子随后纵身跳楼身亡……

这一幕幕学生跳楼身亡事件还只是此类事件的冰山一角。近年来，学生跳楼自杀的事件呈现频发态势，一桩桩血淋淋的案件，一个个令人震惊的场面，触目惊心的同时，不得不引起教育者的关注和深思：是什么夺去了一个个刚刚绽放的生命？他们既然敢于面对死亡，为什么就没有勇气活下去呢？

让我们看看这些“玻璃人”是怎么被“加工”出来的吧！

第一道“生产线”是家庭。孩子从降生到这个世界上的那天起，家庭就成了他们的第一所学校，父母就成了他们的第一任老师。在这条“生产线”上，孩子成长面对的最大挑战就是溺爱。随着家庭生活条件的提高和孩子数量的减少，中国家庭步入了一个特殊的时代——“非常6+1”。家庭成员呈现出“金字塔 421”结构，孩子成了家庭金字塔的塔尖，爷爷奶奶、姥姥姥爷、爸爸妈妈自然就成为塔基和塔身，共同将塔尖高高抬起。当孩子成为家庭中的“稀缺人”，自然就会被过度关注，尤其是“隔代亲”问题就显现出来，且很多父母也被动地裹挟进来，变成孩子成长过程中的“保护伞”。而孩子呢？也乐于待在被保护的“舒适区”里，慢慢地变成唯我独尊的“小皇帝”，被隔离在正常的家务劳动之外，基本丧失了自理能力，最终被培养成了手无缚鸡之力的无能、脆弱之人，“四体不勤，五谷不分”之说用在他们身上再贴切不过了。这样的情况虽不是大多数，但已经成为一颗不可忽视的社会“毒瘤”，正一步步“蚕食”着这一代孩子，逼着他们趋向能力退化……

第二道“生产线”是学校。因应试教育的桎梏而导致的唯分数论总是阴魂不散，“万般皆下品，唯有读书高”的信念已成为师生趋之若鹜的缘由，各种考试排名、各类誓师大会，还有那一座座高考“加工厂”，学校教育在内外合力压制下已经有些喘不过气来，而且这样的状态有愈演愈烈之势。当教学成绩、升学率成为学校教育追逐的单一目标，当教育管理部门把教学成绩、升学率变成评价一所学校好坏的唯一标准，学校教育走向畸形就不足为奇了。这样发展下去的后果有两个：一是相当一部分学困生变成了“陪读生”，成为应试教育的“炮灰”。对于在学业成绩上不占优势的他们而言，在这条“独木桥”上行走没有什么前途，更看不到光明。二是随着学段的不断提升，尤其是踏进中学大门之后，学优生之间的竞争走向白热化——班级考试排名、级部月考排队，再加上“只要学不死，就往死里学”“要成功，先发疯”“提高一分，干掉千人”等“精神炮弹”，把这些学习上的“角斗士”像赶鸭子一样赶上了“架”，让整个校园充斥着“以分数论英雄”的高压空气。

在家庭和学校这两条“生产线”上，孩子被培养成了既不会做人、又不会做事的考试机器，心理承受能力、耐挫能力、抗压能力低下，很多孩子已经出现较严重的心理疾病。当面对困难和压力时，当面对激烈的竞争时，这些孩子显得无力承受，于是，空虚与麻木随之而来，一些孩子就变得异常敏感与脆弱。

如果孩子们被置于这样的境地中，自杀就成为他们摆脱痛苦的最好方式。然而，在他们“解脱”了的同时，却给自己的亲人套上了一个打不开的“枷锁”。

泰戈尔说过：“只有经过烈火的焚烧，才能练就创造世界的双手；只有流过血的手指，才能弹出世间最美的绝唱。”给孩子成长的空间吧，不能再把他们往“独木桥”上赶了，他们应该有自己的活法，我们不能再培养出“玻璃人”了！

唐僧自己是取不到真经的

《西游记》中唐僧师徒四人性格迥异，能力不一，团结一致，历经千难万险，坚定地朝目标前进，终于取得真经。可以说唐僧团队是经典的差异化团队组合。由具有不同风格的成员组成的团队，尽管会发生矛盾，但他们只要能优势互补、目标一致，就更容易取得成功。

唐僧团队主要包含四种角色：德者、能者、智者、劳者。他们分工明确：德者领导团队，能者攻克难关，智者出谋划策，劳者执行有力。正是因为四个人的差异，才成就了取经大业。如果大家都是唐僧，或者都是孙悟空，还能取到真经吗?

为什么谈到这个话题呢?这要从与家长的一次交流说起，我们谈到了成长与成绩的关系。家长们聊天时经常会涉及这样的问题：你家孩子在学校排多少名?这是家长们最为关心的事情。如果自己的孩子在学校、班级内排名落后，家长就会感到脸上无光。久而久之，就会变成漠视与放弃，对孩子在学校的表现不闻不问、听之任之。

因为孩子学习成绩不佳，就对孩子失去信心，这对孩子而言是一种灾难。作为孩子的终生老师——家长，要从不同的视角看待自己的孩子，由单一评价向多元评价转变，要从自己的孩子身上发现超乎别人的、个性化的特质，如有的孩子善于抽象思维，有的孩子善于形象思维，有的孩子敏感，有的孩子有忍耐力，有的孩子艺术素养高，有的孩子身体素质强……所有这些特质都无所谓好坏，在特定的环境下都可能成为不可替代的优点。

记得在一次“幸福爸妈课”现场，讲课专家金琰老师要求一位家长说出她女儿的十个优点。这位母亲支支吾吾列举了女儿的三四个优点后，就说不下去了。后来让其女儿的一个同学做了补充，又说出了五六个优点。女儿的班主任上台后，一连串说出了这个女孩的十几个优点，让这位母亲感到汗颜。我们期望每位家长都能够随口说出自己孩子的十个、二十个优点，都能脱口而出自己孩子排在第一位的品质是什么，排在前三位的品质是什么。这时，家长看重的就会是自己孩子的优点、特点、特长，是孩子生命中不可替代的东西。因此，家长们要学会用多把尺子测量自己的孩子，要明白“尺有所短，寸有所长”的道理。

孩子就像不同品种的小树苗，栽到土壤里，它们都会生根发芽，长成拥有自己特质的大树。而这些大树，有的开花结果，用甘甜的果实来回报社会；有的则长出结实的树干，用优质的木材回报社会；还有的既不能结果，也不能提供木材，但它能以独特的造型吸引人们观赏。大自然有大自然的规律，人的成长也有其内在的规律，我们不能企望每一个孩子都学习成绩优秀，但可以让每一个孩子都能得到适合其个性发展的教育。学校、家庭不是标准化生产工厂，而应该是适宜各种草木生长的大自然，每一个个体都能获得适合自身成长的环境，都能得到自己需要的水、空气、阳光，让能长高的长得更高，让能长粗的长得更粗，让能开花的花朵开得更艳丽，能结果的果实结得更硕大。

教育，要允许不同，要张扬个性，这样孩子才会走得更远、更久。

今天妈妈当“老师”

清平小学家长轮值已雷打不动地坚持了几年，很多家长都有过多次轮值的经历，而且熟知轮值的流程和职责。俗话说“铁打的营盘流水的兵”，一批批家长随着孩子的毕业相继离开了这个大家庭，一批批新的家长又因为孩子的加入而不断融入这个大集体，随着新、老家长的“流水式”更替，清平小学也慢慢蜕变为家长成长的摇篮。今天，让我们跟着这位一年级的新家长走进清平小学，看看他们在学校是怎样轮值的吧！

5 月 31 日，5 月最后一天了。今天是我们班轮值，所以今天和孩子一起去学校。到校后先到家长委员会办公室签到，看到办公室里堆的东西有些乱，我和晓宽妈妈、欣妤妈妈马上开始整理。人多力量大，一会儿就整理好了，干净整洁的家长委员会办公室是我们清平家人的港湾。

家长委员会办公室就是家长在学校里的“家”。这样一个相对独立、专属的场所，让身处其中的家长们有了强烈的归属感和安全感，这里已然成为家长们在学校里的“根据地”，也成了这位妈妈心中的“港湾”。

接着我们就开始巡逻了。又一次参观了文化长廊，每次都有不一样的感觉。我们欣赏了孩子们的作品展，那些手工艺品证明了每个孩子都在用一双巧手编织着自己心中的梦想。

巡逻，这是家长轮值最为重要的工作之一，也是家长们最为青睐的一项活动，因为游走校园可以有很多收获。清平小学的校园文化和环境课程已经做得相对丰满，每一条走廊、每一道楼梯、每一处空间、每一个角落，都被装点得丰富多彩、富有童趣，让行走其中的成年人也能找到童年的印记。走进清平小学，每一面墙壁都会说话，每一条走廊都有故事，甚至一草一木都是课程元素。而且，清平人特别重视对家校合育文化方面的设计和建设，如亲子龙文化长廊、亲子笑脸墙、家长作品展示、清平之家，等等，这也是吸引家长眼球的原因之一。清平小学已经不仅仅是孩子学习成长的地方。

最后来到我们班级，又一次听了课，和之前的感觉完全不一样了。自己看问题的心态变了，也就觉得孩子们变了，就能看到并能接受孩子的天性，或调皮，或吵闹，或不专一，这才是一年级孩子正常的状态。

孩子不是“管”出来的。一年级的孩子如何听课，又怎样读书，这是很多家长所不了解的。课堂上那些一刻钟也坚持不了的顽皮孩子绝大部分是因为精力充沛，学有余力。如果认为这些坐不住的孩子是“问题学生”，那就大错特错了。当然，也不能以偏概全，确实有一部分属于特殊一些的孩子。当家长们走进低年级的课堂，亲眼看到孩子们上课的状态，也就慢慢懂得了什么是顺应天性，什么是因势利导，什么是循序渐进。

假期给孩子们订了书，今天要去京广书城取，骑着电动车顶着大太阳去了。往返用了一个小时，忘记了炎热，继续我的轮值工作。我们与老师交流了如何让孩子们爱上阅读、读什么书籍对孩子有益等问题，不知不觉到了放学时间。

当一个人处在热情饱满的状态时，一切都不是困难了，这位妈妈用实际行动诠释了什么是“人逢喜事精神爽”。今天这位妈妈的另一大收获就是与老师进行了面对面的交流，这不是每一位家长都能有的机会啊。试想，全班几十个孩子，真正能够与老师坐下来促膝长谈的家长只是少数，这本身就是稀缺的机会。所以，又应了清平人常说的那句话“好东西总是不够的”，在不知不觉中就到了放学时间。

下午我要上班，所以由程浩妈妈值班。因为生了二胎，程浩妈妈每次都说自己虽然是家长委员会的一员，但很少尽到责任，所以现在孩子大点儿了，要多付出一点儿。我跟程浩妈妈大体讲了值班流程，她说这是她第一次到家长委员会办公室，感觉很温馨。下午在学校与孩子们相处，她看到了每个孩子的情况，体会到了老师的不易。

不亲自走进学校，根本不知道学校里的故事，所以很感恩自己是家长委员会中的一员，让我能走进校园，与孩子们一起成长。

今天妈妈们上演了“传帮带”活动。经常来学校的妈妈摇身变成了“老师”，第一次走进学校的妈妈成了一名“学生”，开始了“孩子入校，家长入学”的新征程。

来看看这位“学生”妈妈的亲子日记吧！

今天是5月的最后一天了，明天就是孩子们期盼的六一儿童节了。昨天，王宸妈妈在群里说要轮值，因为要带孩子，所以我只能下午去学校了。幸好有你们——我的清平家人们的谅解，才让我没有后顾之忧！谢谢你们！

下午我如约到校，因为是第一次去学校值班，很惭愧不知道流程，问了王宸妈妈之后，就去了教室，正好赶上孩子们下课。去家长委员会办公室转了一圈，签了到。上午王宸妈妈、晓宽妈妈、欣妤妈妈已经将家长委员会办公室收拾得干干净净。

孩子们上体育课去了，我跟程老师一边聊天，一边打扫教室，之后就去看孩子们上体育课。因为刚刚换了体育老师，孩子们看起来有些拘谨。

今天去学校和孩子们一起待的这段时间，我看到了每个孩子的情况，也体会到了老师的辛苦和不易。不走近他们，怎么了解他们的内心？怎么和他们像朋友一样相互学习和提高呢？由此看来，这样的活动我真的是参加得太少了。只有家长的观念改变了，孩子才能改变。我都做不到，为什么要求孩子做到？已所不欲，勿施于人。

孩子，为了你，妈妈从今天开始改变，我一定要让你看到一个全新的妈妈！加油！

警惕敏感的13岁

前段时间，一则消息传遍了网络，成为街头巷尾、线上线下热议的话题，那就是又一个13岁女孩跳楼自杀了。

为什么用“又”字呢？因为这不是一个个例。

2009年3月，武昌某高校家属楼发生一起悲剧，一名13岁女孩从25楼跳下，当场身亡。知情者称，女孩轻生前随身携带了一封遗书，疑被老师批评后自杀。

2012年7月，13岁女孩疑遭家暴跳楼自杀，留3页遗书质问父母，遗嘱希望捐献遗体……

2012年9月，蓬莱一名13岁的女孩，因为摸底考试成绩失利，趁父母不在家时，将家门反锁喝下50毫升百草枯……

2016年5月，13岁女孩小丽（化名）为了一个比自己大近20岁的男人，喝农药自杀，临死前才明白，所谓的“爱情”不过是一场骗局……

2017年1月，大连一名13岁女孩从15楼跳下，不幸当场殒命……

以上这些案例还仅是从网上随机搜索到的，也仅是类似事件的冰山一角，我称之为“13岁现象”。当然，这个13岁不是一个精确的数字，它代表着一个群体——进入青春期的男孩女孩们。

众所周知，大部分孩子12岁之后就慢慢进入青春期，除了生理上的变化之外，心理发展也进入了一个特殊时期。之所以特殊，主要是因为孩子们在这个时期的心理发展呈现千变万化、良莠不齐的状态，即我们常说的青春期问题。出现这些问题的根本原因在于孩子自我意识的苏醒和人格的自我确认。在这之前，孩子与父母之间连接紧密，对父母的依赖性较强，因此一般不会出现什么问题。12岁之后，随着知识的丰富和阅历的增加，再加之自我意识开始觉醒，他们开始通过各种方式证明自己是个独立的个体，进行自我人格的确认。也就是从这个时期开始，他们不再是父母、老师的膜拜者、效仿者和跟随者，而是“自以为是”地将自己变成另一个人，并试图脱离父母、老师的所谓控制。

这样的心态，在推动孩子迅速走向成熟的同时，也产生了诸多的问题。当父母、老师及周围人的失当言行出现时，孩子们就开始爆发所谓的

“逆反”心理，诸如厌学、网瘾、自闭、打架等令家长伤神的事情接踵而来。面对孩子的问题，一些家长采用了简单粗暴的教育方式，于是，一方想方设法挣脱控制，另一方却要竭尽全力加强控制，当这对矛盾走向不可调和时，我们不想看到的惨剧就上演了……

春天，天气偶尔会有那么一段变化无常的情况，被人们称为“倒春寒”。如果遇到那样的天气，很多绽开的花朵就遭殃了，或被严重冻伤，或夭折，因而终止了走向硕果累累的那一天。孩子的成长也是一样的道理，“13 岁现象”的出现主要也是外部成长环境导致的“倒春寒”，让一些正欲绽放的青春失去了光芒。这些稚嫩的生命，一旦遭受前所未有的打击，就会失去继续伸展的勇气。

面对这群特殊的孩子，除了在其成长过程中关注其心理状况之外，作为父母、老师，应该静下来学习、研究这个年龄段孩子身心发展的规律，实施教育指导和干预，坚决杜绝“倒春寒”现象的发生，为孩子生命的成长撑起一把“保护伞”。

生命只有一次，要好好珍惜。因为有缘，孩子才走进了你的家，成全了你做父母的愿望，并陪伴你一天天走向成熟。请善待孩子，珍惜与他们朝夕相处的日子，毕竟这样的时光不是永远……

家校合育培养孩子的自理能力

一个一年级的小男孩，已经能够自己洗脚、洗袜子、洗校服、刷鞋，已经基本做到自己的事情自己做，基本具备了生活自理能力。这不，今天又在完成一个一周前我给孩子们布置的作业——为家人做一道菜。

今天将是收获满满的一天。上周升旗仪式，武校长讲了厨师和两个小和尚的故事，告诉我们通过自己动手得来的东西才是最好的。讲完故事，武校长给孩子们布置了六一儿童节的任务：亲手给爸爸妈妈、爷爷奶奶或姥姥姥爷做一道菜，感谢长辈的养育之恩。

今天早上我问孩子："还记得武校长讲的话吗?"孩子说："记得!"由于时间关系，所以今早孩子要给我们做简单的汉堡。先由煎鸡蛋开始，我先给孩子示范一遍，把鸡蛋打到碗里，孩子打第二个。虽然打鸡蛋时把鸡蛋捏碎了，但孩子走出了第一步。接下来，孩子在我的指导下完成了煎蛋，并把面包用刀子削开，加入煎蛋，一人一个开吃。他自己吃得格外香……

中国青年报社社会调查中心联合问卷网曾对2020名受访者进行调查，调查显示，33.4%的受访者觉得现在的孩子自理能力差，63.9%的受访者认为孩子自理能力变差的原因是父母及家人的溺爱，56.2%的受访者建议让孩子在家做些力所能及的家务。

孩子是父母的"心头肉""掌中宝"，总是"捧在手里怕摔了，含在嘴里怕化了"，这是当下一部分父母养育孩子的真实写照。诚然，照顾子女是父母的责任和义务，但父母的过度照顾可能导致孩子自理能力的缺失，最终导致"爱"变成"害"。

经常会接到孩子家长发来的消息，诉说各种焦虑情绪，很大一部分涉及孩子自理能力较弱的问题。自理能力弱是当前小学生存在的普遍现象，而且已经蔓延到中学甚至大学。如果孩子自理能力得不到应有的发展，不仅直接影响现在，而且会对其未来的学习与生活造成极大的影响，所以我们才不遗余力地创造各种培养孩子自理自立能力的机会，这次布置的作业——为家人做一道菜就是这样的一次机会。

作为父母，总是迫不及待地想让孩子学会某种能力、养成某个习惯，却恰恰忘记了这些能力和习惯离不开生活这片土壤，它植根于孩子的生活环境。我们常说“身教重于言传”，孩子不听你怎么说，他们会看你怎么做。如果想让孩子养成回家先完成作业的习惯，父母就应该做到天天读书和学习；如果想培养孩子运动的习惯，父母就应该是乐于运动的人……这就是给孩子做示范。想让孩子形成良好的生活习惯，最有效的方法就是以身示教。

那么，作为父母，怎样做才能让孩子成为一个具有较强自理能力的人呢?

一是培养自理意识。要让孩子懂得，自己的事情自己做，不给他人添麻烦，要让孩子认识到自理能力是自我成长的需要。孩子只有树立了自理意识，才能转化成自理的行动。

二是大胆放手。有一种爱叫“放手”，有一种策略叫“自己做”，这就是信任。要相信孩子能够做到，千万不能越俎代庖。不要担心孩子出错，要让孩子试错，试错未尝不是孩子成长的“催化剂”。要允许孩子做不到位，当孩子出现失误时，尽量不要指责孩子，也不要过于急躁，毕竟他们要经历“第一次”，没有人天生什么都会。

三是适度帮扶。要鼓励孩子做事情有始有终、一以贯之，这就需要父母的不断推动。在孩子能力不及或难以完成时给予适度的帮助；在孩子表现优异时及时鼓励，肯定其取得的进步，强化其优势；在孩子做得不尽如人意的时候，要给予适度的指导。

四是注意梯度。要根据孩子的年龄特点和身心发展水平来确定由他们自己完成的事情，不能操之过急、揠苗助长。适合的才是最好的，这也是孩子自理能力培养的“底线”。

自理是自立的前提，自理方能自立。培养孩子的自理能力任重而道远，这也是对孩子进行做人教育的重要组成部分。

后　记

列宁夫人克鲁普斯卡娅说：“家庭教育对父母来说，首先是自我教育。”教养孩子并不难，难的是作为教育者的我们不知道首先应该教育的是自己，而非孩子。

当一些所谓的专家高呼“没有教不好的孩子，只有不会教的老师”时，我不禁自问：“真的没有教不好的孩子吗?”从事教育工作近30年，遇见了太多所谓的“问题孩子”，在与他们斗智斗勇的“较量”中，不难发现在这些孩子身上都有一个共同的“症结”，那就是家庭教育的缺失。有一个事实我们必须面对，那就是，“问题孩子”的背后都站着问题家长，都有一个问题家庭，甚至是问题家族。如果你没有能力改变这个孩子所处的家庭环境和所接受的家庭教育，要想从根本上改变这个孩子简直就是天方夜谭、痴人说梦。因此，“没有教不好的孩子”的前提是“没有改变不了的家长和家庭”。否则，那些无限放大学校教育功能的说法只是在夺人眼球、哗众取宠而已。

多年来的教育实践告诉我们：要想让孩子健康快乐地成长，唯一的途径就是实现家、校、社合育，最为有力的推手就是学校，而学校推进家、校、社合育工作的重中之重就是要主动介入家庭教育指导和社区服务。家庭教育指导就是提高家庭教育主体人——家长的综合素养，让家长明白家庭教育不是实现自己的期待，而是陪伴孩子一起成长。当家长懂得了“教育就是静等花开”这个道理之后，就会把教育的着力点聚焦于自己身上，努力提升自身修养，情绪平和做家长，行为示范做教育。如此，教养孩子这件重要的事就会变得轻松自如、游刃有余，从而达到不教而教的境界。

2015年5月份，有幸与著名家庭教育专家、北京师范大学赵忠心教授促膝长谈，聆听了他对家庭教育的思考，收益颇多。他在审阅了我带去的有关亲子百日记的资料后，对我们的做法高度认可，并鼓励我将前期的材料进一步整理，再融入后期一些新的内容，出版关于家校合育、亲子日记的“姊妹书”。于是，2016年10月正式出版了家校合育方面的专著《校长陪你做父母》。之后，又开始计划出版以亲子日记为载体的具体指导家长开展家庭教育的著作。在经历了一年的思考和积累之后，有了这本《教育，静等花开——陪伴孩子一起成长》的面世。

期待此书的出版，能唤醒更多家长的教育意识和更多家庭的教育智慧，让更多孩子的成长步入正轨，让更多孩子在家长的不断改变与素养提升中受益！这是我们所期待的，更是孩子所需要的。

我们将不忘初心，牢记使命，无愧时代，砥砺前行……

江苏凤凰教育出版社
《行知工程》系列丛书目录

系列	序号	书名	作者	定价
教育探索者系列	1	《教育，静待花开——陪伴孩子一起成长》	武际金　王玉英	40.00
	2	《悦读立人——校园阅读文化体系构建策略》	杨世臣	30.00
	3	《教育智慧何处来——一位特级教师的思考手记》	付立金	30.00
	4	《和雅文化——校本课程的创新构建》	汤善香	30.00
	5	《让个性绽放精彩——学校课程体系整合与创生》	谢建伟　徐淑萍	30.00
	6	《让每个学生都幸福——最能润泽生命的学校文化建设》	谢建伟　张新喜	30.00
创新教学探索系列	7	《让阅读滋养学生语文素养——语文阅读教学策略与实施》	李洪芹	38.00
	8	《学校体育密码》	连仁都	36.00
	9	《我家住在〈诗经〉里》	李日芳	40.00
	10	《〈红楼梦〉里的语文课》	李日芳	30.00
	11	《品世界名画，学精彩作文——特级教师的“名画”作文教学法》	李日芳	36.00
	12	《学生数学整体思维培养——小学数学结构化教学的探索与实施》	颜春红	45.00
	13	《基于核心素养的体育与健康校本课程建设》	赵卫新	35.00
	14	《把古文教活——激活文言文课堂的教学策略》	刘小华	35.00
	15	《做童年面前最合适的人——我和孩子们的“童化语文”》	曹丽秋	30.00
	16	《玩出精彩作文——张化万活动作文教学经典策略》	张化万	35.00
	17	《让学生把母语用精彩——“语用课堂”的探索与实践》	佘小红	30.00
	18	《“备”出课堂精彩——备学式教学的课堂实践与思考》	张旭兰	30.00
	19	《神奇的阅读教室——带学生踏上美妙的阅读之旅》	李祖文	30.00
	20	《打造有生命力的课堂——“两步八环节”教学模式探索与实践》	查联智	30.00
	21	《最能培养学生探究能力的课堂——小学科学与信息技术单元整体课程实施与评价》	李怀源	30.00
	22	《最能激发学生运动天赋的课堂——小学体育单元整体课程实施与评价》	李怀源	30.00
	23	《最能提升学生艺术素养的课堂——小学艺术单元整体课程实施与评价》	李怀源	30.00
	24	《“生命语文”探索——焕发语文生命力的思考与实践》	王自成	30.00
	25	《粘连作文教学：让习作成为有个性的自我建构》	黄瑞夷	30.00
	26	《备学式教学——在体验中建构数学思维》	单广红　范雪梅	30.00
	27	《向着自主进发——自主教育的创新实施智慧》	朱亚红	30.00
	28	《写中学——让学习更有效的学科写作教学》	钟传祎	30.00
	29	《小学科学实验总动员——大科学课堂有效提升学生创新力》	江美华	30.00

系列	序号	书　　名	作者	定价
创新教学探索系列	30	《小学语文单元整体课程实施与评价》	李怀源	30.00
	31	《小学英语单元整体课程实施与评价》	李怀源	30.00
	32	《小学数学单元整体课程实施与评价》	李怀源	30.00
	33	《让教学更能激发智慧——“思维碰撞”课堂的建构与实施》	程和方	30.00
	34	《构建语文综合课新模式——家庭、社区、学校协同教学》	黄瑞夷	40.00
	35	《自主创新让教学成为有效引领》	蔡　隽	30.00
教育求索系列	36	《区域规范性教研共同体建设及其实践》	陈宗成	40.00
	37	《让诗意润泽心灵——德育校本课程的开发与实施》	陈亚兰	40.00
	38	《联想形象识字教学——让学生感悟汉字神韵》	侯忠彦	50.00
	39	《思维导图教学法：一位历史老师的教学探索》	罗培生	35.00
	40	《让经典滋养人生——名著导读教学策略（中学）》	郑建忠	35.00
	41	《关注每一位儿童的发展——语文小班化教学的探索和实践》	何慧玲	40.00
	42	《让生命诗意地栖居——诗意教育的理念建构与实践探索》	钱丽美	40.00
	43	《怎样上好语文课——时鹏寿解析精彩课例》	时鹏寿	45.00
	44	《让书香浸润生命——时鹏寿伴你品读经典》	时鹏寿	35.00
	45	《开在手心里的花——一位优秀教师的教育情怀》	詹雪莲	40.00
	46	《学科建设与教师发展——中学数学》	杨志文	30.00
	47	《欣说教育那“一亩三分地” ——一位一线教师的教育微思考》	王庆欣	30.00
	48	《爱的守望——一位一线教师对教育的坚守》	林卫红	30.00
	49	《思政教学的人文力量》	戴晓华	30.00
	50	《师道新说——给教育者的30条箴言》	徐　卫	30.00
	51	《快乐数学——初中数学教学方式探索》	孙国芹	36.00
教育思想者系列	52	《名校之道——陶继新对话名校长（5）》	陶继新	42.00
	53	《名校之道——陶继新对话名校长（3）》	陶继新	42.00
	54	《名校之道——陶继新对话名校长（4）》	陶继新	40.00
	55	《父母要成为子女的精神导师——五个孩子走向卓越的奥秘》	陶继新	43.00
	56	《治校之道——小学名校长的办学智慧(1)》	陶继新	35.00
	57	《治校之道——中学名校长的办学智慧(1)》	陶继新	40.00
	58	《品鉴教育文化盛宴——陶继新序跋屯集》	陶继新	45.00
	59	《为什么而出发——一位研究者对教育本质的沉思》	齐　健	35.00
	60	《高效教学的道与术——陶继新教育讲演录》	陶继新	30.00
	61	《铸造一流教育品质——陶继新区域教育巡礼》	陶继新	35.00
	62	《名校之道——陶继新对话名校长（1）》	陶继新	30.00
	63	《名校之道——陶继新对话名校长（2）》	陶继新	35.00
	64	《教育，一切从孩子出发》	黄　俭	30.00

系列	序号	书　　名	作者	定价
新父母教程	65	《一年级的孩子》	陈文芳	28.00
	66	《二年级的孩子 》	陈文芳	28.00
	67	《三年级的孩子》	钱静霞	28.00
	68	《四年级的孩子》	谢　云	28.00
	69	《五年级的孩子 》	陈　春	28.00
	70	《六年级的孩子》	袁卫星	28.00
	71	《七年级的孩子》	焦晓骏	28.00
	72	《八年级的孩子》	钟　杰	28.00
	73	《九年级的孩子》	凌宗伟	28.00
国际教育系列	74	《美国教育面面观——一位特级教师眼中的美国教育》	邵淑红	35.00
教师软实力系列	75	《教师人际沟通力》	黄爱华　夏丽娟	38.00
	76	《班主任教导力》	黄爱华　戴诗银	38.00
	77	《教师执业道德力》	黄爱华　夏丽娟	38.00
精彩课堂系列	78	《基于核心素养的数学教学》	赵红婷	35.00
	79	《中学生核心写作能力培养》	陶　波	36.00
	80	《给孩子更好的数学课堂》	易增加	30.00
	81	《小学生阅读素养的提升策略》	邵巧治	35.00
	82	《从语文素养走向生命成长 ——小学语文读写课堂教学密码》	曾海玲	30.00
	83	《真实的品德课》	朱淑秀	30.00
	84	《英语课堂学习共同体——新型的师生交互学习场》	杨延从	30.00
	85	《指导自主学习——初中数学学与教的研究与实践》	刘其武	30.00
	86	《玩出精彩的课堂 ——小学低年级教与学方式转变研究》	陶红松	30.00
	87	《让生命之花自主绽放——语文个性化教学建构策略》	商德远	30.00
	88	《让学生亲历知识——主体参与下体验式学习的实施策略》	何世祥	30.00
名校系列	89	《从校本课程走向学校课程——锡山高中课程探索之路》	唐江澎等	35.00
	90	《让每个孩子都成志 ——清华附小主题阅读课程的实施探索》	窦桂梅	30.00
	91	《让每个孩子都成志 ——清华附小主题实践课程的实施探索》	窦桂梅	35.00
	92	《向着朝阳走去——清华附小合作办学实践探索》	窦桂梅	30.00
名师成长系列	93	《情怀·智慧·境界——教育名家演讲录（1）》	钟惠河　李韫琬	30.00

系列	序号	书　　名	作者	定价
校长领导力系列	94	《学校细节管理的执行力》	林文明　王林发	30.00
	95	《校长智慧统筹的领导力》	谢耀丰　蔡丽姗 王林发	30.00
	96	《学校持续发展的研究力》	林文智　宋佳敏 王林发	30.00
	97	《学校和谐融洽的协作力》	陈一平　郭雪莹 王林发	30.00
	98	《学校教育提升的引领力》	谢文东　关敏华 王林发	30.00
	99	《学校团队成长的学习力》	黄纪　蔡美静 王林发	30.00
	100	《学校高效管理的创新力》	张旭	30.00
	101	《学校成功管理的决策力》	邱黎明	30.00
	102	《高品质学校生长要素》	王益民	30.00
	103	《校长高效教学领导力提升策略》	徐世贵　郭文舸	30.00
新思维系列	104	《让后进生学习有后劲之36计》	严育洪	30.00
	105	《教育中的“不一定”——打破教育的19种思维惯式》	严育洪	30.00
教师修炼系列	106	《如何炼就课堂好声音——教师美嗓保健实用宝典》	薛建洲	30.00
	107	《与学生一起成长——90后教师的心路反思》	王　晗	30.00
	108	《教育，爱与宽容——教师心灵礼仪修炼》	许力争	30.00
教育家核心思想系列	109	《叶圣陶论写作》	叶圣陶 著 李怀源 选编	30.00
	110	《叶圣陶谈阅读》	叶圣陶 著 李怀源 选编	30.00
	111	《多元智能理论的本土化应用》	刘治富	30.00
	112	《大教育家最具施教力的教学思想》	白刚勋	30.00
学生心理解码系列	113	《在人生的春天播种 ——十四岁，写给青春的一封信》	白宏宽	30.00
	114	《孩子问题行为一点通 ——只有好老师才知道的学生心理谜底》	严育洪	30.00
校本研修系列	115	《徜徉语文教研》	肖俊宇	35.00
	116	《校本研修资源的开发与利用》	陈朝林	30.00
	117	《校本研修与教师专业成长》	吴积军	30.00
	118	《卓越教师经典研修成长策略》	刘天宝等	30.00
	119	《特色校本课程开发范例解读》	刘永平　李秀伟 张雪梅	30.00
	120	《高效校本研修模型构建艺术》	刘素雁	30.00
	121	《走向实践的教研——中小学教育科研引领与应用》	江　敏	30.00
教育管理力系列	122	《缔造唯美教育——延奎小学素质教育实施策略》	易增加	30.00
	123	《让普通学校崛起的20个细节 ——“生命为本”教育团队成长密码》	李其玉	30.00
	124	《“走”出教育的精彩：走动式学校管理文化构建》	罗　军	30.00
	125	《校长兵法：学校管理四十六计》	皮大鹏	30.00

系列	序号	书　　名	作者	定价
班级文化系列	126	《活力班级的文化建设》	胡　珏	30.00
	127	《做幸福的班主任》	吕　丽	26.00
高效能教学系列	128	《高效能教师的 10 个好习惯（中学卷）》	张　瑾	30.00
	129	《让作文落地生根——提高写作实效的教学策略》	黄桂林	30.00
	130	《高效能作文教学 5 项修炼》	陈步华	30.00
	131	《高效能校长的 10 个好习惯》	张　勤	30.00
	132	《高效能教师的 10 个好习惯（小学卷）》	谢　英	30.00
	133	《高效能语文教学 5 项修炼》	王其华	30.00
新课程探索系列	134	《语文新课程的批判与重建》	葛桂斌	30.00
美国名师教学译丛	135	《美国名师游戏教学本土化应用：幼儿园》	（美）玛西娅 L. 泰特 著 胡珍　瞿菁　编译	30.00
	136	《美国名师游戏教学本土化应用：小学英语》	（美）玛西娅 L. 泰特 著 杨永华　张心影　编译	30.00
	137	《美国名师游戏教学本土化应用：小学数学》	（美）玛西娅 L. 泰特 著 谢艳红　编译	30.00
	138	《美国名师游戏教学本土化应用：小学科学》	（美）玛西娅 L. 泰特 著 刘丽萍　编译	30.00
	139	《美国名师游戏教学本土化应用：小学社会》	（美）玛西娅 L. 泰特 著 姜梅芳　编译	30.00
	140	《美国名师游戏教学本土化应用：小学音体美》	（美）玛西娅 L. 泰特 著 尹立志　编译	30.00
生态化校园系列	141	《文化管理——构建生态和谐校园的必由之路》	付全新	30.00
	142	《点燃学习的激情——构建校园生态化学习型组织》	杨树岳	30.00
	143	《课改突围——构建学校生态化教学体系》	杨树岳	30.00
教育新思考系列	144	《语文教育向何处去》	王　丛	26.00
	145	《教育，就是做好普通的事》	孙志毅	27.00
	146	《走出语文的偏见——让学生体悟文本的原义》	丛智芳	30.00
	147	《让语文教学更高效——批注式阅读教学探索》	韩中凌	30.00
	148	《读写互促——探寻学以致用的语文教学》	曹　龙	30.00
	149	《跳出数学教数学——用文化融通数学教学》	马建秀	27.00

系列	序号	书　　名	作者	定价
名师感悟系列	150	《让心灵伴着歌声成长——22位音乐名师的教育智慧》	陈　璞	30.00
	151	《超越自我的教师——32位名师的成长感悟》	李卫东　李秀伟	35.00
	152	《心灵的守护者——19位名班主任的教育智慧》	王晓松　曲文弘	30.00
	153	《名师感悟班主任有效工作艺术90例》	符礼科	30.00
	154	《名师感悟有效教学90例》	林高明　徐玉烟	30.00
信息化教学系列	155	《巧用白板教语文——信息技术与语文教学操作指南》	蒋丽清	30.00
	156	《跨越式实现高效课堂 ——信息技术与课程整合高效教学方案评析》	陈　玲　刘　禹	30.00
教师必读系列	157	《教师必学的16堂修养课》	武宏伟	30.00
	158	《教师不可不知的教学心理效应》	叶勇军	30.00
	159	《班主任不可不知的管理效应》	奚一琴	30.00
	160	《教师不可不知的教育心理效应》	孙　媛	30.00
	161	《校长不可不知的管理效应》	谢申刚　张金豹	30.00
	162	《成为好教师的7项修炼》	王福强　李维华	30.00
	163	《如何让学生会学习》	龙　冰	30.00
	164	《如何让学生爱学习》	周震宇　许小燕	30.00
核心教学主张系列	165	《新生代语文名师核心教学主张》	许友兰	30.00
行思讲坛系列	166	《灵动而朴素地教语文——潘文彬的微格教育生活》	潘文彬	30.00
	167	《师爱无疆——润泽学生心灵的教育故事》	侯忠彦	30.00
	168	《怎样反思更有效 ——促进教师专业发展的反思策略》	诸贝贝	30.00
	169	《成为高度自觉的教育者 ——写给后课标时代的数学教师》	许卫兵	30.00
	170	《哲思数学课》	刘全祥	30.00
	171	《智慧数学课——黄爱华教学思维的实践策略》	黄爱华	30.00
	172	《童趣数学课》	徐　芳	30.00
	173	《把学生教聪明》	严育洪	30.00
	174	《教师最应该规避的教育误区》	杨坤道	30.00
	175	《用语文的方式教语文 ——潘文彬教学主张与实践智慧》	潘文彬	30.00
	176	《怎样让阅读教学更有效 ——提升教学能力的十种读诵模式》	汪秀梅	28.00

系列	序号	书名	作者	定价
行思讲坛系列	177	《让生命在润泽中起舞——当代小学生最需要的主题班会》	吴联星 罗琳 冯卫东	30.00
	178	《让生命欢快拔节——当代中学生最需要的主题班会》	冯卫东 吴联星	30.00
	179	《课堂因生成而精彩——高效教学的生成智慧》	张文质	30.00
	180	《回到每一个人的生命化教育——张文质二甲中学教育行动录》	张文质	30.00
	181	《中小学生如何学会合作》	张玉彬 刘昕昱	40.00
中国教育变革之路丛书	182	《百年树人师何为——教师队伍建设困顿与出路》	将丽珠 李玉向	30.00
	183	《入园何时不再难——学前教育困惑与抉择》	曾晓东 范昕 周慧	30.00
	184	《三尺书桌何处寻——流动人口子女教育困难与破解》	范先佐	30.00
	185	《苦旅何以得纾解——高考改革困境与突破》	郑若玲	30.00
	186	《择校纠结何时了——择校问题困局与治理》	曾晓东 周文海 曾娅琴	30.00
创新教学思想系列	187	《“大问题”教学的形与神》	黄爱华 张文质	30.00
教育漫笔系列	188	《课堂，诗意地栖居》	吴书华	30.00
教学提升系列	189	《有思想地教阅读——让学生学会品读文字真意》	王学东	30.00
教育艺术提升系列	190	《藏在师生体态语言里的教学智慧》	张宇 廖生波	30.00
教学全手册系列	191	《小学习作教学全手册》	郭家海	30.00
	192	《中学写作教学全手册》	郭家海	30.00
	193	《情境教学操作全手册》	冯卫东	35.00
	194	《合作教学操作全手册》	李春华	35.00
	195	《探究教学操作全手册》	周新桂	35.00
	196	《自主教学操作全手册》	诸葛彪	35.00

系列	序号	书　　名	作者	定价
教学全手册系列	197	《创新教学操作全手册》	王　玮	35.00
	198	《班主任工作全手册》	刘沛华	35.00
	199	《新教师工作全手册》	周震宇	35.00
	200	《学生心理健康教育全手册》	刘海莉　刘春杰	35.00
	201	《高效教学操作全手册》	马友平	35.00
创新人才培养系列	202	《创新人才培养校园科普精品课程开发与指导——人大附中创新人才培养》	罗　滨	30.00
	203	《创新人才培养特色校本课程开发与创新人才培养——清华附中“国际安全下的科学技术”课程构建与实施》	王殿军　方　研　赵宏雁	30.00
	204	《创新人才培养：学校实验室建设与管理》	刘克文　杨发丽　杨　平	30.00
	205	《创新人才培养：数学探究活动开发与指导》	马云朋　韩继伟	30.00
	206	《创新人才培养：化学研究活动开发与指导》	王　磊	30.00
	207	《创新人才培养：物理探究活动开发与指导》	廖伯琴	30.00
	208	《创新人才培养：地理探究活动开发与指导》	张建珍　陈　澄	30.00
	209	《创新人才培养：生物探究活动开发与指导》	张迎春	30.00
	210	《创新人才培养：理念探索与思维突破》	王晶莹	30.00
新生代通派名师系列	211	《简约数学教学》	许卫兵	30.00
	212	《语文教学的本真——情意课堂展现母语之美》	吴建英	30.00
	213	《语文课堂的理想追求——欢快达成三维目标》	董一红	30.00
	214	《阅读教学的真髓——意象构建读出文学的真美》	祝　禧	30.00
	215	《美术教育的真谛——审美人生教育让生命绚丽成长》	陈铁梅	30.00
	216	《语文教学的理想境界——无痕教学润泽生命》	李　凤	30.00
	217	《儿童作文的本义——嬉乐作文让儿童乐并成长着》	王笑梅	30.00
	218	《名师是怎样炼成的》	王建明　王笑君	35.00
幼师成长系列	219	《幼儿行为背后——教师如何读懂幼儿的心思》	吴亚英	30.00
	220	《最具教育力的22种幼儿教育思想》	杨　达	30.00
	221	《幼儿教师必知的安全应急措施》	杨　达	30.00
	222	《幼儿教师必备的教育技能》	李　玲	30.00
	223	《卓越园长21条幼儿园管理策略》	周　丹　江东秋	30.00